새로운 패러다임에 의한

남북한 중등 도덕교과서 비교

-가치덕목에 따른 인간관, 국가관, 사회관 비교-

새로운 패러다임에 의한

남북한 중등 도덕교과서 비교

-가치덕목에 따른 인간관, 국가관, 사회관 비교-

최 현 호 著

한국학술정보(주)

　본 연구는 남북한 도덕교과서의 비교분석을 통하여 남북한 교육의 이질화가 얼마나 심화되었는가를 분석하였다. 그리고 이를 극복하기 위하여 남북 교육 간의 동질성은 없는가를 분석하고자 하였다. 교과서는 교육의 모든 활동을 제시해주는 기본적인 자료이며, 그리고 어느 한 사회나 국가의 교육이념이나 교육목적을 달성하기 위하여 그 기본정신에 가장 적합한 교육의 매개체라 할 수 있다.

　특히 분석대상으로 도덕교과서를 선정한 이유는 한 사회가 지향하는 바람직한 가치와 철학, 정신 그리고 인간상을 육성하는 데 가장 기초적인 교과이며 또한 타 교과에 비해 이런 성격이 대단히 크기 때문이다.

　본 연구의 방법론은 量的·質的分析을 통한 內容分析法에 의하여 교과서의 전체적인 분석을 시도하였다. 교과서의 내용분석은 크게 人間觀, 國家觀, 社會觀의 관점에서 분류하였으며 이 분류기준은 가치덕목에 준하여 설정하였다. 인간관은 개인의 발전과 만족한 생활을 위해 기본적인 덕목이며, 사회관은 사회의 일원으로서 원만한 사회생활을 영위하기 위해 필요한 덕목이며, 국가관은 개인과 국가 간의 관계에서 발생되는 국가생활윤리의 덕목이라고 할 수 있다.

　남북한 중등 도덕교과서 분석의 진행과정은 첫째, 도덕교육의 성격과 이론적 기초, 가치관과 도덕적 가치덕목을 알아보았다. 둘째, 남북한 중등 도덕의 목표와 내용, 교수-학습방법을 분석한 다음 이를 토대로 하여 남북한 도덕교육의 상이점을 비교하였다. 또한 전체적인 남북한 중등 도덕교과서 비교를 시도하여 중등 도덕교과서가 어떻게 구성되었는가를 포괄적으로 분석하여 연구의 기초적 자료로 활용하였다. 셋째는 남북한 도덕교과서의 내용을 가치덕목에 따라 인간관, 국가관, 사회관으로 분류하여 정리하였다. 넷째는 위의 세 가지 관점을 南北韓 相異點에 근거하여 종합적인 비교를 시도하였다. 즉, 남북한 각각 교과서에서 추구하고자 하는 인간관, 국가관, 사회관의 장단점은 무엇이며, 어떻게 구성하고 있는가를 분석하였다. 이러한 비교분석은 결국 남북한 統一教育을 위한 礎石이며 또한 통일 이후 南北統合에 대비한 기초 자료가 될 것이라고 본다.

본 연구는 처음부터 일관되게 남북한 도덕교과서 비교를 통하여 넓게는 教育異質化, 작게는 남북통합 이후 教育統合의 관점에서 同質的 要素는 무엇인가를 찾는 데 노력하였다.

남북한은 각기 다른 이데올로기에 의하여 교육을 실시하여 왔기 때문에 교육이념, 목적, 내용, 교수-학습방법, 추구하는 인간상 등에서는 이질성을 보여 왔다.

남북한이 다루는 가치 중 가장 상이한 것은 北韓의 偶像化 領域에서 가장 극명하게 드러나고 있다. 또한 북한의 교과서는 남한과 같은 가치덕목이라도 의미와 궁극적 가치지향점이 많이 왜곡되어 나타나는 경우가 많은데, 대표적인 것이 '協同'이라고 할 수 있다.

남한의 協同은 직·간접 방법을 통한 相扶相助의 의미가 강하지만 북한은 집단주의 정신에 입각하여 體制指向的, 集團指向的 意味로 變質되어 나타나고 있다.

또한 전반적으로 도덕교과서 내용구성에 있어서도 이질화는 극명하게 나타나고 있다. 남한의 도덕교과서 中心價値는 내용에 있어서 포괄적으로 民主市民社會의 普遍的 價値를 주요 내용으로 하고 있는 반면, 북한 도덕교과서의 中心價値는 김일성가계의 충성심 고취, 집단주의, 공산주의 사회 유지를 위한 가치들로 구성되어 있다.

　이러한 교과서 내용구성 방식을 살펴볼 때, 남한은 자주적인 사람, 창조적인 사람, 도덕적인 사람을 목표로 하고 있으며, 이를 구현하기 위하여 남한의 도덕교육은 도덕성과 공동체의식이 투철한 민주시민의 육성, 사회변화에 대응할 수 있는 창의적인 능력의 개발에 중점을 두는 教育이라고 할 수 있다. 반면 북한은 주체사상에 기초한 북한식 사회주의적 인간육성을 지향하는 교육이라고 할 수 있다. 즉 사람들을 자주성, 창조성을 가진 혁명인재로 키워 당과 수령의 영도에 무조건 충실히 따르는 인간육성을 목표로 하고 있는 것이다.

　그러나 아무리 이질화가 심화되어 있어도 같은 韓民族이기 때문에 同質的인 要素도 발견되었다. 왜냐하면 남북이 분단되기 이전 오랜 세월 동안 같은 생활양식과 가치관, 언어 등의 요소는 동일하였기 때문이다. 이런 측면은 교과서 내에서도 그대로 나타나고 있다.

　특히 이념과 체제적 성격을 떠나 봉사, 사랑, 극기, 공익, 책임감, 성실, 준법, 신의, 공중도덕 등과 같은 一般的 普遍的 道德領域과 효도, 우애, 공경, 자애, 상부상조 등과 같은 우리의 傳統的 道德領域에서는 대부분 價値들이 共通性을 이루고 있음을 나타내고 있다.

　종합하여 볼 때 남한의 도덕교육은 민주주의 가치 아래 個人主義를 바탕으로 하여 개성의 존중, 개인의 자율과 책임, 개인의 능력과 적성을 중시하는 個人尊重의 道德教育을 실시하고 있으며, 북한의 도덕교육은 개인 중심의 도덕교육보다는 集團主義를 기반으로 하여 사회와 국가에 대한 봉사, 당과 혁명에 헌신하는 集團的 共同體意識을 강조하는 集團尊重中心의 道德教育을 한다고 말할 수 있다.

　이러한 도덕교육의 관점은 교육을 개인의 전인적 발전을 조장하여 하나의 삶의 표현방식으로 보는 남한의 '本質主義的 敎育觀'과 북한의 '道具主義的 敎育觀' 사이의 차이에서 기인하는 것으로 볼 수 있다.

　도덕교육은 개인의 자율적 성장은 물론 사회와 국가공동체 형성을 돕는 교육의 원천이며, 결국 올바른 인간관, 사회관, 국가관을 형성시키는 궁극적 교육의 목적이라 할 수 있다. 이런 관점에서 볼 때, 특히 인간의 의식과 사회적 행태를 형성하는 데에 결정적인 구실을 하는 道德敎育은 다른 어느 교과보다도 統一社會 준비에 더 많이 기여해야 하고 기여할 수 있는 잠재력을 가지고 있다고 볼 수 있다.

　중등 도덕교과서 분석을 통하여 확인한 결과 남북한 敎育 異質化를 극복할 수 있는 측면은 남북한 간의 同質的 要素를 빨리 찾는 것이라고 할 수 있다. 과거의 민족문화 속에서 남북한 간에 공통적으로 인정·수용하는 부분은 계속적으로 발굴, 계승해야 할 것이다.

　이상에서 본 바와 같이 본 연구의 의의와 목적은 현재 남북한 중등학교는 어떤 교육과정 정신과 교과서 내용으로 학생들을 어떻게 교육시키고 있는지에 대한 비교 연구이다. 이는 통일사회의 과제 해결에 그리고 同質性을 回復하는 기초적인 자료를 제시할 수 있다는 점에서 반드시 이루어져야 할 주제라고 생각하였다. 따라서 교육의 異質性에 대한 연구는 교육의 同質性을 찾는 데 선행적인 연구가 된다고 할 수 있다.

　본 연구를 완성하기까지 많은 인내와 격려로 끝까지 지도해주신 전인영 지도교수님께 감사드리며, 그리고 진교훈 교수님, 정세구 교

수님, 이온죽 교수님, 한국교육개발원 한만길 선생님께 감사드리며,
끝으로 석사 때부터 많은 격려와 질책을 주시던 이용필 교수님께도
감사드립니다.

이 연구를 준비하면서 명을 달리하신 아버님의 영전에 이 글을
바칩니다.

저자 최현호 씀

목 차

Ⅰ. 서 론

1. 연구목적

道德은 사람과 사람 사이에 지켜야 할 도리를 의미한다. 道德敎育은 학생들에게 사회적 존재로서 원만한 사회생활을 할 수 있도록 규범의 의미를 이해하고, 숙지하게 하여, 자율적으로 도덕적 문제사태를 해결할 수 있는 도덕적 판단력을 길러주는 것이다. 이 판단력 속에는 공동체의 행복에 대한 자발적인 판단과 결정이 함축되어 있다. 인간이 모여 사회를 이루고, 모든 사회는 자신이 지향하는 인간관과 사회관에 맞는 이념과 체제를 형성하여 발전시켜 왔다. 우리나라는 강대국들에 의해 이데올로기를 각각 달리하는 남북으로 분단되어 화합하기 어려운 두 사회로 반세기를 살아오고 있다.

남북한은 정도의 차이는 있지만 분단 이후 공히 냉전논리와 대결논리에 입각한 상호 불신과 부정, 공격일변도의 교육을 실시하여 왔다. 이러한 측면에서 볼 때 남북한 敎育異質化의 深化는 교육을 통한 상호간의 경계심 고취와 자기가치의 우월성을 적극적으로 반영하여 民族의 同質性을 파괴하여 왔던 것이다. 현재 남북한이 이질적인 특성을 지니고 있지만 통일의 길을 추구하려면 상호간의 異質性을 해소하고 同質性을 넓혀나가는 일이 오히려 교육적 과제라고 할 수 있다. 따라서 앞으로의 통일교육은 민족 내부의 화합과 동질성을 확보하는 데 매우 중요한 역할을 할 것이다. 특히 통일 이후의 문제에 대한 근본적인 해결방법은 남북주민의 상호 이해를

18

통한 민족적 동질성회복과 통일사회체제에 대한 적응력을 찾는 데 있다고 할 수 있다. 따라서 民族同質性의 源泉을 이끌어내고 사회화를 하는 일은 모두 敎育을 통해 이루어지게 된다.

다행히 최근 화해의 기운이 성숙되고 북한 사회에 대한 이해의 분위기가 조성됨에 따라 북한 사회와 교육을 올바르게 이해하는 연구가 활성화되어 남북 교육 통합이 진일보하는 계기가 되었다. 교육은 일종의 사회제도이며 또한 온당한 방법으로 국가사회의 요청에 부응하는 계획적인 일이라고 할 수 있다. 교육은 個人的인 次元에서는 自我實現을, 國家社會的 次元에서는 社會化를 실현하는 것이라고 할 수 있다. 아무리 시대가 바뀌어도 교육은 人間形成의 作用이며, 인간형성을 통하여 사회와 국가의 모든 가치를 계승하고 발전시키면서 사회를 개선하고 이끌어 나간다. 교육의 목적은 그 사회에 바람직한 인간상의 構想으로부터 출발해야 하며 未來指向的인 인간을 육성할 수 있도록 構想되어야 한다. 이러한 인간관은 기본적으로 道德觀과 연결된다고도 볼 수 있다.

인간은 價値指向的 존재이며, 인간의 삶은 가치에 의해 인도되고 인생의 의의는 참된 가치를 실현하는 데 있다. 사람답게 산다는 것은 참된 가치를 실현하는 것이다.[1] 무릇, 인간사에 있어서 인간 행위의 근원을 추적한다면, 그것은 결국 價値의 문제로 귀착될 것이다. 따라서 價値敎育은 어느 시대 어떤 사회를 막론하고 그 사회의 가장 중요한 교육적 과제가 되어 왔다. 가치이론은 인간 행동의 모든 책임이 각자에게 놓여 있다는 것을 스스로 인식시켜 사람 간의 相互理解를 도모하는 데 결정적인 도움을 준다.[2] 바람직한 가치체

---

1) 진교훈, "보편적 가치윤리학의 재구성과 가치관교육", 한림과학원편, 「21세기를 여는 한국인의 가치관」(서울: 소화, 1997), p.8.

계의 형성과 그것의 내면화는 개인 및 국가사회의 안정과 발전의 기초가 되기도 한다. 이러한 측면에서 볼 때 道德的 價値體系는 한 사회와 국가의 안정적 기초가 될 뿐만 아니라 정치 및 경제 발전에 있어서 가장 중요한 요소로 작용한다.

　개인은 교육을 통하여 正體意識, 즉 자기 자신의 人間觀을 확립하며, 사회, 국가와 같은 공동생활 속에서 해야 할 일과 안 될 일을 학습하게 됨으로써 자신의 사회관, 국가관을 확립하게 된다. 이렇듯 인간은 사회와 국가를 떠나서는 존재할 수 없으며 그 안에서 자신의 인간관, 사회관, 국가관을 형성하게 된다. 학교에서의 道德敎育을 통해서 개인은 시간과 규율을 지키며 순종성, 근면성과 같은 생활태도를 기르며, 그 사회가 요구하는 中核價値, 規範, 態度 등을 습득함으로써 훌륭한 시민으로 사회에 진입하게 된다. 이처럼 사회는 學校敎育을 통하여 安定과 秩序를 유지한다.[3] 교육은 어떠한 형태로도 이루어지지만 어느 사회나 그 사회가 지향하는 교육의 기초는 학교라는 제도에서 公式的으로 이루어진다고 말할 수 있다.

　현재 남북한의 이념과 체제가 다른 것은 政治뿐만 아니라 敎育에 있어서도 서로 간에 다른 모습을 띠고 있다. 남북한은 분단된 지 50년이 다 되도록 이렇다 할 내부적 교류도 없이 심각한 이질화를 경험해오고 있다. 이렇게 오랫동안 떨어져 이질적인 제도하에서 敎育과 敎化를 받아온 남북한 사회의 주민들의 생활체계와 의식체계 그리고 문화가 이질적인 것은 당연한 것이라고 할 수 있다. 현재 남북한은 교육의 이념과 목적, 기본구조, 교육 내용, 방법 등에 있어서 類似點은 적은 반면 差異點이 많은 상황이다. 또한 교육의 개

---

2) 정세구, 「가치이론과 가치교육」(서울: 교육출판사, 1990), pp.88-89.
3) 김도수, 「교육학 개론」(서울: 교육과학사, 1994), pp.239-240.

념에 있어서도 남한과 북한은 意味를 달리하고 있다.

교육에 있어 남한은 自由民主主義를 이념적 기반으로 하는 반면, 북한은 社會主義를 기초로 하고 있다. 따라서 남한은 교육에 있어서 自由와 個性, 創意性과 多樣性을 강조하고 있지만 북한은 平等과 集團主義, 組織性과 革命性 등을 중시하고 있다. 또한 남한은 도덕적 인간, 자주적 인간, 창조적 인간을 형성하기 위하여 民主市民教育을 실시하고 있으며 個人의 自我實現에 그 목표를 두고 있는 반면, 북한은 공산주의의 이념과 교육을 통하여 '共産主義的 새 人間' 형성을 목표로 하고 있다. 즉 남한은 개인의 자율성과 창의성을 지향하며, 사회현상에 대한 合理的인 認識을 강조하고 있지만, 북한은 사회주의 지배체제에 필요한 집단구성원으로서의 受動的인 人間養性과 體制理念의 社會化 및 政治社會化에 중점을 두고 있다고 볼 수 있다. 따라서 두 사회는 상반된 체제하에서 교육목적을 달성하기 위한 노력을 아끼지 않고 있다. 그 결과 두 사회는 共通點보다는 많은 差異點을 가진 오늘에 이르게 되었다.

民族統一을 성취하기 위한 교육은 형식교육의 형태인 학교에서 체계적으로 이루어져야 한다. 통일의 당위성 인식과 그 올바른 방향 설정을 위한 統一教育은[4] 체제 사회화 측면에서 조기에 실시되어야 한다. 우리도 통일 후 예상되는 교육의 제 문제를 최소화하기 위해서 남북한 간의 교육 내용과 방법 등을 서로 같은 방향으로 개선 발전시키려는 노력을 해야 한다. 이와 관련한 선행연구도 근래에는 더욱 활발히 이루어지고 있다.[5]

---

4) 전인영 교수는 통일교육은 부정적인 반응을 유발하지 않도록 해야 하며 오히려 통일한국의 위상 등 긍정적인 측면을 상상하게 하여 통일교육을 효율성 있게 해야 할 필요성이 있다고 내다보고 있다. 전인영, "6.15 남북공동선언과 통일교육의 방향", 교육부, 「교육마당21」(2000. 8), pp.40-41.

　더욱 중요한 것은 장차 통일조국의 주인인 우리 학생들이 자유와 평등을 건전하게 누리기 위하여, 개인 스스로의 소질계발과 집단생활에의 적극적 참여로 참된 인간적 삶을 영위하기 위하여, 그리고 가족과 사회와 국가의 한 성원으로서 본분을 다할 수 있도록 하기 위해서는 어느 교육보다도 道德敎育이 중요한 의미를 가질 수밖에 없다는 것이다. 특히 道德敎育은 개인의 자율적 성장은 물론 사회와 국가공동체 형성을 돕는 敎育의 源泉이며 결국 올바른 人間觀, 社會觀, 國家觀을 형성시키는 교육의 궁극적 목적이라 할 수 있다. 이런 관점에서 볼 때 특히 인간의 의식과 사회적 행태를 형성하는 데에 결정적인 구실을 하는 도덕교육은 다른 어느 교과보다도 統一社會 준비에 더 많이 기여해야 하고, 그에 맞는 충분한 잠재력을 가지고 있다고 할 수 있다.

　지금까지 통일을 위한 노력은 주로 정치적 통일만을 위한 노력에 국한되어 온 느낌이 든다. 정치적 통일만으로 진정한 民族統一을 이루었다고 할 수 없음은 주지의 사실이다. 실질적으로 통일을 이루고 우리민족의 계속적인 발전을 기약할 수 있으려면 민족의 동질성을 회복하고 마음으로부터 우러나는 民族和合이 이루어져야 한다. 특히 교육은 우리의 민족과 미래 사회를 이끌어 나갈 인간을

---

5) 남북통합에 대비한 교과서 및 교육과정연구는
　　① 김태완 외, 「남북한 교육통합정책연구」, 한국교육개발원연구보고 RR91-29(1991); ② 문용린 외, 「학교통일교육의 새로운 전개방향」, 한국교육개발원(1988); ③ 이영덕, "민족동질성 고양을 위한 교육의 과제", 한국교육학회, 「교육학연구 제28권 3호」(1990); ④ 최영표 외, 「통일에 대비한 교육정책연구 Ⅱ」, 한국교육개발원 연구보고 RR93-8(1993); ⑤ 한국교육개발원, 「남북한 초등학교 도덕과 교육과정 및 교과서 비교분석연구」(1996); ⑥ 한만길, "민족동질성 회복의 관점에서 본 북한의 전통문화와 도덕교육", 「도산학술논총 제5집」(1996) 등이 있다.

육성하는 일이기 때문에 同質性을 回復하는 일이 중요한 과제이다.

따라서 현재 남북한 중등학교가 어떤 敎育課程 精神과 敎科書 內容을 가지고 학생들을 교육시키고 있는가에 대한 比較研究는 統一社會의 課題解決과 同質性을 回復하는 기초적인 자료를 제시할 수 있다는 점에서 반드시 이루어져야 할 주제이다. 결국 교육의 同質性이 무엇인가를 분석하기 위한 선행적인 연구는 교육의 異質性을 먼저 분석해야 하는 것이다.

본 연구는 남북한 중등 도덕교과서 비교분석을 통하여 남북한 교육이 얼마나 이질화가 심화되었는가를 분석하였고 그리고 또한 이를 극복하기 위하여 남북 교육 간의 동질성은 없는가를 분석하고자 하였다.

2. 연구방법과 범위

1) 연구방법

성장세대가 어떠한 교육을 통하여 어떤 인간으로 길러지고 있는가를 탐색해 보는 일은 대단히 중요하다. 한 사회에 있어서 정치·경제·사회·문화적 발전의 과정에 참여하게 되는 주체로서 人間이 갖고 있는 思想이란 일반적으로 그 사회의 제도적 교육을 통하여 많은 부분이 형성되고 있다.[6]

이와 같이 교육의 모든 활동을 제시하여 주는 기본적인 자료는

---

6) 황정규 외, 고대평화연구소편, 「북한교육의 조명」(서울: 법문사, 1990), p.17.

敎科書라고 할 수 있다. 또한 이것은 어느 한 사회나 국가의 교육이념이나 교육목적을 달성하기 위하여 기본정신에 가장 적합하게 편집된 學習資料이기도 하다.

특히, 도덕교과는 어느 사회나 그 사회가 목적하는 국민·시민을 육성하기 위한 가장 기본적인 교과의 성격을 지니고 있기 때문에, 그리고 그 사회의 철학과 가치가 가장 극명하게 드러나 있고, 생활문화에 대한 이념을 주로 다루고 있기 때문에 다른 교과에 비해 교과서의 중요성이 훨씬 크다고 할 수 있다. 즉 도덕교과서는 그 나라의 국민 모두가 배우고, 생활의 기초가 되는 사회문화를 통하여 가장 보편적인 인물상을 표현하고 있다고 볼 수 있다.

남북한의 중등학교 도덕교과서를 분석 대상으로 설정한 이유는 이 시기는 한 사람의 人性과 價値觀을 형성해주는 기본적인 뿌리를 제공하는 중요한 시기이며 북한에서는 고등중학교가 의무교육에 해당하고 있기 때문이다.

이러한 관점에 비추어 보면 남북한 중등 도덕교과서 분석의 방법은 量的 分析과 質的 分析을 혼용한 內容分析法이다.[7] 量的 分析이란 어떤 메시지나 주제를 할애된 지면의 분량이나 문장(또는 단어, 문단, 단원)의 수를 양적으로 분석하는 방법을 말한다. 이와 같은 양적 분석은 객관성을 높일 수 있다는 점을 장점으로 갖지만 메시지의 심층적인 의미를 올바르게 해석하는 데는 한계가 있다. 이를 보완할 수 있는 방법이 質的 分析方法이다.[8] 이것은 관찰의 기술

---

7) 차우규, "도덕·윤리과 양적연구 방법론", 한국도덕윤리과교육학회, 「도덕·윤리과 교육 제9호」(1998), pp.290-292. 한국도덕윤리과교육학회 편, 「도덕윤리교과교육학 개론」(서울: 교육과학사, 1999), pp.391-424.

8) 유사한 용어로는 해석적 연구, 자연주의적 연구법, 현상학적 연구법, 민속지학적 연구법, 기술적 연구법 등이 있다.

24

(descriptive)에 그 기반을 두고 "여기서 어떤 일이 일어나고 있는 가?"에 대한 상세한 대답으로 구성되어 있다. 이 질적 연구법은 여 기서 어떤 일이 일어나고 있는가라는 질문 등 일상적인 사건이나 기묘한 사건들, 혹은 연구자에게 매력적이고 연구 의욕을 부추기는 그 밖의 다양한 상황들을 포함하게 되는 것이다.

이러한 내용분석법에 의하여 본 연구의 남북 교과서 比較分析의 方向은 크게 두 가지로 나누어진다. 첫째는 남북한 全體的인 敎科 書의 比較分析이다. 즉 전체적인 교과서 구성이 몇 科로 이루어졌 으며, 단원명에 따른 단원의 전체적인 내용, 이를 이끌고 있는 價値 媒介와 價値志向은 무엇이며, 그리고 이것들의 궁극적인 지향점은 人間觀인가, 國家觀인가, 社會觀인가 등의 분석이다.

둘째는 敎科書 內容構成에 있어서 주요 價値德目에 따른 比較分 析이다. 도덕교육은 학생들의 바람직한 덕성과 인격의 형성을 지향 하는 德敎育으로서 '인간의 도덕적 삶에 필요한 관점과 방향, 원리' 등을 밝혀 제시하는 일과 그것을 '실천해 나가는 사람이 지니고 있 어야 할 능력과 자질'이 무엇인지를 체계적으로 탐구하는 일을 주 된 과제로 한다. 前者에 중점을 두는 입장을 義務 또는 規則倫理學 (Deontological or Principle Ethics)이라고 한다면 後者를 중시하는 입장을 德倫理學(Virtue Ethics)이라고 부른다.

德倫理는 행위를 지도하여 줄 道德原理 또는 規則보다는 道德行 爲者 그 자체를 중시하는 이론으로서 소규모 공동체를 배경으로 해 서 발달된 것이었다. 이러한 소규모 공동체에서는 무엇이 도덕적 행동인지를 누구나 식별할 수 있고, 또 바람직한 행위에 관해 대체 로 合意가 이루어져 있으므로, 문제는 그러한 도덕 행위를 실천할 수 있는 사람의 품성, 곧 德이 더 중요시되었다.[9]

덕에 대한 이론은 아리스토텔레스(Aristoteles)로 거슬러 올라가는데 그는 知的인 德과 道德的인 德으로 나누면서[10] 핵심은 '나는 무엇을 해야 하는가' 이전에 '나는 어떠한 존재가 되어야 하는가'를 윤리의 근본으로 보고자 하는 입장이었다.[11] 말하자면, 그것은 사람의 고정적 성향, 자질 또는 습관 등의 특성을 중시하는 것으로써 구체적으로는 연민, 양심, 진실함과 같은 사람의 도덕적 품성 측면에 제일차적인 강조점을 두는 윤리인 것이다.

현대적 의미의 德倫理는 엔스콤(Elizabeth Anscombe)으로부터 시작된다. 그는 아리스토텔레스의 전통으로 돌아가서 어떤 종류의 인간 또는 존재가 되어야 마땅하며, 그러한 인간이 되기 위해 어떤 덕들을 지녀야 하는지를 탐구하였다.[12] 또한 덕윤리학자인 시첼(Betty A. Sichel)은 人格은 한 人間의 特徵 그리고 道德的·精神的 資質의 總體를 뜻하는 것으로, 구체적으로는 덕 또는 道德的 卓越性을 습득함으로써 형성되는 것이라고 하였다. 그리고 사람의 인격이 이렇게 도덕적으로 구성되는 한, 道德敎育은 자라나는 세대들로 하여금 바로 그러한 德들을 기르게 함으로써 바람직한 도덕적 인격을 발달시키도록 돕는 것이 되지 않으면 안 됨을 강조하였다.

---

9) 이택휘·유병열, 「도덕교육론」(서울: 양서원, 2000), p.34.; 김태훈 저, 「덕교육론」(서울: 양서원, 1999), p.28.

10) Ruth Anna Putnam, "Reciprocity and Virtue Ethics", *Ethics*, Vol.98, January, 1988, p.379.

11) B. Mayo, "Virtue or Duty?", C. Sommers and F. Sommers(eds.), Vice & Virtue in *Everyday Life: Introductory Readings in Ethics*(New York: Harcourt Publishers, 1989), pp.197-202.

12) G. E. M. Anscombe, "Modern Moral Philosophy", *Philosophy: The Journal of the Royal Institute of Philosophy*, Vol.xxxiii, No.124, January 1958, pp.1-19. 12)): 이택휘·유병열, 앞의 책, p.36.

오늘날의 도덕교육은 덕윤리학적 관점에서 볼 때 자라나는 세대들이 인간과 사회의 도덕적 삶에 필요한 가치규범을 진정으로 깊이 깨닫게 하여 이를 내면화하고, 생활 속에서 실천하며, 또한 몸으로 구현해 가는 道德的 德性과 人格的 特性을 기르도록 하기 위한 방향으로 나아가고 있다.

이렇게 볼 때 덕 중심의 도덕교육은 도덕교육의 한 방법으로서 의의를 가지게 되며, 본 연구는 이러한 德目中心의 價値에 따라 교과서를 분석하였다. 결국 교육이란 가치 있는 것 즉 價値指向을 도덕적으로 온당한 방법으로 피교육자에게 전달하는 것이라고 볼 수 있다. 본 연구자는 이러한 가치지향을 크게 인간관, 사회관, 국가관의 측면에서 구분하였는데 사회화의 가장 기본적인 단위로서 인간을 형성시키는 個人的 次元의 價値와 家庭的 次元에서의 價値를 人間觀의 範疇로 포함시켰다. 개인적 차원의 가치는 자립, 인내, 슬기, 정직, 근면, 검소(절약), 면학, 반성, 기타 등으로 개인으로서 행복한 생활의 의미를 깨닫고 자신의 발전을 위해 필요한 기본적인 덕목과 생활태도를 다루었다.[13] 가정의 차원에서는 효, 자애, 우애, 화목 등 부모와 자녀관계를 비롯한 가족 구성원들 간의 관계를 통하여 나타나는 가정의 생활윤리를 다루었다. 社會的 次元의 價値 즉 社會觀의 觀點은 협동, 겸손, 교우애, 예의, 공익봉사, 책임감, 정의감 등 사회의 일원으로서 원만한 인간관계를 형성하고 적극적인 사회생활을 영위하는 데 필요한 덕목을 다루었다. 그리고 國家的 次元의 價値, 즉 國家觀은 국가 및 지도자관, 국민의 도리와 의무, 애국심, 충성심, 통일의식 등 개인과 국가 간의 관계에서 발생되는

---

13) 박성희, "교과서분석에 의한 북한청소년의 가치관연구", 「통일문제연구」(서울: 평화문제연구소, 1994), p.196.

국가생활의 윤리를 다루었다. 人間觀, 國家觀, 社會觀의 觀點을 價
値指向 德目과 관련하여 표로 나타내면 〈표 Ⅰ-1〉과 같다.

〈표 Ⅰ-1〉 인간관 · 국가관 · 사회관의 주요 가치덕목

관 점	가치지향	주요 가치덕목
인간관	개인적 차원의 가치	자립, 인내, 슬기, 정직, 근면, 검소, 면학, 반성, 성실, 인격, 자주, 인성, 극기, 가치추구, 자율, 절제, 진선미성, 여가
	가정적 차원의 가치	효, 자애, 우애, 화목
국가관	국가적 차원의 가치	의무, 국민의 도리, 지도자관, 애국심, 충성심, 통일의식, 계급의식, 집단주의, 복지사회, 환경의식, 국가이념, 민족정신, 대의
사회관	사회적 차원의 가치	협동, 겸손, 교우애, 예의, 공익, 봉사, 책임감, 공중도덕, 감은, 주인의식, 공동체의식, 규칙(규범), 질서, 관용.

분석 자료: 남한 중 2 · 3학년 도덕교과서, 북한 공산주의 도덕 3 · 4학년 교과서 참조.

2) 연구의 범위

본 연구의 敎科書分析 意義는 통일 이전과 이후의 남북한 敎育統
合을 위한 기초 자료로 사용되고자 노력하였다. 즉 남북한 共同體를
형성하여 統合敎育을 실행하기 위해서는 먼저 남북한 中等 敎科書內
容의 類似點과 差異點을 찾아내야만 하는 것이 기초라고 보인다.

이를 위해서 本 硏究는 다음과 같은 方式으로 進行하고자 한다.

첫째, 남북 중등 도덕교육 연구를 위한 이론적 배경에는 도덕교
육의 성격, 도덕교육의 이론적 기초, 가치관과 도덕적 가치덕목을

알아보았다. 즉 남북한 도덕교과서에 나타난 인간관, 국가관, 사회관을 가치덕목에 따라 분석하였다.

둘째, 남북한 중등 도덕교육 및 교과서를 고찰하였다. 즉 남북한 도덕교육의 목표, 내용, 교수-학습방법의 관점에서 남북한 도덕교육의 상이점을 비교하여 남북한 도덕교육의 유사점과 차이점은 무엇인지 분석을 시도하였다. 또한 전체적인 교과서 분석을 위한 기초 자료로서 남북한 중등 도덕교과서를 외형적 체제, 인물 및 소재, 내용제시 방식의 측면에서 분석하였다.

셋째, 남북한 중등 도덕교과서에 나타난 인간관의 주요 내용과 가치범주를 분석하였다. 남북한 도덕교과서에 나타나고 있는 인간관의 가치범주는 얼마나 되며, 내용은 무엇이며 남북 간의 유사한 점과 차이점은 무엇인지를 분석하고자 하였다.

넷째, 남북한 중등 도덕교과서에 나타난 국가관의 주요 내용과 가치범주를 분석하였다. 남북한이 진정한 국가관을 형성시키기 위하여 교과서 내용은 무엇을 담고 있으며, 또한 궁극적으로 남북한 학생들에 국가정체성을 확립하기 위한 내용은 무엇인지 분석하고자 하였다.

다섯째, 남북한 중등 도덕교과서에 나타난 사회관의 주요 내용과 가치범주를 분석하였다. 남북한은 사회체제가 이념적으로 다르기 때문에 개인과 집단 중 어느 것을 우선하는가 그리고 유사점과 차이점은 무엇인가를 분석하고자 하였다.

여섯째, 남북한 중등 도덕교과서에 나타난 인간관, 국가관, 사회관의 교과 내용에 대한 종합적인 분석을 시도하였다. 즉 남북한 도덕교과서에 나타난 가장 큰 상이점은 무엇인지 분석을 시도하였다.

본 연구를 진행함에 있어 연구범위를 살펴보면 다음과 같다.

첫째, 시간적 범위를 보면 1945년 분단을 기점으로 현재까지를 시간적 범위로 하되 남한은 교과서 분석대상[14]을 제6차 교육과정(1992년)을 중심으로, 북한은 1995년판 고등중학교 공산주의 도덕 교과서를 분석범위로 한다. 이 시기는 남북한의 대내외적 상황변화가 크다고 할 수 있다. 남한은 경제발전과 민주화와 세계화, 정보화의 발전과 관련하여 敎育課程編制를 실시하였으며, 북한은 김일성과 김정일의 권력이양 시점 그리고 김정일 체제의 안정과 대내외적 변화에 따라 敎育課程編制도 자주 변화되어 왔기 때문이다.

둘째, 용어 사용에 있어 남은 남한, 남조선, 북은 북한, 북조선으로 통칭하며 문맥에 따라 남한은 한국으로 표기하며 모두 각각 동일 의미로 사용된다.

셋째, 비교연구 대상의 교과서 범위는 남한은 중학교 도덕 2, 3학년이며, 북한은 고등중학교 공산주의 도덕 3, 4학년으로 한다. 남북한의 교육제도가 서로 다르지만 계열성에 있어서 비슷한 남북한 연령에 해당하기 때문이다.

넷째, 교과서 내용비교연구의 초점은 인간관, 국가관, 사회관의 관점으로 정하고자 한다. 이 세 가지 관점은 가치덕목에 따라 설정하였으며 덕목 설정의 근거와 이론은 이론적 배경에 기술되어 있다. 교과서 내용분석 시 이러한 세 가지 관점은 연구자의 恣意的이며 主觀的인 觀點으로 인정하기로 한다. 한편 본 연구에 앞서 선행

---

14) **남한**: 중학교 도덕 2·3학년 (연구진: 정세구 외 8인, 집필진: 정세구 외 7인, 삽화: 이남구, 저작권: 교육부, 편찬자: 서울대 사범대학 1종도서 도덕윤리 연구개발위원회, 발행 및 인쇄인: 대한교과서 주식회사), **북한**: 고등중학교 공산주의 도덕 3·4학년 (집필: 김은선(4학년만 집필) 고수길·황해숙·한상유, 편집: 라장호, 낸곳: 교육도서출판사(1995), 심사: 심사위원회).

연구는 본 연구의 연구체계에 제한적이나마 길잡이가 되었다.[15]

본 연구는 선행된 문헌연구를 통하여 분석하고자 하였으며 남북한의 교과서분석은 1차 자료를 가지고 시도하였다. 1차 자료는 통일원 북한 자료 센터와 한국교육개발원에서 소장된 북한원전을 이용하였으며 부족한 것은 북한연구소, 대륙연구소, 교육부에서 발행된 2차 자료와 기타 선행연구물을 활용하였다.

본 연구를 수행함에 있어서 가장 큰 제한점은 남북한은 50여 년간의 분단 상황 속에서 남한과 북한의 교육을 직접 비교하는 데 다소 무리가 있을 수 있고, 1차 자료의 수집에 어려움이 있었다.

특히 남북한의 교과비교 연구 중에서 도덕 관련 교과만 분석의 주된 대상으로 하여 타 교과의 연계성이 다소 부족하다. 교육이란 한 교과만을 상대로 하는 것이 아니라 전 교과 영역에서 행해지고 있음에 반하여 한 關聯敎科만을 접근한 것 또한 연구의 제한점으로 될 수도 있다.

---

15) 본 연구의 수행과정에 도움을 준 선행연구로는
　① 박석주, "남북한 도덕교육비교연구", 교원대학교 박사학위논문(1994).
　② 서울시 초, 중등교과 교육연구회, 「남북한 교육 내용비교분석－교과서 분석을 중심으로」(1991).
　③ 조주연·한만길·황규호(편), 「남북한교육과정 및 교과서 분석모형 개발연구」(서울: 서울교육대학교 교육과정연구회, 1995. 12).
　④ 한국교육개발원, 「남북한 초등학교 도덕과 교육과정 및 교과서 비교분석연구」(1996).
　⑤ 한국교육개발원, 「남북한 중등학교 도덕 사회과 교육과정 및 교과서 비교분석연구」(1997).
　⑥ 전숙자, "공산주의 도덕교과서에 나타난 인간관", 한국사회과교육 제26호(1993).
　⑦ 박성희, "교과서분석에 의한 북한청소년의 가치관연구", 「통일문제연구」(서울: 평화문제연구소, 1994).

Ⅱ. 중등 도덕교육에 관한 이론적 배경

도덕은 행위에 대한 道德的判斷, 標準, 그리고 規則을 가리키는 일반적인 이름으로 사용된다. 현존 사회의 道德律 속에서 발견되는 현실적인 판단, 표준, 그리고 규칙뿐만 아니라 이상적인 판단, 표준, 그리고 규칙까지도 포함하는 것이다.

道德敎育은 道德性을 발달시키는 것으로 도덕적 행위를 할 수 있는 능력을 발달시키는 것이다. 즉 사회에서 도덕적으로 평가되는 人格特性과 德群의 總和, 혹은 사회에서 기대되어 과해진 規範이나 行動樣式에 일치하는 心性으로 정의하기도 한다. 도덕교육은 일반적으로 인간들이 지켜야 할 그리고 가져야 할 道德規範과 普遍的 價値를 교육하는 것이며, 이러한 측면에서 도덕교육의 이론적 기초는 개인과 사회집단에서 필요한 것을 학습하는 價値敎育이라고 할 수 있다. 이 같은 인간교육을 지향하는 것이 도덕교육의 기본 방향이라 할 수 있다.

도덕교육의 방향은 개인적 측면에서는 자아실현과 만족을, 사회·국가적 차원에서는 공동체의식을 형성하는 가치교육이라 할 수 있다. 이런 관점에서 볼 때 개인들이 추구해야 하는 기본적인 가치덕목들은 무엇이며, 원만한 공동체 생활을 하기 위한 기본적인 가치덕목들은 무엇인가를 살펴보고자 한다. 본 장의 연구방향은 道德敎育의 性格을 알아보고 共同體主義와 政治社會化, 그리고 倫理學의 관점에서 도덕교육의 이론적 기초를 알아보았다. 또한 가치관을 형성하기 위하여 인간들이 갖추어야 할 기본적인 도덕적 가치덕목들은 무엇인가를 분석하고자 한다.

1. 도덕교육의 성격

인간이 공동체 속에서 도덕적 가치를 내면화하고 도덕적 행동을 실천하기 위해서는 인간은 기본적으로 그 사회의 기본적인 가치덕목들을 습득해야 하며 도덕성을 발달시켜야 한다. 인간이 삶의 목표와 방향을 설정할 때는 가치에 의하여 이루어지며 가치는 결국 인간 행동의 방향을 설정해주는 가장 큰 기준이라고 할 수 있다. 따라서 도덕교육은 개인적 차원과 공동체적 차원에서 이루어져야 할 것이다. 본 절에서는 道德敎育의 性格을 道德性과 道德敎育의 機能, 價値敎育의 次元에서 알아보고자 한다.

1) 도덕과 도덕성

(1) 도덕과 도덕성의 의미

道德이란 본래 사회 또는 집단 공동체를 이루고 사는 인간이 건전하고 합리적인 생활을 영위하기에 필요한 삶의 지혜 또는 처방이며 道德의 本質은 행위자 자신의 의지와 자율로써 슬기롭고 바른 행위를 하는 데 있다. 모든 사람들은 도덕적으로 완전한 경지에 이른 사회를 이상적 사회라고 말하는데 이러한 사회는 인간의 삶의 지혜와 바른 행위에 대한 이해가 바탕이 되어야 하며, 이 바탕이 곧 道德이라고 할 수 있는 것이다. 따라서 도덕적으로 성숙한 사람이란 도덕적 풍토와 이상에 조화롭게 행동하는 사람이라고 볼 수 있다.

어원적인 의미로서 道德은 "사람이 사람으로서 떳떳하게 그리고 마땅히 가야 할 큰 길"[1]로 또는 "사람이 지켜야 할 도리", "인간이 지킬 윤리[2]"로도 표현되며 일반적으로는 행위에 대한 도덕적 판단 기준, 그리고 규칙을 가리키는 이름으로도 사용되고 있다.[3] 道德의 成立過程은 두 측면에서 고찰할 수 있는데 그 하나는 역사적 과정에 있어서의 傳統的인 道德 發生이요, 다른 하나는 個人의 人格形成에 따른 創造的, 反省的인 形成過程에서 본 고찰이다.[4]

道德性이란 선한 동기나 도덕적 판단, 혹은 결단력 있는 행위 등의 각각을 가리키는 것이 아니라 어떠한 道德的 問題事態에 대한 統一性 있는 調和라고 볼 수 있다. 이렇게 볼 때 道德性이란 일련의 무기력한 사고와 습관들이라기보다는 사회적 문제를 역동적으로 해결해 가는 하나의 과정이라고도 볼 수 있다.[5]

테일러(Taylor)는 道德的 成熟의 條件을 "자신의 도덕적 신념에 대해서 마음의 문을 열어 놓을 수 있는 능력, 즉 개인이 자기의 도덕적 신념이 도전받을 때 이성적인 논의에 의해서 그것을 지지하고 그것이 정당화될 수 없을 때 이를 시정하는 능력을 가지는 조건"이라고 말하고 있다.[6] 즉 그에 있어서 도덕성은 도덕적 문제 사태에 봉착해서 자신의 신념에 문을 열어놓고 이성적인 추론능력의 발휘를 통해 일관성 있게 도덕적 규범들을 생각하는 것이라고 말할 수

---

1) 남궁달화, "도덕과의 이론과 실제", 한국교육학회, 「교육학 연구」, 제29권 제2호(1991), p.3.
2) 문용린, 「도덕과 교육」(서울: 갑을출판사, 1989), p.15.
3) P. W. Taylor, Principles, ed, *Durkhiem: Essays on Morals and Education*(London: Routledge and Kegan Paul, 1979), p.12.
4) 박익종, 「도덕과 교수법」(서울: 형설출판사, 1990), p.14.
5) 박석주, "남북한 도덕교육비교연구", 한국교원대학원 박사논문(1994), p.15.
6) P. W. Taylor, op.cit., p.10.

있다. 콜버그(Kholberg)도 "사회적 세계에서 이해를 달리하는 當事者들 사이의 갈등하는 주장들이나 관념들을 조정하고 그 갈등을 해소하기 위한 논리이다."[7]고 말하고 있다.

(2) 도덕성 함양을 위한 도덕교육의 방법

道德性 涵養을 위한 대표적인 방법으로는 德目敎育의 接近이라 할 수 있다. 이는 한 사회나 문화가 제시하는 도덕적 행동의 기준이나 가치를 내면화하거나 주입하는 방법을 주로 사용한다. 한 가치나 도덕을 습득하는 과정은 곧 특정한 인물, 집단 혹은 사회와 동일시하는 과정으로서 대표적인 방법으로는 훈화, 모델링, 강화 등이 있다. 도덕성 함양을 위한 도덕교육은 신봉해야 할 가치관과 실천해야 할 덕목의 내용을 설명해 주고 유덕한 인물의 전기를 읽게 하며, 德行의 機會를 부여하고, 덕행에 대해서는 補償을 하고 惡行에 대해서는 制裁를 가하는 방법들을 일반적으로 사용한다.[8] 대표적인 도덕성 함양의 방법은 두 가지로 나눌 수 있다.

첫째는 콜버그(kholberg)의 認知的 道德發達의 模型이다.

콜버그(kholberg)의 도덕교육방법은 크게 두 가지, 즉 하나는 교실에서의 토론식 수업을 통해 도덕성을 함양하는 것이고, 다른 하나는 도덕적인 학교 환경을 조성하여 학생들이 민주적으로 학교 운영에 참여하도록 하는 이른바, '정의로운 공동체' 접근법으로 나누어 살펴볼 수 있다. 콜버그의 인지적 도덕성 발달 교육의 핵심은 학생

---

7) 김민남, 「콜버그 도덕발달이론」(서울: 교육과학사, 1985), p.15.

8) 한국도덕윤리과교육학회 엮음, 「도덕·윤리 교과교육학 개론」(서울: 교육과학사, 1999), p.177.

으로 하여금 인지적 불균형에 처하도록 하고, 보다 상위의 단계에 접하게 함으로써 자신의 문제 해결방식보다 더 포괄적이고 일관성 있는 葛藤解消方法을 찾아 자신의 것으로 採擇하게 하는 데 있다.

학생들로 하여금 보다 포괄적인 사회적 시각을 갖게 하고, 보다 객관적으로 추론하도록 하기 위해서 도덕적 딜레마를 효과적으로 사용할 것을 제시한다. 도덕적 딜레마는 세 가지 종류의 자료, 즉 가정적 관심사, 교과목의 특정 내용 관심사, 실제 관심사 중 하나를 검토하는 데서 겪게 된다.9) 도덕적 딜레마가 무엇이든지 중요한 것은 학생이 인지적 갈등을 야기하고 社會的 役割採擇을 할 수 있도록 교사가 적절한 질문을 해야 한다. 따라서 콜버그의 토론 수업은 도덕적 딜레마의 제시로부터 시작되고, 이 수업을 성공적으로 이끌 수 있는 요체는 교사의 질문 제기에 있다고 할 수 있다.

콜버그의 정의로운 공동체 접근은 학교의 잠재적 교육과정이 학생의 도덕성을 증대시킬 기회를 풍부히 한다는 점을 강조하는 것이다. 사회적, 도덕적 문제에 대해 읽고 토론함으로써 많은 것을 배우기는 하지만, 실제 생활에 참여하여 사회적, 도덕적 문제를 다루는 경험을 교실의 토론식 수업에서는 가질 수 없기 때문이다. 콜버그는 학교생활이 참여적 민주주의로 운영됨으로써 학생들의 도덕적 사고와 행동을 자극할 수 있다고 믿었다.10)

둘째는 가치 명료화 방법이다. 래스(L. E. Raths), 하민(M. Harmin), 사이먼(S. B. Simon), 커센바움(H. Kirschenbaum) 등에 주장된 하나의 절차, 과정으로서의 이 방법은 특정 가치를 정하지 않고 아동

---

9) 이석호 외 공역(R. H. Hersh eds), 「도덕・가치교육의 교수 모형」(서울: 교육과학사, 1992), p.150.

10) 한국도덕윤리과교육학회 엮음, 앞의 책(1999), p.178.

이나 성인이 자신의 관심, 의도, 포부, 신념과 태도 그리고 다른 가능한 가치 특성을 자유로이 陳述하도록 하는 데 초점을 둔다. 이 방법에 의하면, 우리 중 누구도 타인에게 가치를 강요할 수 없다는 것이다. 특정한 가치를 부과하는 것은 학생의 자유로운 선택을 부인하고, 그들 자신의 가치를 도출하고 명료화하는 방법을 개발하는 데 도움을 주지 못하는 비윤리적인 방법이기 때문에 價値를 導出하는 過程을 가르쳐야 한다고 주장한다.[11]

2) 도덕교육의 기능

道德敎育은 自律的 價値判斷의 能力을 가지고 主體的 價値 決定을 行하면서, 社會의 統合에 寄與할 수 있는 道德性을 形成시키는 機能을 强化해야 한다. 프랑케나(W. K. Frankena)는 이에 대해 다음과 같이 말하고 있다.[12]

첫째, 도덕교육은 도덕적 사고력을 신장시키는 데 있다. 즉 도덕교육은 행위의 판단과 무엇을 하여야 할 것인가를 결정하는 것이다. 둘째, 도덕교육은 도덕적 판단과 결정을 위한 궁극적 기초로서 하나 또는 그 이상의 근본적 일반 원칙 또는 가치를 채택할 수 있도록 자극하는 것이다. 셋째, 도덕교육은 구체적인 규범가치 또는 덕에 대한 신념을 기르거나 그 가치와 덕을 채택할 수 있도록 자극하는 것이어야 한다. 넷째, 도덕교육은 도덕적으로 옳은 것을 행할

---

11) 위의 책, p.178.

12) Willian K. Frankena, "Philosophic View of Moral Education", *The Encyclopedia of Education*, vol.6. pp.395-398.

수 있는 성향을 기르는 것이어야 한다. 다섯째, 도덕교육은 反省的인 자율성과 자제력 그리고 정신력, 자유의 성취를 촉진시켜야 한다. 학생들의 신념이 단순히 지적인 것이고 행위의 형태와 관계가 없는 것을 만들어 낸다면 그 대안들은 단순히 어구적 표현만을 조장하는 것이기 때문이다.

따라서 신념과 행동 사이의 이동이 자동적이 아니라 할 때, 도덕적 목적을 달성하기 위해서는 규범에 대한 지적인 이해와 지지뿐만 아니라 믿음과 행동 사이의 공간을 연결해 줄 수 있는 意志의 訓練이 반드시 隨伴되어야 한다.13) 이것은 학교 도덕교육의 임무를 더욱더 강조하는 것이다.

도덕과는 초, 중학생들에게 도덕적 규범의 내면화와 도덕적 관습의 형성을 통해 더 공정한 도덕적인 판단을 할 수 있도록 하는 교과이다.

도덕과는 교육적으로 價値 中立的이기보다는 價値敎育的 입장을 지닌다. 즉, 도덕과는 국가이념의 성실한 수행과 함께 보다 합리적이며 능동적 도덕적인 판단을 강조한다. 따라서 이는 교육적인 관점에서 상당한 주관적 가치의 입장을 가지고 있는 것도 사실이다. 그러나 교육은 민족과 국가의 장래를 결정하는 것이므로 도덕과 교육에 대한 感情的 理解는 排除되어야 한다.

하잔(B. Chazan)은 학교교육에서의 도덕교육을 반대하는 입장을 反道德敎育이라 하여 그 주장들을 소개하고 있다.14) 첫째, 인식론적 입장에서 학교 도덕교육을 반대하는 주장이다. 둘째, 개인주의적

---

13) R. D. Archambault, "*Criteria for Success in Moral Instruction*", B. I. Chazan, J. F. Soltis, op.cit., pp.162-163.

14) B. Chazan, op.cit., p.91-102.

입장에서의 반대이다. 셋째, 사회주의자들의 학교교육에 대한 비판
이다. 넷째, 경험에 근거한 평가를 통해 반대하는 입장이다. 다섯째,
학교는 그 구조상 조작과 강요의 제도임이 입증되었다는 점에서 도
덕교육에 대한 반론을 제기하고 있다. 이상에서 살펴본 각 입장의
반도덕교육 운동은 외국에서뿐만 아니라 우리나라에서도 많은 논의
가 있어 왔다. 이는 몇 가지 선입견에서 전제되고 있는데, 첫째는
도덕교육을 공자님의 훈계나 어른들의 잔소리쯤으로 여기는 선입견
이고, 둘째는 도덕교육이 정부의 정책 홍보나 반공 이데올로기를
주입하기 위한 국가 시책을 설명해 주는 교육이라는 선입견이다.[15]

이러한 학교 도덕교육에 대한 반대 입장과 선입견 등은 도덕교육
에 대한 명쾌한 대안을 갖고 있지 못하며 아울러 학교교육 자체를
부정하는 결과를 초래할 수도 있다. 그러나 이들 주장은 우리가 표준
이라고 생각해 왔던 도덕교육의 기능에 대해 어느 정도 함축적인 의
미를 부여하고 있음을 간과할 수 없을 것이다. 왜냐하면 그것은 우리
의 도덕교육이 극복해야 할 요소들을 상기시키고 있기 때문이다.

이러한 관점에서, 도덕과 교육의 기능은 첫째, 共同體의 價値傳受
機能으로서 한 사회가 유지 발전되기 위해 자라나는 청소년들에게
그 사회의 근간이 되는 가치체계를 내면화시켜 공동체적인 삶의 기
반을 마련해주어야만 한다는 것이다. 학교 도덕교육은 바로 우리
사회가 공통으로 추구하는 이상과 가치를 자라나는 세대에게 전수
시키는 기능을 하는 것이다. 따라서 도덕교육은 개인으로 하여금
그가 속해 있는 사회의 규범과 이상에 일치되는 어떤 방식으로의
행위를 하도록 도덕적으로 사회화시키는 것을 목표로 삼고 있다.
둘째, 가정, 학교, 사회의 전체적인 생활과정을 통하여 다양한 가치

---

15) 문용린, 앞의 책(1989), p.13.

와 규범들의 상호 의존적인 관계와 모순성을 파악할 수 있도록 하면서, 그들에게 하나의 統合된 價値體系를 가진 人格을 形成하도록 돕고자 하는 데 있다.16) 따라서 도덕교육은 자율적 가치판단의 능력을 가지고 주체적 가치결정을 행하면서 사회의 통합에 기여할 수 있는 도덕성을 형성시키는 기능을 강화해야 하는 것이다.

3) 도덕교육과 가치교육

(1) 가치교육의 성격

국가발전이 국민의 건전한 가치관 육성에 크게 의존한다고 볼 때 현대에 있어 바람직한 가치관은 국가발전 외에도 인간생활에 매우 중요한 작용을 하는 것으로서 개인적인 면, 사회적인 면 외에도 인간의 자아실현을 성취하는 데 필수적인 것이다.17)

價値敎育(價値觀敎育)은 특정 사회의 성원들에게 합리적 가치판단 능력, 가치 종합력, 가치 창조력 등을 함양해 주는 동시에 가치 실현에의 동기를 부여해 주는 교육이라 할 수 있다.18) 가치교육에 있어서 '어떠한' 지식을 교수하느냐 하는 문제도 중요하지만 그러한 지식을 '어떻게' 요구하며, '어떻게' 사용하는냐 하는 것이 더 중요하다고 할 수 있다.19)

---

16) 도덕교육연구회 편, 「도덕교육론」(서울: 보경문화사, 1994), pp.132-133.

17) 한국교육개발원, "가치교육의 개선을 위한 기초연구 – 태도변화원리에 의한 도덕과 교과서 내용분석", (서울: 한국교육개발원, 1977), p.1.

18) 정범모, 「가치관과 교육」(서울: 배영사, 1990), pp.103-108.

19) 가치는 體로서 불변하며, 평가는 用으로서 가변적이다. 현상학적 가치

일상생활에서부터 시작하여 학문추구에 이르기까지 우리는 '가치 (value)'라는 용어를 적지 않게 사용하고 있다.[20]

로케흐(Milton rokeach)는 가치를 하나의 특수한 행위의 양식이나 생활의 목적 상태가 개인적으로나 사회적으로 반대되는 것보다 더 낫다는 持續的 信念이라고 정의한다.[21] 로케흐(rokeach)는 이것을 풀어서 價値의 性質을 다음과 같이 설명한다.

첫째, 價値는 可變性과 어느 정도의 持續性을 지니는 것이다. 만약 가치가 완전히 안정된 것이라면 개인의 변화나 사회의 변화는 불가능할 것이고 또 만약 가치가 완전히 불안정한 것이라면 인간성격의 계속성과 사회의 계속성이 불가능할 것이다. 따라서 인간가치의 개념이 유용하기 위해서는 變化와 持續性을 동시에 갖추지 않으면 안 된다.

둘째, 價値는 하나의 信念이다. 가치는 다른 모든 신념과 마찬가지로 認知的, 情意的, 行動的 構成要素를 지니고 있다. 정범모는 가치란 행동선택에 영향을 주는 바람직한 것, 해야 할 것에 관한 일반적인 개념이라고 정의한다.[22] 가치는 언제나 선택하는 상황에서 어느 쪽을 취하느냐를 결정하는 데 작용하는 것으로 하나의 意志作用을 내포한다.

이상을 근거로 볼 때, 넓은 의미에서 가치는 인간의 기본적 욕구

론의 근거에 의하면 가치는 객관적으로 존재하기 때문에 가치교육의 필요성에 대한 반론은 무의미하다고 볼 수 있다. 진교훈, "보편적 가치윤리학의 재구성과 가치관교육", 한림과학원(편), 「21세기를 여는 한국인의 가치관」(서울: 소화, 1997), p.37.

20) 정세구, 「가치이론과 가치교육」(서울: 교육출판사, 1990), p.13.

21) 정세구, 「가치태도교육의 이론과 실제」(서울: 배영사, 1979), pp.12-14.

22) 정범모, 앞의 책(1990), p.23.

를 실현하고 자질을 유지, 고양하는 개념적 수단의 무기들인 동시에 참답게 사는 길을 제시해 주는 근본적인 것이라고 할 수 있다.[23]

(2) 가치교육의 필요성과 목표

가치교육은 가장 중요한 것이며 현실적으로 가장 어려운 문제로서 인식되고 있어 그 실천은 다른 어느 영역의 교육보다 더 어려워지고 있는 것이 오늘의 현실이다. 이는 가치교육의 필요성과 정당성을 요구하게 된다. 이를 살펴보면 다음과 같다.[24]

첫째, 모든 교육활동은 가치지향적 활동이다. 교육의 가치지향성은 고금동서를 막론하고 지켜져 온 것이며 앞으로 어떠한 환경과 여건의 변화에도 불구하고 계속해서 지켜질 수밖에 없는 교육의 기본원리인 것이다.

둘째, 가치교육은 학교에서뿐만 아니라 가정, 사회, 사회단체, 대중매체 등을 포함하는 넓은 의미의 교육상황에서 수행되고 있으며 또한 그렇게 되어야 할 공동의 과제이다.

셋째, 가치교육은 정규학교의 모든 교과와 모든 프로그램에서 확산해서 실시하면서도 특정의 교과와 특정의 교육프로그램에서 보다 심도 있고 집중적으로 실시되어야 한다.

가치교육에서 주장하는 제안 가운데 하나가 학생들에게 어떤 가

---

23) 가치는 본질의 완성을 지향하는 인간의 정신적 노력의 목표를 체험하고 이를 실현하지 않으면 안 되는 것으로서 스스로 실현하는 인간에 대해 가치인 것이라고 헤센(J. Hessen)은 말하고 있다. 진교훈 역, 「가치론」(서울: 서광사, 1992), pp.256-260.; 진교훈, 앞의 책(1997), p.74.

24) 박용헌, "가치교육을 위한 개념설계", 「민주문화논총」(서울: 민주아카데미, 1991), pp.52-56.

42

치를 주입해서 행동을 통제하려는 것이 아닌 價値化 過程 내지 價值探究에 대한 敎育을 시키자는 것이다.25) 그것은 학생들에게 교사나 부모 그리고, 그 밖에 성인이나 정부가 옳다고 정한 가치를 가르치려 하기보다는 그들 자신이 가치갈등을 해결하며 사고력, 판단력, 비판능력을 길러 독립적이면서도 합리적인 가치판단을 내리게 하는 풍부한 경험을 갖게 하자는 것으로 여기에 바로 가치교육이 추구하는 목적이 있다.

가치는 行動的, 實踐的 意味에서 態度와 관련이 있다. 一般的인 態度의 定義를 보면, 캠펠(Campell)은 개인의 社會的 態度란 社會的 對象에 대한 潛在的이고 持續的인 反應 傾向이라고 정의하며,26) 만(Mann)은 態度를 反應의 一貫性이라고 정의하고 있다.27) 즉, 態度란 개인과 관련성 있는 모든 대상이나 상황에 대한 그의 반응에 直接的 또는 力動的 影響을 미치는 경험에서 형성된 심리적, 신경적인 準備狀態라고 할 수 있다는 것이다.28) 태도의 가장 중요한 기능은 인간 행동의 한 중요한 결정요인으로서 인간의 행동에 직접적이고 역동적인 영향력을 미치고 있다는 점을 고려할 때 가치관으로서 어떤 행동기준을 갖는가에 대한 태도 연구는 인간의 행동을 연구하는 데 있어 중요한 기초라고 할 수 있다.

25) 정세구, 「탐구수업」(서울: 배영사, 1979), p.93.

26) G. W. Allport, "*Attitudes*", in the Handbook of Social Psychology, ed. C. Murchion(Mass: Clark Univ. Press, 1935), pp.710-715.

27) L. Mann, Social Psychology(N.Y.: John Wiley and Sons, 1969), 참조.

28) Allport, op.cit., pp.798-849.

(3) 가치교육과 도덕성 교육

현대문명의 발달과 더불어 대두하기 시작한 사회의 다변화는 多價置的 社會를 초래하였고, 한 사람은 가정, 학교 또는 사회로부터 가치와 가치관을 배우게 된다. 따라서 가치는 계획적인 학습, 즉 교육의 목적이 될 수 있고, 가치관의 교육은 학교와 가정 및 사회에서도 여러 형태로 이루어지고 있으며, 특히 후자의 영향을 크게 받는 것으로 인정되고 있다.

價値敎育과 道德性敎育을 구분해 보면 가치는 인간적 관심에 대한 個人的 援護라고 할 수 있고 도덕성은 항상 선험적인 관점과 관련이 되는 것이라 할 수 있다. 道德性敎育이 어느 사회나 집단이 만든 先驗的 性格의 내용을 피교육자에게 전수하는 것에 그친다면 價値敎育은 서로 다른 사회체제 내에서 하나의 가치가 형성되고 특히 그것이 한 개인의 것으로 내면화되는 과정을 중시하는 교육이라 할 수 있다.

듀르케임(E. Durkheim)은 道德性의 機能은 行動을 決定하고 固定시키며, 任意性을 排除하는 것과 社會集團에 대한 愛着을 갖도록 하는 것으로 보았다. 인간이 도덕적 존재가 되기 위해서는 사회와 하나가 됨을 느껴야 한다. 이를 위해서 도덕교육이 필요하며 학교를 통해서 아동을 그 주위 사회와 연결시켜야 한다는 것이다.

그는 도덕교육의 궁극적 목적은 自律的인 道德生活을 할 수 있게끔 의도적으로 발달시켜야 한다고 주장했으며, 또한 人間의 道德性 陶冶를 도덕교육의 중심문제로 보았다.[29]

---

29) 양심은 인지적 능력, 정서적 능력, 의지적 능력을 가지고 있기 때문에 도덕성을 발달시켜 도덕적 행동을 하게 한다. 진교훈, 앞의 책(1997), p.65.

보편적으로 '道德的 行爲'는 인간관계에서 요구되는 규칙 혹은 원리, 즉 규범을 준수하는 행위이다. 우리는 '道德性'을 잠정적으로 정의하여 도덕적 행위를 할 수 있는 能力 혹은 性向이라고 말할 수 있다. 그 능력 혹은 성향을 집약적으로 나타내고 있는 개념이 바로 良心인데[30] 이것은 지적 요소와 동기적 요소를 포함하고 있다. 이런 면에서 볼 때, 우리는 도덕교육의 과제를 크게 도덕적 신념의 형성과 도덕적 습관을 형성하는 것으로 보고 있다.

2. 도덕교육의 이론적 기초

1) 공동체주의로서의 도덕교육

(1) 공동체주의의 도덕교육적 관점

共同體主義가 본격적으로 대두되기 시작한 것은 1960년대부터이다. 당시의 공동체주의는 주로 마르크스주의에 기초하여 공유재산제나 정치권력의 평등을 내세우는 左派的 批判의 형태를 띠고 있었다. 이러한 공동체주의는 1980년대에 들어오면서 자유주의적 근대성에 대한 전면적 비판을 추구하는 양상으로 나타나게 되었다. 그 결과 비판의 영역은 정치, 도덕철학, 사회·윤리적 문제 등을 포괄하는 방대한 이론으로 구성되게 되었다.[31]

---

30) 이돈희, 「도덕교육」(서울: 교육과학사, 1982), p.80; 오천석, 「교육 철학신강」(서울: 교학연구사, 1972), pp.263-272.

　　공동체주의자들은 기존의 自由主義者들을 인격특성의 함양, 전통과 역사의 중요성, 공동체 복원의 필요성 등과 같은 관점에서 비판하고 있다. 특히 共同體主義者들은 共同體를 道德의 源泉인 동시에 社會秩序의 保護者이며, 個人的 正體性의 提供者로 여기는 가운데, 共同善은 공동체의 이상인 동시에 도덕생활의 기본원리라고 주장하고 있다.32) 나아가, 공동체주의자들은 도덕교육의 목표를 학생들이 훌륭한 人格特性 혹은 德을 涵養하게 하는 것이며, 그러한 교육을 위한 방법으로 한 공동체의 역사와 문화 속에 내재해 있는 생생한 도덕적 이야기와 奉仕活動이 가장 효과적이라고 여기고 있다.

　　공동체주의자들은 인간의 삶에 있어 개인이 소중한 만큼 공동체도 중요한데 자유주의자들은 共同體가 지지하는 이러한 가치를 지나치게 경시하거나 약화시키고 있다고 비판한다. 이외에도 공동체주의자들은 자유주의자들을 다음과 같이 비판하고 있다. 즉 자유주의자들은 사회형성에 있어 契約만을 중시함으로써 계약 이외의 것들로부터 오는 社會的 義務들, 즉 가족 구성원들 간의 의무, 공동체와 국가를 지지할 의무 등과 같은 가치들을 소홀히 하고 있다는 점, 개인의 자아는 그가 발 딛고 있는 공동체의 구체적 현실과 맥락, 강조되는 가치, 그 역사와 전통 속에서 형성되는 것임에도 불구하고 자유주의자들은 個人의 自我는 이와 무관하게 抽象的・觀念的으로 형성되는 것인 양 가정하고 있다는 점들을 비판하고 있다.33)

---

31) 이택휘・유병열, 「도덕교육론」(서울: 양서원, 2000), p.53.

32) 조찬석, "윤리 이념교육의 세계적 동향", 도덕・윤리과 교육 제8호 (1997), p.4.

33) A. E. Buchanan, "*Assessing the Communitarian Critique of Liberalism*", Ethics, 99, 1989. 7., pp. 852-853. 이택휘・유병열, 앞의 책, p.53. 재인용: 공동체주의의 자유주의에 대한 비판은 박정순, "자유주의 건재", 자유주의와 공동체주의, 「철학연구회」 춘계학술대회 발표논문

46

(2) 공동체주의와 덕교육

샌들(Michael J. Sandel)과 테일러(Charles Taylor), 왈쩌(Michael Walzer), 맥킨타이어(Alasdair MacIntyre) 같은 共同體主義者들은, 앞으로 自由主義의 폐해를 극복하고 복된 인간의 삶을 창출하기 위해서는 우리는 진정 의미 있는 공동체적 삶을 다시 복원하는 방향으로 나아가지 않으면 안 된다고 주장하고 있다. 그들은 인간은 본질적으로 사회적 존재라는 人間觀과, 사회는 그 구성원들 모두에게 복된 삶을 가능케 하는 공동의 목적, 공동선, 공동의 가치를 중심으로 서로 돕고 협력하는 사람들의 구성체라는 社會觀에 입각하여, 새로운 질서와 구조, 제도, 환경을 가진 인간의 공동체를 창출해 나가고자 한다. 그리고 이러한 관점에 입각하여 공동체를 형성하고 그 속에서의 공동체적 삶을 살 수 있는 인간을 육성하기 위해 그에 걸맞은 道德敎育을 전개하고자 노력한다.[34]

맥킨타이어(Alasdair MacIntyre)는 이러한 분석에 기초하여 현대 자유주의의 문제를 극복하기 위해서는 공동체적 삶의 측면과 덕의 윤리를 중시할 것을 역설하고 있다. 우선, 그는 한 個人의 正體性과

집(1999. 5. 29), p.21; 박정순, "자유주의 대 공동체주의 논쟁의 방법론적 쟁점", 「철학연구」 제33집(1993), pp.33-62.

34) 공동체주의 이론과 이에 기초한 도덕교육론에 대해서는 추병완, "공동체주의적 도덕교육론", 진교훈(외), 「윤리학과 윤리교육」(서울: 경문사, 1997), pp.267-396; 이범웅, 「공동체주의의 통합적 기능에 관한 복합체계론적 연구」, 서울대학교 대학원 박사논문(1997. 8); 이범웅, "공동체주의 도덕교육에 관한 연구", 한국국민윤리학회, 「국민윤리연구」 제36호(1997. 6), pp.235-267; 김규환, "'공동체주의'의 도덕교육적 원리", 한국초등도덕교육학회, 「초등도덕교육」 제2호(1997), pp.21-28; 유병열, "공동체주의 도덕교육론 연구", 서울교육대학교 초등교육연구소, 「1997년도 자체과제 연구보고서」(1998), pp.3-44 참조.

삶의 이야기가 共同體와 密接하게 關聯되어 있다는 사실에 주목한
다.35) 말하자면 한 個人의 正體性은 진공 속에서 만들어지는 것이
아니라 그가 속한 공동체의 이야기 속에서, 그것들과 얽혀서 존재
한다는 것이다. 따라서 한 개인 삶의 이야기는 공동체의 전통과 역
사를 전제로 하고 있으며, 또 그것과 연관지어 해석될 때에만 그
의미와 가치에 대한 온전한 이해와 정당성 여부에 대한 판단이 가
능하게 된다는 것이다.36)

　이렇듯 個人의 正體性이 공동체적 삶과 필연적으로 연결되어 있
음에도 불구하고 個人主義的이고 權利中心的이며 利己主義的인 현
대의 自由主義는 그러한 공동체를 상실함으로써 각종의 문제를 야
기하게 되었다는 분석에 기초하여, 맥킨타이어는 자유주의의 폐해
를 극복하기 위해 우리가 공동체적 삶을 복원하는 방향으로 나아가
지 않으면 안 됨을 역설한다. 그에 의하면 공동체의 이야기 속에는
우리가 추구해야 할 善이 무엇인지가 담겨 있으며, 이러한 공동체
의 이야기를 공유하는 한 구성원들은 善에 대한 공통의 개념을 가
지게 된다는 것이다. 그리고 善에 대한 이러한 공유된 이해가 있는
한 공동체 내에서 한 개인에게 善이 되는 것은 다른 개인들에게도
공통으로 善이 되며, 그러한 나의 善과 타인의 善이 對立되거나 敵
對的 關係에 놓일 필요가 없게 되고, 따라서 자유주의에서와 같이
善에 대한 混亂과 그로부터 비롯되는 葛藤과 無秩序가 胚胎될 필요
가 없게 된다는 것이라고 말한다.37)

---

35) 위의 책, pp.216-223.
36) 이택휘·유병열, 위의 책, p.54.
37) 위의 책, p.263.

48

(3) 공동체주의와 도덕교육

맥킨타이어(Alasdair MacIntyre)에게 있어 德은 後天的으로 習得된 性向이다. 덕은 특정한 공동체 속에서만 학습되고 양육될 수 있다. 德은 개인의 이성이나 성찰의 산물이라기보다는 필연적인 社會的 産物이다.[38] 특정한 선을 공유하고 있는 특정 공동체의 규범을 통해서 덕이 함양된다면 공동체로부터 소외된 개인은 그러한 덕을 제대로 갖출 수 없게 된다. 공동체는 개인의 도덕적 장점을 강화시켜 주고 도덕적 약점을 보완해 주는 것이다. 더 나아가 공동체 안에서 살아감으로써 개인들은 이미 획득한 덕을 유지할 수 있게 된다는 것이다.[39]

아리스토텔레스(Aristoteles)는 덕은 習慣化를 통해서 길러진다고 하였다. 습관화는 '행동의 반복'을 의미한다.[40] 가령 축구를 통해 용기나 협동심을 기르고자 한다면 축구에 관한 이론만을 아는 일은 충분하지 못하다. 축구를 해 보아야 하고 그것도 한두 번 혹은 몇 주 만에 한 번이 아니라 축구와 관련된 덕을 기르는 데 필요한 만큼 해 보아야 한다. 이와 같이 덕은 실천 세계에 입문하고 몰두함으로써 길러지는 것이므로, 덕을 기를 때에는 관련된 활동 속으로 철저히 沒入시킬 필요가 있다고 주장한다.

한편, 공동체주의자인 헤이스트(Haste)의 주장[41]은 談論과 社會

38) Blum, L. A.(1994). *Moral perception and particularity*. Cambridge: Cambridge University Press. p.146.

39) MacIntyre, A. *Is patriotism a virtue?* In M. Daly(Ed.). Communitarianism: a new public ethics,1994, pp.307-318. Belmont, California: Wadsworth. pp.307-318.

40) 최병태, 「덕과 규범」(서울: 교육과학사, 1996), p.237.

的 相互作用을 통하여 의미를 구성해 나가는 共同體的 自我觀 혹은 社會的 自我觀에 공동체의 기반을 두고 있다고 말한다. 따라서 도덕교육의 목표는 공동체의식 혹은 공동체적 정체성을 함양하고 공동체에 대한 적극적인 책임감을 계발하는 데 주어져야만 하며 그러한 교육방식에 있어서 공동체의 역사와 문화, 실천관행, 내러티브 등이 주요한 학습 내용이 되어야 한다는 것이다.

이러한 공동체주의적 도덕교육론이 지니고 있는 특징을 헤스립(Heslep)은 목적과 내용방법의 차원에서 고찰하고 있다.42) 공동체주의자들에게 있어서 도덕교육의 목적은 학생들로 하여금 그들이 속해 있는 社會集團의 理想을 발달시키는 것을 도와주는 데 있다고 한다. 즉 도덕교육의 목적은 학생들로 하여금 사회적 의무를 이해하게 하는 것, 그리고 변화하는 상황 속에서 자신들의 도덕적 가치관들과 의무들에 대해 숙고해 보고 도덕적 문제들을 해결할 수 있는 지식과 인지적 기능, 감정들을 발달시켜 주는 것이라고 말한다.43)

인간은 공동체에 대한 인식이 각기 다르다고 생각할 수는 없다. 이러한 의미에서 매킨 타이어는 우리 각각이 전통을 인식하든 안하든 傳統의 傳達者라고 말하였다. 우리는 전통의 한 부분이며 우리는 그 속에서 일정한 目的과 報償, 期待 그리고 價値, 規律 등의 共有를 遂行할 權利를 갖고 있다. 공동체는 불가피하게 전통의 한 부분이며, 우리는 사회적 존재로서 전통적 양식에 기여할 뿐만 아니라, 새로운 것을 창출한다.

---

41) Haste, H., "Communitarianism and the social construction of Morality", *Journal of Moral Education*, *25(1)*, 1996, pp.47-56.

42) Heslep, R. D. *Moral Education for American*, Westport, CT: Praeger. 1995.

43) 추병완, 「도덕교육의 이해」(서울: 백의, 1999), p.119.

공동체는 처음부터 분리된 이성적 구조로 개개인에 의해 만들어진 것이 아니라, 사회에 참여하는 個個人의 經驗과 良識에 의해 造成된다. 따라서 우리가 궁극적으로 보려는 공동체는 우리가 자라고 교육받은 전통의 산물에 대한 同質感을 갖게 하며, 이는 도덕과 교육에서 중요한 의미를 갖는다.

2) 정치사회화로서의 도덕교육

(1) 정치사회화의 의미

여러 학자들이 제시한 政治社會化에 관한 개념 정의를 보면 '집단 혹은 제도에서 연장자들이 그들의 가치 태도와 그 외 행태들을 가르치는 과정이며, 현존 정치체제가 용인할 수 있는 규범과 행태가 한 세대로부터 다음 세대로 전달되는 학습과정',44) 또는 '政治文化가 형성·유지·변화되는 과정',45) 혹은 '정치적으로 합당한 사회적 태도에 대한 명백한 정치학습과 묵시적인 비정치적 학습 그리고 정치적으로 합당한 인성적 특성의 획득을 포함한 매 단계의 生涯週期에서 공식·비공식적, 계획된 혹은 비계획된 모든 정치적 학습'46)

---

44) Stanley A. Renshon, (ed), *Hand Book Of Political Socialization*(The Free Press, Macmillan Publishing Co, Inc., 1977), pp.5-7; 이재봉, "한국정치교육 발달의 체계적 분석연구", 서울대 대학원 박사논문(1991), p.10.

45) Gabriel A. Almond Bingham. Powell, *Comparative Politics*(Boston: Little, Brown and Company, 1978), p.79.

46) Robert. Weissberg, *Political learning political choice and democratic citizenship*(New Jersey: Englewood Cliffs, Printice Hall, Inc, 1974),

등으로 보고 있다. 이러한 것은 社會化의 過程, 目的, 結果 중 어느 하나를 보다 더 강조하느냐에 따라 표현을 달리하고 있음을 알 수 있다. 결국 政治社會化는 政治的 意識, 態度, 行爲 등이 學習된다는 점과 學習된 政治的 行爲良識이 政治體制의 安定과 持續 그리고 社會秩序의 統合을 위한 基礎가 된다는 점을 시사하고 있다.

따라서 과거와 같이 정치질서나 정치적 행위양식이 단순하고 안정되며 국민의 합의기반이 쉽게 이루어질 수 있었던 시대와 사회에서는 일반적인 社會化와 政治社會化도 一致되고, 政治社會化와 부분적으로 이루어졌던 정치교육과도 일관성을 쉽게 유지할 수 있었다. 그러나 오늘날과 같이 생활양식이 복잡해지고 정치현상도 다른 생활 영역과 다양하게 연관되고 있는 많은 나라에서는 무의도적으로 진행되는 정치사회화에만 의지할 수가 없게 되었다. 따라서 정치체제의 질서를 유지하기 위해서는 정치적 지식, 태도, 행위 등 意圖的이며, 計劃的인 측면에서 강조된 政治社會化 敎育을 시도해야만 하는 것이다.[47]

위의 것을 종합해 볼 때 정치사회화는 크게 두 가지 관점에서 말할 수 있다.

첫째, 個人的 觀點에서, 마시알라스(Massialas)는 일정한 정치제도의 규범과 가치를 개인이 내면화해 가는 과정으로, 콜먼(Coleman)은 개인이 정치제도에 대하여 그리고 그 제도 내에서 그들의 역할에 대한 태도와 감정을 얻는 과정으로 정치사회화를 정의한다.

둘째, 政治體制 및 社會的 觀點에서, 프리비트(Prewitt)는 한 세대가 정치적 규범과 신념을 다음 세대에게 전수해 주는 일로, 헤스

---

　　p.12.
47) 박용헌, “정치교육과 정치문화”, 앞의 책(1991), p.17.

(Hess)는 행동과 가치의 안정된 양식을 전달하는 과정이며, 그 사회에서 이미 설정된 성인의 역할을 젊은이들이 따르도록 하는 과정으로 정치사회화를 정의한다.

결국 政治社會化는 個人에게는 政治文化에 대한 價値, 知識, 態度를 形成, 習得하는 것이며, 사회 전체로 볼 때에는 旣存의 政治文化, 價値를 傳達하고 學習시키는 것이며 또한 政治體制 자체의 生存・發展能力과 그 要因에 强調點을 두는 것이라 할 수 있다.[48]

(2) 정치사회화 측면의 도덕교육 형태

도덕교육의 형태는 現在敎科와 같은 道德敎育으로 이루어지기도 했지만 또한 政治社會化형식을 취하면서도 道德敎育이 이루어지기도 하였다. 國民精神敎育, 國民倫理敎育, 政治敎育, 民主市民敎育 등의 형식으로 이루어진 것이 그 실례이다. 이것을 살펴보면 다음과 같다.

첫째, 國民精神敎育의 측면을 살펴보면 한국정신문화연구원의 '國民精神敎育'이라는 책에서 國民精神敎育의 性格을 다음과 같이 규정하고 있다. 즉, '국민정신교육은 민족 국가공동체의 존속과 번영을 위해 국민생활에서 요청되는 기본적인 가치관의 형성과 이에 따른 실천적 태도의 함양을 위한 교육으로서 도덕교육, 인간교육, 민주시민교육, 정치 사상교육, 통일 안보교육, 경제교육 등 지금까지 다양하게 사용되어 온 개념들을 총칭하는 최상위 개념'[49]이라는 것

---

48) Ibid, pp.7-8; Dean. Jaros, *Socialization to politics*(pracger publishers, Ins, 1983); 임영철, 김항원 공역, 「정치사회화」(서울: 지구문화사, 1986), pp.223-232.

이다.

이러한 개념의 선언에도 불구하고 국민정신교육은 민족공동체로서의 국가공동체를 존속시키고 번영시키는 데 요청되는 정신적 바탕을 가리킴으로써 순수한 개인이 자신의 것이라기보다는 한 국가의 성원으로서 형성해야 할 가치관과 태도에 치중되어 '한국'이라는 국적을 가질 수밖에 없다는 한계를 드러내고 있다.

둘째, 國民倫理敎育을 政治敎育 또는 政治社會化라는 견해, 政治敎育과 道德敎育이 결합된 것으로 보는 견해, 그리고 國民倫理敎育이 政治敎育의 일부 형태라는 견해, 또는 國民倫理敎育을 國民精神敎育의 일부분 또는 하위 영역이라 보는 다양한 견해와 입장의 관점이 있다.[50] 그러나 용어상의 차이에도 불구하고 국민정신교육과 국민윤리교육은 이들 용어가 함축하고 있는 개념과 내용이 거의 일치함을 볼 수 있다. 국민윤리를 정의하여 國民共同生活의 原理라 하며 이것을 부연하여 국가공동생활의 원활한 영위를 위해서 국민들이 지켜야 할 규범은 물론 공동체 의식, 국민적 기상과 정신 그리고 민족과 국가공동체의 생존 내지 번영을 위하여 요구되는 價値觀, 態度, 知識 등[51]이라 할 때 이러한 정의는 앞서 언급한 국민정신교육과 뚜렷한 차이를 찾아내기 힘들다.

셋째, 民主市民敎育의 측면을 살펴보면, 1950년대 초 미국에서는 민주시민교육을 의무와 책임을 갖고 충성스럽고도 능률적인 시민으로 참여토록 하기 위한 교육적 노력이라는 의미로 사용하였다.[52]

---

49) 한국정신문화연구원, 「국민정신교육기본지침서」(성남: 정화인쇄문화사, 1983), p.3.

50) 이재봉, 위의 논문, p.12.

51) 박용헌, "국민윤리학의 성격", 국민정신문화연구원(편), 「국민윤리학」(서울: 박영사, 1982), p.41.

民主市民敎育은 좁은 의미로는 법적 지위와 정치적 기능에 관련된 활동 등을 의미하며, 넓은 의미로는 사회생활을 영위함에 있어 바람직한 인간의 자질을 의미한다. 이때 바람직한 시민적 자질은 사회문제 해결, 인간의 기본욕구, 인간관계 및 민주사회에서 필요한 지식·기능·능력을 포함한 民主的 價値에 관련된 것이다. 그리고 이 모든 바람직한 시민적 자질은 적절한 교육계획에 의해 제공되어야 한다는 것이다.[53]

개인의 존엄성과 가치, 자치능력과 자치의 당위성, 민주주의의 권리와 책임, 문제 해결을 위한 지혜로운 방법 사용 등의 내용을 갖는 民主市民敎育의 目標는 政治社會化 또는 倫理 道德敎育의 目標와 一致한다고 할 수 있다.

(3) 도덕교육적 정치사회화

교육은 그 자체가 하나의 社會化過程이다. 한 사회에 있어서 교육의 방향과 내용은 성원 간의 합의를 기반으로 한 價値體系에 의해 설정되며 또한 그러한 가치체계는 교육에 의해 전승된다. 政治社會化는 그 사회의 구성원들이 선호한 사회적 정치질서를 설명하고 정당화하며, 그러한 것을 달성하기 위하여 어떠한 방법, 즉 과정이나 제도, 계획 등을 제공하는 하나의 가치체계를 교육하는 것이

---

52) Myrtle. Roberts, R. Crary(ed), *Education For Democratic citizenship*, National Council For The Social Studies, 22th year book(The Lord Baltimore press, 1951), Preface.

53) A. R. Meier F D. Cleary A M Davis, A *Curriculum For Citizenship* (Wayne University Press, 1952), pp.14-16.

다. 이러한 가장 효율적인 교육방법은 학교에서 이루어지는 도덕교육이다.

政治社會化는 規範的이고 經驗的인 人性과 人間의 條件을 說明하고 判斷하며, 또한 選好한 政治秩序의 存續과 發展에 관한 一連의 基本的 前提를 敎育한다는 事實을 內包하고 있다. 한 나라가 지향하는 바람직한 人間敎育은 政治社會化와 道德敎育이 指向하는 敎育의 目的과 一致點을 이루고 있다.

한 나라가 지향하는 바람직한 人間性은 그 나라의 文化的 傳統과 支配的인 價値觀, 規範, 國家理念과 政治目標에 등에 따라 規定된다고 할 수 있다. 어느 정치공동체를 막론하고 각 공동체는 추구하는 가치와 목표가 있게 마련이고, 따라서 정치사회화는 정도의 차이는 있지만 모든 정치체제에서 이루어져 왔다. 학교에서의 사회과 및 도덕교과서는 정치사회화 기능과 관련된 가장 기초적이고도 중요한 교과목이다.

정치사회화교육은 체제에로 새 세대를 입문시키고 신념화시키며, 체제 및 사회의 유지 존속, 발전에 적극적으로 참여할 수 있는 능력과 자질의 배양 및 실천하는 인간 육성이라는 포괄성을 갖는다. 政治社會化의 意圖와 目的은 결국 道德敎育과 同一하다고 볼 수 있으며 도덕교육의 또 다른 형식이라고 볼 수 있다.

3) 윤리학으로서의 도덕교육

도덕적 판단, 표준, 규칙이 지지할 수 있는 합리적인 근거가 마련될 수 있는가를 알아보고 그 근거가 마련될 수 있다면, 그것을 구

56

체적으로 밝히는 것을 목표로 하고 있는 倫理學은 理論倫理學과 實踐倫理學(또는 應用倫理學)으로 나누어진다.

윤리학이론 가운데서도 이론윤리학과 특정의 목적을 위해 응용되거나 도덕과에서 청소년들을 대상으로 하여 도덕문제를 다루는 응용윤리학의 접근은 핵심을 이룬다고 할 수 있다.[54]

오늘날에는 倫理學的 懷疑主義와 價値相對主義, 현대인의 아노미 현상으로 새로운 윤리학의 필요성이 제기되었다. 현대의 온갖 정치 사회적인 문제들, 즉 착취, 수탈, 억압, 부패, 불의, 도덕적 무관심 등에 대한 道德的 反省이 일기 시작하였다.

전통문화와 전통적인 도덕이 존중받고, 사회가 안정되었던 시대에는 행위의 價値基準이 명확했고 道德的 基準, 規範의 當爲性에 대해 確固한 信念을 가지고 있었다. 그러나 현대의 實證主義的이고 相對主義的인 사고방식이 확산되면서 전통도덕의 모든 것이 흔들리게 되었다. 이러한 과제를 해결하는 방안으로 새로운 規範倫理學의 정립이 요청되었다. 또한 실천적인 면에서 또는 응용적인 면에서는 사회문제에 대한 올바른 가치판단을 문제 삼아 학제적 접근을 시도하면서 實踐倫理學이 등장하게 되었다.[55] 이뿐만 아니라 오늘날 가치 혼란과 상실의 시대에 시사점을 주는 가치·인격교육도 들 수 있다.

넓은 의미에서 도덕교육은 학생들의 도덕성과 사회의 도덕현상을 문제 삼아 학생들의 도덕성을 고양시키고자 하는 교육적 노력이다. 따라서 도덕교육은 도덕판단의 내용이든 형식이든, 근본적으로 윤리학을 근간으로 해야 하는 것이다.[56]

---

54) 교육부, 「제7차 중학교교육과정해설」, 제7차 학교교육과정 개발을 위한 교과협의회 연수자료(2000), pp.183-186.
55) 진교훈, "윤리학의 과제", 진교훈 외 7인, 「한국인의 윤리사상」(서울: 율곡사상연구소, 1992), pp.58-59.

현행 도덕교과의 교과 내용도 이러한 관점에서 구성되고 있다. 이것들을 살펴보면 다음과 같다.

(1) 이론적 윤리학과 도덕교육

理論倫理學은 도덕적 규범을 인생의 길잡이로 설정하고 도덕적인 가치판단을 제시하는 윤리학으로서, 도덕·윤리과 교과교육의 핵심을 이룬다. 도덕·윤리교육학자가 관심을 갖는 윤리학은 학생들에게 바람직한 도덕을 구축하고, 또 정당화할 가능성을 모색하기 위한 것이다. 理論規範倫理學은 모든 人類에게 適用되는 道德 規範의 體系를 正當化하기 위한 合理的 根據와 그런 規範의 體系를 合理的으로 構成하는 方案을 探究하는 것이다.

그러나 위에서 논의한 바와 같이 시대적 간격의 차이, 복잡한 상황적 원인들로 인하여 傳統의 規範倫理를 새롭게 정립할 필요성이 제기 되었다. 따라서 새롭게 정립될 이론적 윤리학은 다음과 같은 측면에서 이루어지고 있다.[57]

첫째, 칸트의 법칙론의 영향을 받아 道德規範의 普遍的 適應性을 理論的 倫理學의 課題로 세우려고 노력하는 사람들이다. 라이너(H. Reiner), 롤즈(J. Rawls), 페렐망(C. Perelmen) 등은 이러한 관점을 유지했다.

---

56) 도성달·유병열, 「사회윤리이론과 도덕교육」(성남: 한국정신문화연구원, 1996), p.141.

57) 위의 책, pp.60-61. 전통윤리는 시대적, 정치적, 사회적 차원에서 현실적 괴리감과 가치기준의 상대성으로 인하여 새로운 전통윤리를 확립할 필요성이 제기되었다.

둘째, 1920년대 활발했던 現象學的 價値論과 그리스도교의 實踐倫理學의 接木을 윤리학의 과제로 보는 사람들이다. 헷센(J. Hessen)처럼 셀러(M. Scheler)와 하르트만(N. Hartmann)의 현상학적 가치론의 재해석을 하는 사람과 토도 맥그린(J. V. McGlynn) 등이 여기에 속한다.

셋째, 미국의 프랑케나(W. Frankena), 영국의 워녹(Mary Warnock), 호주의 맥키(J. Mackie) 등은 自然主義를 克服하면서 英美分析哲學의 言語分析을 脫皮하고 새롭게 規範倫理學을 定礎하려는 것을 윤리학의 과제로 삼으며, 功利主義와 相對主義를 극복하려고 시도한다.

넷째, 오스트리아의 매쓰너(J. Messner), 독일의 벤트란트(D. Wendland), 미국의 윈터(Gibson Winter), 니버(R. Niebuhr)는 人間의 本性에 根據하여 自然法에 기반을 두고 社會倫理學의 理論定立을 과제로 삼았다.

다섯째, 윤리학의 相異한 理論들을 절충하여 綜合하는 것을 윤리학의 과제로 삼는 학자들도 있는데 특히 최근에는 目的論과 法則論을 統合을 시도하는 것이 활발히 전개되고 있다. 또한 페이튼(H. J. Paton)과 패럴리(J. Farrelly), 신들러(D. Schindler)는 直觀主義와 自然主義 統合을 시도하기도 한다.

(2) 실천적 윤리학

實踐倫理學이 오늘날 대두하게 된 원인으로는[58] 첫째, 새로운 기술과 사회변동은 새로운 도덕문제를 야기했고 둘째, 친숙한 관행이

---

58) 위의 책, p.62.

나 제도가 현재 제 기능을 발휘하지 못하고 셋째, 과거 절대적인 것들의 수정이 필요하고 때로는 예외를 허용할 수밖에 없는 상황에 기인한다.

　現代倫理學은 현실적인 도덕문제들을 해결해 줄 이론적 틀을 제공하는 응용윤리학적 요구에 직면하고 있다. 이러한 요구는 윤리학의 내부와 외부에서 강하게 제기되고 있다. 이러한 관심사는 전쟁, 박해, 빈곤, 사회부정의와 불평등의 문제 등 현대세계가 당면하고 있는 갖가지 道德的, 社會的, 政治的 문제들에 대해서 인식이 증대해가고 있음을 반영한다. 과거의 도덕적 인식의 기준이나 규범들은 이제는 현대의 도덕적 딜레마를 해결해 줄 근거가 부족하고 역부족 현상을 나타내고 있다. 또한 오늘날에는 도덕문제 해결에 있어 의견의 일치나 합의가 이루어지기 어려운 현실에 직면했으며 따라서 도덕철학의 과제는 이미 옳은 것으로 전제된 도덕적 지식을 정당화하는 일이 아니라 어떤 도덕적 지식이 정당한지를 결정해 줄 理論的 根據나 節次, 方法의 發見을 대단히 중요시하게 되었다.

　이러한 원인으로 實踐倫理學이 등장하였는데 實踐倫理學(應倫理學)의 종류와 연구과제를 보면 다음과 같다.[59]

　첫째, 생의 윤리학(bio-medical ethics)으로서 인간의 삶과 죽음에 관계되는 문제들을 다룬다. 인간의 생명과 삶의 질을 좌우할 수 있는 능력이 증가됨에 따라 우리는 삶의 참다운 의미와 관련되는 윤리적 딜레마에 직면하게 된다. 즉 임신중절, 자살, 안락사, 장기이식, 의사의 치료방법과 환자에 대한 태도 등을 다룬다.

　둘째, 법윤리학(legal ethics)으로서 형사상의 문제가 다루어지며 인권, 사형, 법관의 도덕적 책임 등을 다룬다.

---

59) 위의 책, pp.62-64.

셋째, 성윤리(sexual ethics)로서 동성애, 혼전성생활, 혼인의 신성성, 도색물의 허용과 금지, 여성의 인권침해 등을 다룬다.

넷째, 경제윤리(economical ethics)로서 경제정의와 복지, 분배문제, 소유권의 한계 등을 다룬다.

다섯째, 생태학적 윤리학(ecological ethics) 또는 환경윤리학(enviromental ethics)으로 자연보전에 대한 인간의 책임, 동물권, 미래세대에 대한 책임 등을 다룬다. 인간과 자연은 상호 의존적인 존재라는 사실을 인식해야만 하며, 이는 인류의 미래와 지구의 존망이 달린 심각한 문제라고 할 수 있다.

여섯째, 평화탐구(friedensforschung ethics) 또는 사회윤리학으로서 넓게는 인간의 삶의 조건과 관련되는 문제를 다루고 좁게는 전쟁, 핵문제, 군비증강과 축소문제 등을 다룬다. 미국의 일부 학자는 사회문제 전반을 사회윤리학의 실천문제로 보기도 하고 이론적인 사회윤리학과 별도로 사회윤리라고 보기도 한다.

일곱째, 직업윤리(professionnal ethics)로서 각종 직업에 따르는 도덕의 문제들을 다루는데 즉 직업으로 알게 된 개인 및 집단의 정보 누설과 직업인의 바람직한 자세 등이 다루어진다.

여덟째, 기업윤리(business ethics)로서 기업인의 사회적 책임, 노사간의 갈등해소, 특히 기업가의 책임의 한계 등이 논의된다.

아홉째, 이외에도 개인 사생활의 보호, 성차별, 인종차별, 유전공학 등 기술발전의 한계와 제동에 대한 문제 등도 실천윤리학의 중요한 연구과제가 된다.

전통적으로 철학자들은 인간의 도덕적 판단의 기준을 명확히 하려고 노력해 왔다. 그래서 제시된 어떤 원리들이 윤리의 근본원리로 성립될 수 있는가를 시도했고, 이성적 보편화를 위해 노력해 왔다. 그러나 우리의 價値判斷은 합리적인 면에 의하여 밝혀지는 것이 아니라 '마음의 논리'에 의해 이루어진다고 파스칼(Pascal)은 말하였다. 이 마음의 논리가 바로 '價値感'이라 할 수 있다. 東洋의 傳統道德 判斷과 西洋의 現象學的 倫理學이나 人格主義 倫理學 관점에서도 이러한 '價値感'에 의하여 價値判斷을 하고 있다.

미래와 현대의 윤리학의 근본과제는 우리가 어떻게 인간의 존엄성을 확보하며, 우리의 후손들이 얼마나 이 땅에서 평화롭고 안전하게 도덕적 가치를 누리면서 사는가 하는 점이다.

(3) 인격주의 윤리설과 도덕교육

人間은 價値作用을 통하여 자신의 행위를 선택하고 그 의미를 이해할 수 있는 價値選擇的인 存在이다. 인간의 삶에서 일차적이고 본질적인 중요성을 갖는 것은 바로 삶의 방향을 제시해 주고 삶의 표준으로 작용하는 價値體系이다.

자신의 삶에서 올바른 가치를 세우지 못했거나, 세웠어도 가치를 실현하지 못하거나, 저급한 가치에 따라 삶을 영위하는 것은 진정한 의미에서의 삶이라고 말하기 어렵다.[60] 인간다운 삶의 의의는 참된 가치를 인식하고 그것을 실현하는 데서 찾아볼 수가 있다. 따라서 진정한 가치를 보지 못하고 저급하고 편협한 가치에 몰두하는 사람들에게 올바른 가치를 알게 하고 실현함으로써 도덕적인 삶을 살도록 하기 위해, 그리고 보다 높은 가치에 헌신하여 인간성을 고양하고 도덕공동체를 형성하기 위해 價値倫理學이 필요한 것이다.

---

60) 이인재, "셸러의 가치윤리학과 도덕교육", 진교훈 외, 「윤리학과 윤리교육」(서울: 경문사, 1997), p.397.

가치윤리학의 체계자인 막스 셀러(M. Scheler)에 의하면 價値는 絶對的이고 永遠한 妥當性을 갖지만 永遠한 價値는 現實界에서 實現되어야 그 意義가 있는 것이라고 말한다. 그 가치는 살아 있는 경험된 에토스(ethos)의 형식을 통해 역사적으로 구체화되고 구현될 필요가 있다는 것이다.[61] 셀러는 가치의 특성을 先天的 存在이며, 實質的인 性質이며 價値質로서 현상계에 나타나며, 가치질은 가치가 擔持되어 있는 가치담지자에 의하여 현상된다는 것이다.

윤리학에 있어서 인격은 가치와 가치들 간의 연관을 대상으로 하여 작용한다. 가치가 대상으로서 우리에게 문제될 때 인격의 작용이 필요하고, 인간은 바로 인격을 통해 가치를 대상화할 수 있는 것이다. 인간의 행위와 인격의 옳고 그름, 좋고 나쁨을 평가하는 궁극적 원리는 價値評價가 다른 것이지, 도덕원리나 절대가치가 다르거나, 절대적 도덕규범이 없는 것은 아니다.

우리는 價値의 本質에 대한 올바른 이해를 도덕교육의 목표로 삼아야 한다. 가치의 絶對性과 客觀性은 直觀的으로 自明하다. 단지 이들은 價値와 評價가 體와 用의 관계인 것뿐이다. 가치의 위계질서는 價値感에 의해 파악되는데 가치에 접근할 수 있도록 가치감이 열려 있지 않으면 이러한 가치의 본질에 도달할 수 없다.[62] 인간에게 있어서 가치서열에 대한 의식과, 중요한 것과 중요하지 않은 것을 구별하는 능력을 키워주는 價値感의 敎育은 각 개인의 성공적인 삶을 위해 필수적이다. 또한 가치감 교육은 다른 사람들과 意思疏通을 할 수 있는 必要한 要素이다. 따라서 이러한 감정 혹은 정서교육은 도덕성 발달에도 대단한 영향을 주어, 인간으로 하여금 타인과

---

61) 위의 책, p.397.
62) 위의 책, p.421.

환경에 적절한 감정을 표현할 수 있도록 이끄는 활동인 것이다.

셸러의 客觀的이고 絶對的 妥當性을 지닌 가치파악은 결국 윤리적 가치의 문제 즉 인격과 밀접하게 관련되어 있다고 볼 수 있다.[63]

막스 셸러의 現象學的 價値論을 道德敎育과 관련하여 보면, 절대적 가치는 사랑의 작용에 의하여 파악되고 神聖感과 畏懼의 감정이 이에 수반된다. 이 絶對價値 위에 道德的 價値가 그 기반을 가진다. 이 절대가치는 다른 아무런 가치에도 의거하지 않으며 다른 모든 가치를 통솔한다. 그것은 감각적·생명적·심적 부분을 초월하고, 정신·인격적으로 무관심하게 나타나는데[64] 셸러는 이러한 精神的 人格을 人格價値라고 말한다.

그런데 그에 의하면 이 인격가치가 작용하여 도덕적 질서 속에 본원적으로 善과 惡을 규정한다. 그러므로 그에 의하면 道德的 價値는 人格價値에 의해서만 성립되는 것이다. 그래서 사람들은 셸러의 倫理學을 人格主義 倫理學이라고 부른다. 道德的 人格價値는 인격에 특유한 사랑 작용의 共遂行을 하는 중에 있어서만 주어진다고 한다. 인격은 작용수행자로, 사랑의 作用修行者로서만 존재하고 또한 자기를 체험한다. 사랑은 모든 指向的인 情緖生活의 最高段階를 이룬다. 따라서 사랑은 모든 작용의 기초가 되며 도덕생활의 根本作用이며, 인격의 근본작용이라고 할 수 있다.[65]

따라서 인격은 사랑에 의해서만 우리에게 주어지며 이해될 수 있다. 個別人格은 필연적으로 共同體를 이루며, 나아가서는 이 공동체의 성원으로서 자기책임과 함께 공동유대의 책임을 갖는다. 그러므

---

63) 위의 책, p.425.

64) 진교훈, 「철학적 인간학연구 Ⅱ」(서울: 경문사, 1994), p.214.

65) 진교훈, 「철학적 인간학 Ⅰ」(서울: 경문사, 1982), pp.196-199.

로 우리는 全人格的 사랑의 공동체를 실현함으로써 참된 삶의 가치
를 발견해야 할 것이다.

3. 가치관과 도덕적 가치덕목

일반적으로 價値觀의 構成要素와 單位는 價値－價値志向－價値體
系－價値觀 등으로 이루어지며, 각 차원에서는 目標價値, 標準價値,
道德價値, 美的價値로 파악한다. 실제적으로 社會價値는 사람들의
태도·판단·선택의 기준이 되기 때문에, 사람들이 갖는 가치관은
사회에 대한 태도의 내용을 규정하고, 실천의 동기가 되며 사회집
단이 지향하는 가치체계를 이루게 되므로 매우 중요하다고 할 수
있다.66)

개인적, 사회적으로 가치관의 문제는 중요한 위치를 차지한다. 사
람들이 모여 하나의 사회를 구성하려면 한 공동체의 의식이 필요하
게 된다. 적어도 '우리'라는 의식이 형성될 수 있는 정도의 共同意
識을 必要로 한다. 그중에 價値 내지 價値觀은 共同意識 形成에서
不可缺한 要因이 된다.

한 사회가 유지·발전되기 위해서는 자라나는 청소년들에게 그
사회의 근간이 되는 가치체계를 내면화시켜 공동체적인 삶의 기반
을 마련해 주어야 한다. 그런 까닭에 듀르케임(Durkheim)은 교육을
개인의 사업이기보다는 국가의 사업으로 보았다. 이것은 교육은 사

---

66) 이서행, "남북 이질화 현상과 극복 방안", 도산아카데미 연구원, 「도산
    학술논총 제6집」(1998), p.167.

회통합의 기능을 수행하는 것으로 보았으며, 따라서 교육의 목표도 사회발전과 통합의 관점에서 수립되고 이행되어야 한다고 주장한 것이다.[67]

도덕교육의 궁극적 목적은 個人的 次元에서는 人格의 涵養이며, 社會的 次元에서 民主市民精神의 啓發이고, 國家的 次元에서는 共同體意識의 涵養이라고 할 수 있다.

따라서 본 절은 인간이 지녀야만 하는 가치관을 도덕적 가치덕목과 관련하여 고찰하고자 한다.

1) 개인·가정적 가치지향의 덕목

인간은 사회 속에서 언어, 물질적 정신적 문화, 제도, 인간관계를 갖추게 된다. 그러면 인간으로서 갖추어야 할 인간다움은 무엇일까? 이것은 도덕과 양심, 자유와 책임, 삶과 죽음 등 인간의 사회적 관계를 밝히는 것이다. 우리가 '인간답다'라고 말하는 것은 자연적 존재로서의 인간보다는 사회적 존재로서의 인간이라고 할 수 있다.

한사람 한사람이 모여서 集團이 생기고 그 속에는 規律이 있다. 질서가 있는 그런 사회는 인간에게 없어서는 안 될 존재이다. 왜냐하면 이 사회를 이끌어가고 발전시켜 나가는 것은 우리 인간이 해야 할 일이기 때문이다. 이런 사회 속에서 인간이란 존재가 더욱 빛날 수 있는 것은 國家라는 듬직한 존재가 있기 때문이다.

이러한 측면에서 道德敎育의 意義는 대체로 학생들이 우리 사회에서 건전한 생활을 영위하는 가운데 진정한 道德的 存在로 성장함

---

67) 김병성, 「교육사회학 관련이론」(서울: 양서원, 1990), p.165.

으로써 自己實現과 幸福을 이루어낼 수 있도록 돕는 것이고, 그에 필요한 道德的 資質과 品性이 무엇이며 도덕과 교육은 이에 어떻게 寄與할 수 있는지를 탐구하는 데 초점이 맞추어지게 된다.

따라서 어떠한 도덕적 덕목으로 이루어져야 가장 효과적인 교육이 이루어질 수 있을지 생각해 보아야 한다. 道德的 德이란 우리가 바람직하다고 여기는 어떤 가치규범이 사람에게 받아들여져서 그의 생각과 마음과 행동을 움직이는 비교적 固定化된 內的 힘으로 性向化될 때 形成되는 것이라고 할 수 있다.

(1) 개인적 차원의 도덕적 덕목

학생들의 바른 인격을 형성하려면 먼저 그들로 하여금 스스로를 도덕적 존재로 바로 세우는 데 필요한 덕들을 기르도록 하지 않으면 안 된다. 왜냐하면 사람이 스스로를 바로 세우는 일과 관련된 도덕적 힘을 갖지 못한다면, 건전한 인격을 형성하는 일은 출발부터 어려워지게 되기 때문이다. 자신을 도덕적 존재로 바로 세우는 일과 관련된 덕목들 즉 개인적 차원의 도덕적 덕목들을 살펴보면 다음과 같다.

첫째, 自己尊重의 덕이다. 자기존중의 덕이란 사람이 자기를 가치 있는 존재라고 믿고 스스로를 사랑하고 존중하며 적극적으로 자기를 발전시키기 위해 애쓰는 도덕적 품성을 가리킨다. 그것은 아리스토텔레스가 말하는 바와 같이 자신을 큰일에 합당한 사람으로 여기면서 자부심을 갖는 긍지(pride)와도 통한다.[68] 자기 존중의 덕

---

68) Aristotle, *Ethica Nicomachea*, trans by W. D. Ross(Oxford: The Clarendon Press, 1915), 1123b 참조.

은 긍정적 자아개념과도 서로 연결된다.[69]

둘째, 自信感과 자기 사랑의 마음을 지니도록 하는 일이다. 自信感이란 자기 스스로를 신뢰하고, 자기의 장점과 능력에 대해 긍정적인 믿음을 갖는 것을 말하며 진취적이고 생산적이며, 자기 앞에 닥친 문제를 스스로 해결하고자 하는 자주성과 자율성을 지니게 만든다.

셋째, 節制의 덕을 기르는 일이 필요하다. 아리스토텔레스는 이 절제가 잘 발휘되어야 인간의 이성적인 삶이 가능해진다고 보고 있다. 즉, 그는 절제를 인간의 쾌락 추구, 욕망과 관련시켜 그것들이 적당한 정도를 지키면서 이치에 맞게 다스려져야 인간의 이성적인 삶이 이루어질 수 있음을 지적하고 있다. 절제란 스스로의 욕구, 감정 등을 잘 통제하고 다스리는 것을 말한다. 이것은 개인을 바로 세우는 일뿐만 아니라 한 사회를 바르게 세우고 운영하는 데에도 중요하게 관련된다.[70]

넷째, 自己統制力과 自己抑制力이다. 자기 통제란 외부로부터의 강화나 벌이 전혀 없는 상태에서 스스로 유발한 내적 자극에 의해 특정의 행동이 발생할 확률을 증가시키거나 감소시키는 것,[71] 또는 親社會的 行動과 反社會的 行動의 葛藤 속에서 社會的으로 認定되는 行動을 選擇하는 것을 말한다.[72]

---

69) D. W. Felker(저) · 김기정(역), 「긍정적 자아개념의 형성」(서울: 문음사, 1990), p.16.

70) 이택휘 · 유병열, 앞의 책, p.107.

71) 서울대학교 교육연구소(편), 「교육학 용어 사전」(서울: 하우, 1994), p.561.

72) C. Wenar, *"Self-Control"*, in Torsten Husen and T. Neville Postlethwaite(eds.), *The International Encyclopedia of Education*(New York: Pergamon Press, 1985), p.4508.

다섯째, 自主, 勤勉, 誠實, 正直과 같은 덕성을 기르는 일 또한 중요하다. 자주적인 사람은 일을 스스로 판단하고 결정하여 자율적으로 실천하는 자세를 갖고 있다.[73]

여섯째, 自己啓發의 덕을 들 수 있다. 자신의 적성과 소질, 능력을 알아 이를 잘 개발하며 자신의 설계된 미래 모습의 실현을 위해 인내심 있게 진로를 모색해 나가는 덕성을 말한다.[74]

(2) 가정적 차원의 도덕적 덕목

가정 공동체에서 필요한 덕을 학생들에게 지니도록 하는 것은 큰 공동체 생활을 할 수 있는 밑바탕을 마련한다는 점에서 매우 중요한 일이 아닐 수 없다. 여기서 중요시되는 것이 바로 孝道와 家庭愛의 덕이다. 더구나 이러한 덕은 우리 사회의 전통과 역사적 맥락에서 연면히 이어져 내려오는 것으로서, 한국인으로서의 도덕적 정체성을 형성하는 데에도 필수 불가결한 것이다. 우리의 윤리적 전통은 가정에서의 공동체적 생활 자세로 孝道를 그 출발점으로 한다.

孝道의 밑바탕에는 은혜에 감사하고 이를 갚아드리고자 하는 感恩의 정신이 담겨 있다. 이러한 효도가 확대되면 그것이 형제·자매간의 友愛와 家庭愛로 발전하게 된다. 友愛란 서로 위하고, 나누어 주며, 사이좋게 지내는 것을 뜻하고 家庭愛란 이러한 효도와 우애를 바탕으로 가정에서 자기 할 일에 책임을 다하고, 가족끼리 서로 돕고, 아끼고 사랑하는 것을 말한다. 부모에게 효도하고 형제·자매간에 우애 있게 지내는 사람은 밖에 나가서도 웃어른을 공경하

---

73) 이택휘·유병열, 앞의 책, p.108.

74) 위의 책, p.109.

고 동료들과도 원만하게 어울려 지내게 된다. 말하자면, 진정한 효도의 정신은 웃어른을 공경하고 아랫사람을 사랑하는 敬愛와 연결되는 것이다. 이러한 孝道와 敬愛, 感恩, 家庭愛는 공동체적 사회생활의 근본이 되는 것이므로, 우리의 도덕교육은 학생들로 하여금 이러한 덕을 깊이 체득할 수 있도록 많은 노력을 기울이지 않으면 안 된다.

2) 국가적 가치지향의 덕목

근대 이후의 국민국가에 있어서는 지배 복종의 관계는 개개인의 이성을 기초로 하여 피지배자가 지배자에게 복종하는 것이 아니라 국민주권하의 법적 지배를 통하여 자신의 자연권을 실현하는 것을 말한다.[75]

國家란 法秩序의 强制的인 體系를 유지한다고 하는 특수한 목적을 위하여 존재하며, 바로 이와 같은 이유 때문에 명백히 規定된 制裁力에 의해서 시행되는 법을 통하여 행동하는 특별한 結社이다. 국가는 그 領域에 거주하는 모든 성원을 포함하고 있으며 동시에 그 모든 성원을 필연적으로 포함하여 法的 强制力을 행사하는 권력으로서, 국민으로 하여금 일정한 行動規則에의 服從을 强要할 수 있는 것이다. 교육이 국민을 국가의 이상적 이념에 따르게 하는 計劃的인 行爲라고 할 때 확고한 國家正體性을 갖게 하는 것만큼 더 이상 우선적인 것은 없는 것이다.

한 국가의 領土 안에 살고 있고 국적을 지녔다는 점에서 모든 사

---

75) 국민윤리학회(편), 「국민윤리개론」(서울: 형설출판사, 1987), p.130.

람이 그 국가의 국민이 될 수는 있지만, 국가를 사랑하고 믿고 또 일체감을 느낀다는 점에서 모든 국민이 같은 수준의 국민이라고 말할 수는 없다. 즉 國民의 構成的 要件보다는 한 個人의 心理的, 內的 條件이 더 중요시될 수도 있다. 國家正體性은 바로 후자의 경우와 같이 한 개인이 국가 구성원으로서의 자신에 대한 신념과 그것의 정도라고 할 수 있다.

국가정체성[76]은 국가와 사회의 체제적 존속과 발전에 깊이 연결되며, 국가정체성이 없으면 국민으로부터 忠誠心(loyalty)은 기대할 수가 없게 되는 것이다. 따라서 국가정체성의 의미를 규명하면 첫째, 국가정체성은 한 개인이 국가라는 단체에 속하여 있다는 소속감(sense of belonging)이라 할 수 있다. 둘째, 일순간에 완성되거나 와해되는 것이 아니고 비교적 장기간 동안 일생을 통하여 형성된다고 할 수 있다. 아동기부터 국가를 상징하거나 대표하는 대상과의 동일시과정을 통하여 끊임없는 정체성 형성에 의해 국가정체성이 형성된다. 이것은 역사의식을 지닌 것으로 과거, 현재, 미래를 연결하는 시간 의식이라고 볼 수 있다. 셋째, 개인의 정체성과 위배되거나 국제화의 추세에 맞추어 배치되는 경우도 있다.

결국 국가정체성이란 한 국가의 국민을 결속시키는 유대감으로서 애국과 충성의 태도와 행동을 의미한다. 그러므로 국가정체성의 확립은 국민적 통합과 결속을 위해서도 중요한 조건이 된다고 할 수 있다. 이렇게 국가와 국민 간에 강한 일체감을 가지려면 국가가 합리적이고 동시에 민감한 對民態度로 機能을 수행해야 할 것이다. 이것은 국가 정통성과 효율성을 제고시키는 것이기도 한 것이다.

---

76) William Kilpatrick, *Identity & Intimacy*(A delta Book, 1975), pp.3-6; 정세구, 「국민정신교육의 과제」(서울: 교육과학사, 1987), p.50. 재인용.

이와 같이 국가정체성을 형성시키기 위한 국가적 가치지향의 덕목을 살펴보면 다음과 같다.

첫째, 愛國愛族의 덕목을 기르는 것이다. 愛國愛族은 자기가 속한 정치공동체로서의 국가와 민족을 사랑하고 그것의 존속과 발전에 헌신하고자 하는 마음가짐을 말한다. 맥킨타이어(Alasdair MacIntyre)는 애국심을 소홀히 하는 자유주의의 문제를 비판하면서 오늘날 국가공동체의 공유된 선을 실현하기 위해서는 그 이상과 목표, 규범들을 받아들이고 그것에 헌신하고자 하는 애국심이 매우 중요함을 지적하고 있다. 특히 그는 애국심을 가질 때 한 인간이 진정한 도덕적 존재로 형성될 수 있고 또 그러한 愛國心을 통해 개인을 포함한 국가의 복지와 번영을 가져올 수 있기 때문에 愛國心이야말로 공동체적 삶을 사는 우리들에게 매우 중요한 德이 된다고 역설한다.[77]

愛族心은 민족과 민족문화 그리고 우리의 미풍양속과 전통을 사랑하고 그 우수성에 긍지를 가지며 이를 지속적으로 발전시켜 가고자 하는 자세와 우리의 최대 숙원인 민족통일을 추구하는 자세 등을 두루 내포하는 것이다. 愛國愛族心이 높은 사람은 국가·민족공동체와 일체감을 느끼면서 그 목적과 복리를 염려한다. 그리고 조국의 우수성이나 열망을 항상 찾으려 함은 물론 자신의 인생을 국가·민족에 대한 충성의 방향으로 설계하려 한다.

어려서부터 바람직한 방향으로 애국심을 기르고 국가정체성을 바로 세우도록 하는 교육적 노력이 절실히 요청되는 것이다. 이는 자신의 학교와 고장을 사랑하는 마음을 기르는 일과도 깊은 관련을 맺는

---

77) Alasdair MacIntyre, "Is Patriotism a Virtue?", in Markate Daly(ed.), *Communitarianism: A New Public Ethics* (Belmont, California: Wadsworth Publishing Company, 1994), pp.307-318. 국민윤리학회(편), 앞의 책(1987), p.124.

다. 따라서 愛校愛鄕의 자세를 기르는 일로부터 시작하여 이를 진정한 애국애족의 태도로 발전시켜 가는 일이 매우 중요하다 하겠다.

둘째, 人類愛와 世界平和를 추구하는 덕목을 기르는 것이다. 이는 애국애족의 자세가 보다 더 확대되어 세계공동체의 차원으로 발전하게 된 것이라고 할 수 있다. 국가와 민족, 인종의 차이를 넘어 모든 인류를 사랑하고 世界各國의 共存共榮과 平和를 추구하는 자세를 말하는 것이다. 이렇듯 세계가 한 가족처럼 되어가고 있는 이때에, 지구촌 가족이 서로 돕고 평화롭게 살면서 함께 발전하느냐 아니면 서로 다투다가 모두가 같이 불행한 결과를 맞이하느냐 하는 것이 바로 우리 자신들에게 달려 있다.

따라서 이러한 시대적·역사적 상황을 고려해 볼 때 오늘날 우리의 도덕교육에서는 학생들로 하여금 인류애와 세계평화를 추구하는 덕성을 기르도록 하는 일을 적극 추구하지 않으면 안 되는 것이다.

3) 사회적 가치지향의 덕목

오늘날의 도덕교육이 학생들의 바람직한 덕성과 인격을 육성하는 것을 지향점으로 한다고 할 때, 그러한 도덕교육은 궁극적으로 어떤 삶의 자세를 지닌 사람을 기르려고 하느냐 하는 점에 직면하게 된다. 말하자면, 개인적 이익이나 자기목적의 성취를 최상으로 하는 개인지향적 사람을 기르려고 하는가, 아니면 공동체적 삶을 중시하면서 이웃과 더불어 조화로운 삶을 살고자 하는 사회지향적 사람을 기르려고 하는가 하는 문제이다.

社會倫理學의 擡頭는 사회윤리학적 관점에 입각한 도덕교육적 접근의 필요성을 제기하게 되었다.[78] 社會倫理學的 觀點에 입각한 道德敎育이란 첫째, 사회윤리학적 원리와 가치규범에 대한 합리적 이해 및 신념화를 도모하고 바람직한 도덕공동체를 형성하는 데 필요한 사회윤리적 사고 · 판단능력 및 행위 성향을 기르는 도덕교육, 즉 사회윤리적 도덕성을 기르는 도덕교육이라 할 수 있다.[79] 또한 사회윤리적 도덕성이란 바람직한 도덕공동체를 지향하는 社會正義의 道德性으로 귀착되는 것이다. 결국 사회윤리학적 관점에 입각한 도덕교육은 사회정의가 살아 있는 도덕공동체의 형성과 그 운영에 참여하고 또 그 구성원으로서의 책임을 다하는 그러한 인격인을 기르는 도덕교육이 된다고 할 것이다.

이런 관점에서 보면 도덕교육은 더불어 복된 삶을 살고자 하는 진정한 공동체의식을 육성하고, 바람직한 사회질서의 형성과 공동체의 발전을 위해 기꺼이 참여하고 협력하는 도덕적 품성을 길러야 하는 것이다.

둘째, 社會正義에 관한 공유된 관념을 형성하고 바람직한 사회질서를 수립하고 운영하는 데 필요한 원리와 규칙, 가치에 대한 이해와 신념화를 도모해야 한다는 것이다. 그리고 사회윤리학적 사고와 판단능력을 기르고, 이를 바탕으로 사회의 구조와 제도, 정책, 관행 등을 정의의 관점에서 바라보면서 이를 개선, 발전시켜 갈 수 있는 능력과 실천성향을 길러야 한다는 점이다.

셋째, 個人의 道德性이나 良心은 사회구조나 제도 등과 같은 사회 환경의 영향을 받으면서 그 속에서 형성되는 면이 강하므로, 진

---

78) 유병열, "도덕교육의 사회윤리적 접근", 서울 교육대학교 초등교육연구소, 「한국교육논총」 제6집, (1993, 11), pp.175-195 참조.
79) 도성달 · 유병열, 앞의 책, p.163.

74

정한 의미에서 건전한 인격을 발달시키려면 학급과 학교 그리고 사회 속에 양질의 도덕적 환경을 조성하는 가운데 도덕교육을 실행하지 않으면 안 된다는 점이다.

이러한 社會共同體에서 바람직한 道德生活에 필요한 덕목들을 살펴보면[80]

첫째, 他人配慮와 尊重의 덕을 기르도록 하는 일이 중요하다. 인간이 타인과 더불어 살지 않으면 안 되는 전제하에서 타인의 존엄성과 인격, 권리와 가치를 존중하고 온정적으로 배려하는(caring) 덕성을 형성하는 것이다.[81] 즉 타인에 대한 배려는 나와 타인 사이의 상호 의존적인 관계를 인식하는 바탕 위에서 타인의 필요와 행복에 책임을 느껴, 그를 보살피고 돕는 도덕적 태도를 말한다.[82] 이러한 타인존중과 배려의 덕이 인간을 넘어 확대되면 自然愛護와 環境保存의 자세로 나타나게 된다. 또한 타인존중과 배려의 덕은 타인의 감정에 대한 感情移入的 共感의 能力(empathy)과 타인의 입장과 관점에서 사태를 바라보는 役割採擇의 能力(role-taking) 등을 기르는 일이 필요하다. 감정이입적 공감이란 다른 사람의 정서적 상태를 경험하는 것으로서[83] 다른 사람들의 감정을 같이 나누

---

80) 이택휘·유병열, pp.115-128.

81) Thomas Lickona(저)·정세구(역), 「자녀와 학생들을 올바르게 기르기 위한 도덕교육」(서울: 교육과학사, 1994), p.25.

82) Carol Gilligan, *In a Different Voice: Psychological Theory and Women's Development*(Cambridge: Harvard University Press, 1982), pp.62-63, 147-150, 169-174: *Nel Noddings Caring: A Feminine Approach To Ethics & Moral Education*(Berkeley: University of California Press, 1984), pp.9-29 참조.

83) Martin L. Hoffman "*Empathy, Role Taking, Guilt, and Development of Altruistic Motives*", in Thomas Lickona(ed), *Moral Development and Behavior*(New York: Holt, Reinhant and Winston, 1976), p.126.

거나, 다른 사람에 대해서 대리적인 감정적 반응을 하는 것을 가리
킨다. 역할 채택의 능력이란 易地思之 할 수 있는 능력, 脫自己 中
心性의 능력 등을 가리킨다.[84]

둘째, 禮節의 덕이 필요하다.[85] 더구나 예절은 사회공동체에서의
바람직한 삶과 관련하여 우리의 윤리적 전통이 중요하게 여겨지는
것 중의 하나이기도 하다. 예절은 사람 사이에 존중과 공경의 마음
을 표하는 일정한 방식과 절차를 뜻하는 것으로서, 구체적으로는
올바른 몸가짐과 자세, 인사, 언행, 그리고 그 외의 일상생활의 여
러 경우의 행동과 마음가짐에 이르기까지 다양한 형태로 나타난다.
이러한 예절의 밑바탕에는 愛人, 인간존중과 공경, 질서와 화합의
정신이 자리매김하고 있다.[86]

셋째, 共同善을 추구하는 덕성이다. 다른 사람과 함께 더불어 조
화롭고도 평화로운 삶을 사는 데 필요한 것으로서 공동선이란 공동
체의 존재 이유와 목적이 되는 것이며, 현실적으로 한 개인이나 특
정 집단보다는 전체로서 공동체 구성원 모두에게 이로움이 되는
것, 공동체 구성원 전체의 행복과 복지에 도움이 되는 것, 공동체
구성원들 모두를 위한 공익 등을 뜻한다.[87] 우리가 흔히 말하는 公
益이나 公德心은 바로 이러한 共同善 추구의 한 형태가 된다.

넷째, 規則 遵守 내지 遵法의 덕과 責任移行의 덕이 중요하다. 규
칙준수 내지 준법의 덕이란 사람의 개인적·사회적 삶에 기초가 되

---

84) 이택휘·유병열, 앞의 책, p.115.

85) 위의 책, p.116.

86) 유병열, "초등 예절교육 논고", 전주교육대학교 학생생활연구소, 「학생
생활연구」 1995. 12. pp.28-30.

87) J. Messner, *Social Ethics: Natural Law in the Modern World*(St.
Louis: B. Herder Book Co., 1949), pp.118-119.

는 여러 가지 규칙들, 즉 기본 생활 규칙과 공중도덕, 법, 그리고 기타의 사회적 약속과 의무 등을 준수하고 실천하는 성향을 가리키는 것이다.

이러한 規則遵守 내지 準法의 덕은 개인과 공동체 모두에게 있어 그 존립의 기본이 된다.

다섯째, 責任의 덕이 필요하다. 인간이 공동체 내에서 공동선의 실천을 위해 각 구성원에게 부여된 역할과 의무를 충실히 이행하는 것을 말한다.

여섯째, 協同의 덕이다. 공동선추구의 과정에서 구성원 전체의 행복을 증진시킬 수 있도록 재화와 가치를 창출, 증진하는 일과 직접 관련되는 것이 바로 협동이다.

일곱째, 利他心과 慈悲, 親切과 奉仕의 덕을 지니도록 하는 것이다. 또한 바람직한 사회적 삶의 품성을 기르는 덕목으로 寬容과 批判的 思考를 통한 創造的 統合을 추구하는 덕을 기르는 일을 들 수 있다. 한 공동체는 구성원들이 이러한 관용과 비판을 통한 창조적 통합의 사고를 바탕으로 합리적으로 동기화된 동의에 접근해 갈 때, 共同體에 대한 正統性과 權威를 確保하게 되는 것이다. 따라서 바람직한 인격의 형성을 추구하는 도덕교육에서 이러한 덕을 기르기 위해 노력하는 것은 매우 중요한 일이 아닐 수 없다.

Ⅲ. 남북한 중등 도덕교육 및 교과서 비교

교육이란 학습자가 지니고 있는 성장 가능성을 의도적 계획적으로 가치 있는 방향으로 최대한 신장시켜 자기실현을 할 수 있도록 돕는 일이라고 정의할 수 있다. 따라서 교육이란 그 나라의 교육이념에 맞게 구성되며 교육이념은 교육의 기본 정신이며 그것을 달성하고자 하는 것이 교육의 목적이라 할 수 있다.

남한의 민주사회는 홍익인간의 이념 아래 개인의 다양성과 개성을 존중하는 교육이 이루어지고 있으며, 북한의 사회주의 사회는 단일의 주체사상만이 절대적 가치로서 인정되는 집단적이고 획일적인 교육이 이루어지고 있다. 南北韓의 道德敎育과 敎科書編纂도 이러한 관점에 의해 이루어지고 있다.

본 장은 남북한 중등 도덕교육의 목표와 내용 그리고 교수-학습 방법을 고찰하여 남북 도덕교육이 얼마나 이질화되었는가 그리고 동질성은 무엇인가를 분석하고자 한다. 또한 중등 도덕교과서의 구성체제가 어떻게 이루어졌는가도 분석하여, 다음 장을 위한 기초자료로 사용코자 한다.

1. 남북한 중등 도덕교육

남북한 중등 도덕교육의 가장 큰 차이점의 원인은 남북이 상이한 이데올로기에 의해 이루어지고 있다는 사실이다. 남한의 도덕교육은 民主主義의 理念에 기초한 個人尊重의 도덕교육을 지향하고 있으며, 북한의 도덕교육은 획일적인 主體思想에 근거한 集團尊重의 도덕교육을 지향하고 있다. 본 절에서는 남북한의 도덕교육의 목표를 상위목표와 하위목표로 구분하여 분석한 다음, 이 목표에 준하여 도덕교육의 내용과 교수-학습방법을 알아보고자 한다.

1) 남북한 도덕교육 목표

(1) 남한 도덕교육의 목표

① 상위목표

道德科는 학생들이 자신을 이해하고 사회규범과 생활예절을 익히며, 도덕적 판단능력을 길러 한국인으로서 바람직한 삶을 살아가는데 도움을 주기 위한 교과이다.

道德科의 '道德'이라는 말은 인간으로서 마땅히 지키고 실천해야 할 도리로서, 보편적이며 이상적인 가치들과 우리 사회에서 바람직하다고 생각되는 現存의 道德律에서 나타나는 判斷, 標準, 原理 등을 포함하는 개념이다. 교과활동에서 학습된 도덕은, 학생들이 善惡과 正誤를 판단하는 바탕이 되고, 이와 관련된 사태에 직면할 때에는 행동을 결정하는 기준이 되며, 생활 방식의 틀로서의 역할을 담당하게 된다.[1]

도덕과는 다른 교과와 구별되는 독특한 성격을 지니고 있다. 즉, 다른 교과가 주로 어떤 한 분야의 체계적인 지식이나 기능의 습득

---

[1] 교육부, 「중학교 도덕 3학년 교사용 지도서」(1997), p.3. 이하는 교육부 (c)라 한다. 교육부, 「중학교 도덕과 교육과정 해설」(1992), p.65. 이하는 교육부(d)라 한다.

을 중시한다면, 道德科는 知的인 면과 함께 인간의 신념, 가치관, 태도 및 행동 성향과 같은 情意的인 領域을 특히 강조한다.

결국 한국의 도덕교육 목표는 韓國人으로서 가치 있는 삶을 살아가는 데 필요한 도덕규범과 예절을 파악하게 하고, 일상생활 속에서 부딪히는 도덕적 문제를 바람직하고 합리적으로 해결할 수 있는 판단능력을 기르게 하며, 삶의 이상과 원리를 체계화하여 실천할 수 있는 도덕적 성향을 형성하게 하는 것이다.

교육목표 자체도 시대상황에 따라 변화하듯이 도덕교육의 목표 또한 우리 사회의 변화, 발전과 함께 그 강조점이 바뀌어 왔다.

먼저 제6차 도덕과 교육과정 개정의 배경을 보면, 우리 사회에 비도덕적 현상이 점차 심화, 확대되면서 제기되었던 문제들을 학교교육에서 '도덕교육의 강화'로 대처해야 한다는 사회적 요구에서 비롯되었다. 제6차 도덕과 교육과정에서는 제5차 도덕과 교육과정이 추구했던 기본정신을 계승하고, 총론의 방향, 현행 도덕과 교육과정의 문제점에 대한 반성, 도덕교육에 대한 사회적 요구를 반영하여 교과의 성격, 목표, 내용 등을 발전적으로 제시하고, 이러한 교육의 과정을 통하여 도덕과가 궁극적으로 이루고자 하는 학생들의 바람직한 생활습관과 건전한 도덕성을 발전시키고자 하였다.

이러한 배경에 기초한 제6차 도덕과 교육과정의 개정방향은 다음과 같다.

첫째, 교과의 지속적인 발전을 도모하기 위하여 제5차 교육과정 개정의 기본정신을 발전, 계승하였다. 도덕과 교육은 제3차, 제4차, 제5차 교육과정을 거치면서 점차 하나의 교과로서의 체계를 갖추게 되었다. 특히, 학생들의 합리적인 판단과 선택을 강조하는 도덕과 교육의 '認知的 接近'은 교사들이 우리의 교육상황에 알맞게 적용하려는 노력의 결과에 힘입어 도덕과 교육이 하나의 흐름을 형성하게 되었으므로, 제6차 교육과정에서도 이 흐름을 계승, 발전시키고자 하였다.

둘째, 남한 사회는 중핵적인 도덕적 가치를 중심으로 도덕과의 교육과정을 통합하고 정선시켰다. 교육 내용은 우리 사회의 중핵적인 도덕적 가치라고 생각되는 보다 본질적이고, 보다 보편적이고, 보다 지속적인 영향력을 가지는 가치만이 선정되었다.

셋째, 도덕과 교육 내용에 시대적, 사회적 요구를 반영하였다. 민주시민 공동체 의식과 태도와 통일여건의 변화에 따라 통일교육의 내용을 조정하고, 총론에서 중점교육활동으로 제시한 환경교육·경제교육·근로정신·함양교육·보건 안전 교육·진로교육·통일교육 등을 부각시켰다.

따라서 남한 도덕교육의 정의와 강조점은 '道德性을 기르고 情緒를 純化시킴으로써 社會生活에 適應하는 건전한 人格을 갖추게 하는 敎育으로 道德規範의 遵守를 習慣化시키는 일, 規範間의 葛藤을 解消하고, 새 規範을 만들어 내는 能力을 기르는 일, 生活의 質을 스스로 드높이려는 意慾을 기르는 일 등을 强調'[2]하고 있다고 할 수 있다.

② 하위목표

이러한 도덕교육의 일반 목표에 따라 道德敎科書 編纂方向과 남한 도덕교과서의 指導要素를 살펴보면 '개인생활', '가정·이웃·학교생활', '사회생활', '국가·민족생활'로 영역을 구분하여 한 영역 아래 다수의 중핵적인 가치들을 뽑아 도덕교과서의 내용으로 구성

---

2) 서울특별시 초·중등교과 교육연구회, 「남, 북한 교육 내용비교분석 – 교과서 분석을 중심으로」, (서울, 1991), p.33.

하였다.3) 이것의 특징을 살펴보면

첫째, 동양적인 전통문화와 서구적 민주시민의식을 조화롭게 수용하기 위하여 '개인생활', '가정·이웃 생활', '사회생활', '국가·민족생활'로 구분하여 접근시켰다.

둘째, 각 제재에서 내면화시키고자 하는 덕목요소들을 일관성 있게 제시하여 도덕적 사고 체험을 통하여 도덕적 결론에 도달할 수 있도록 현실성 있고 지역이나 시기에 적절한 소재를 수록하여 학생들이 자기 경험을 도덕적으로 해석해 보는 기회를 제고하는 내용으로 구성된다. 이를 주요 영역과 가치덕목의 요소로 상세히 살펴보면

첫째, '개인생활'에서는 인간의 삶에서 도덕이 필요함을 알고, 도덕적 판단력과 가치선택 능력을 키우며, 인격도야에 힘써 바람직한 삶을 영위할 수 있게 한다. 즉 개인생활의 중심가치는 자립, 정직, 근면, 극기, 자율, 가치추구, 인격, 면학, 반성, 생명존중, 자주, 성실, 절제 등이며,

둘째, '가정·이웃·학교생활'에서 요구되는 도덕규범과 예절을 이해하고, 이러한 생활 속에서 등장하는 문제 사태들을 서로 비교함으로써, 바르게 살아갈 수 있는 생활태도와 실천의지를 가지게 한다. '가정·이웃·학교생활'의 중심가치는 가정예절, 학교예절, 사랑, 관용, 경애 등이며,

셋째, '사회생활'에서는 전통도덕과 시민윤리의 특성을 인식하고, 현대사회에서 발생하는 도덕문제를 합리적이고 바람직하게 해결할 수 있는 능력을 길러, 민주시민으로서 떳떳하게 살아갈 수 있게 한다. 사회생활 영역의 중심가치는 대화와 타협, 예의, 감은, 규칙존중, 공동체의식, 주인정신, 공공질서, 협동, 공익, 공정, 민주적 절차 등이며,

---

3) 위의 책, p.33.

넷째, '국가 민족생활'에 대해서는 국가, 민족, 문화를 사랑하고, 국토와 민족분단의 현실 및 남북한의 통일과제를 올바로 인식하여, 통일을 이룩하는 데 필요한 공동체의식과 통일국가의 실현의지를 가지게 한다. 국가 민족생활은 대의, 국가애, 민족애, 통일, 국제 평화, 인류애 등으로 체계적으로 구성되어 있다.

6차 교육과정에서는 도덕과의 일반적 목표와 하위목표인 생활 영역별 목표는 다음과 같은 3개의 원칙에 따라 설정되었다.[4]

첫째, 생활환경의 확대에 따라 4개의 생활 영역별 목표를 정하였다. 개인으로부터 가정·이웃·학교와 사회를 거쳐 국가·민족생활 영역에 도달하는 것이다.

둘째, 학년별 계열성을 고려하여 목표를 설정한 것이다. 교육과정에서 제시한 일반 목표나 생활 영역별 목표는 모두 한 항목의 목표 진술 속에 1, 2, 3학년의 목표가 순서대로 제시되었는데 이것은 근본적으로 학생들의 도덕성 발달에 근거한 것이다.

셋째, 모두 지행합일을 지향하는 방향으로 설정되었다. 즉 인지적인 면에서부터 점차 가치와 행위와 같은 정의적인 면까지 전인적으로 포함되었다.

(2) 북한 도덕교육의 목표

① 상위목표

북한의 교육목적은 주체사상에 기초하여 主體型의 革命家로 만드는 것을 목적으로 하고 있다. 이는 북한의 유일사상으로서, 북한교

---

4) 교육부(d), 앞의 책(1992), pp.65-66.

육의 지도원리로 강조하여 당과 수령의 영도 밑에 하나의 사상, 하나의 조직으로 결속됨을 의미하는 것이다.[5] 또한 북한교육의 일반목표는 공산주의 도덕의 품성으로서 노동에 대한 적극적인 태도와 일상생활에서 소박 겸손하고, 예절이 밝으며, 공리와 공명을 탐내지 말고, 검박하게 살며, 당 앞에 항상 솔직한 품성을 육성하는 것이다.[6] 즉 사회주의 생활양식에 필요한 공산주의적 도덕규범의 의미와 중요성을 알게 하고, 이를 실천하게 하여 공산주의적 인간의 사상 도덕적 풍모를 갖춘 혁명인재를 기르는 것이라고 할 수 있다.

따라서 북한 도덕교육의 정의와 강조점은 "道德은 사람들이 다른 사람이나 集團 및 社會에 대한 관계에 있어서 지켜야 할 行動原則과 規範의 總體로서 個人의 利益보다 集團의 利益을 더 귀중히 여기는 집단주의 정신, 자력 갱신의 혁명정신, 노동에 대한 공산주의적 태도, 사회주의적 애국주의, 프롤레타리아 국제주의, 공산주의적 인간성과 문화성으로 규정하고 있으며 특히 집단주의 정신, 로동애호 정신을 강조"[7]한다고 볼 수 있다.

북한은 공산주의 도덕교양을 통해 傳統的 道德觀을 철저히 배격하고, 이를 反動的이며 反社會的인 낡은 道德이라고 매도하였다. 북한

---

5) 전인영, "주체사상의 형성배경과 이론체계", 전인영 편, 「북한의 정치」 (서울: 을유문화사, 1990), p.100.

6) 북한의 교육에 관한 자료로는 「원자료로 본 북한 1945-1988」(서울: 동아일보사, 1989);「북한의 실상」(서울: 자유평론사, 1985);「북한전서」(서울: 극동문제연구소, 1974);「북한교육론」(서울: 북한연구소, 1977); 김용희,「공산주의 이데올로기」(서울: 화학사, 1983); 고려대학교 평화연구소(편),「북한 교육의 조명」(서울: 법문사, 1990); 김동규,「북한의 교육학」(서울: 문맥사, 1990); 김형찬,「북한의 교육」(서울: 을유문화사, 1990) 등을 참고.

7) 서울특별시 초·중등교과 교육연구회, 앞의 책, p.33.

의 사전에 의하면 '공산주의 도덕'이란 사회주의 건설을 위하여 투쟁하며 그 사회에 살게 될 사람들이 지켜야 할 원칙과 규범이라고 말하고 있다. 나아가 "共産主義 道德에서 핵을 이루는 것은 首領에 대한 忠實性이며 共産主義 道德의 特徵은 풍부한 人間性과 集團主義에 기초하고 있는 철두철미한 黨的이며 人民的인 道德이다"라고 풀이하고 있다.[8] 그러므로 북한의 도덕교육의 목적은 수령에게 충실하며, 사회주의 건설을 위해 투쟁할 규범을 익히는 것에 있다고 할 수 있다.

이러한 규범에 관하여 연변에서 출판된 '공산주의 도덕 개론'에 의하면 공산주의적 도덕규범으로 인민을 위한 복무, 집단주의, 규율의 준수, 로동 태도, 공동재물애호, 진리의 견지, 애국주의와 국제주의, 동지애 등을 들고 있다.

또한 북한 교육을 집대성한 '사회주의 교육에 관한 테제'의 교육에 관한 내용 중 첫 번째 정치사상교양 부분에서도 북한의 도덕교육이 나타나고 있다. 테제에 의하면 사회주의 교육에서 가장 중요한 부분인 정치사상교양을 잘해야 학생들이 혁명적 세계관이 서고, 공산주의적 인간의 사상, 도덕적 풍모를 갖춘 혁명인재로 키울 수 있다고 하였다.[9]

정치사상교육에서 가장 중요한 것은 주체사상의 무장이며 그 다음으로 혁명 교양, 공산주의교양을 강화하여 학생들을 노동계급의 혁명의식과 공산주의 도덕으로 튼튼히 무장시키는 것이라고 말하고 있다. '사회주의 교육에 관한 테제'에 나타나 있는 이러한 상위목표는 아홉 가지의 하위목표로 구성된다.

---

8) 「조선말 대사전 1권」(평양: 사회과학출판사, 1992), p.272.
9) 김형찬, 「북한의 교육」(부록: 사회주의에 관한 테제), (서울: 을유문화사, 1990), p.489.

② 하위목표

'사회주의 교육에 관한 테제'에 나타나 있는 내용을 중심으로 살펴보면 하위목표는 상위목표에 따라 아홉 가지로 구성되어 있다.[10]

첫째, 학생들에게 공산주의 위업의 정당성과 승리의 필연성 및 공산주의 앞날의 전망을 똑똑히 알려주어 그들이 공산주의 승리를 굳게 믿고 그것을 위하여 모든 것을 다 바쳐 투쟁하도록 해야 한다.

둘째, 계급 교양을 강화하여 모든 학생들이 확고한 로동계급적 관점을 가지고 로동계급의 입장에서 튼튼히 서서 로동계급의 이익을 위하여 몸바쳐 투쟁하도록 하여야 한다.

셋째, 집단주의 원칙에 따라 일하고 배우고 생활하며 사회와 인민의 리익, 당과 혁명의 리익을 위하여 몸바쳐 투쟁하도록 교양하여야 한다.

넷째, 모든 학생들이 로동을 신성하고 영예로운 것으로 여기며 일하기를 즐겨하고 로동 규율을 지각적으로 지키며 집단과 사회를 위한 공동 로동에 성실히 참가하도록 교양하여야 한다.

다섯째, 모든 학생들이 민족적 긍지와 자부심을 가지며, 조국과 인민을 열렬히 사랑하고 민족의 훌륭한 전통과 유산을 귀중히 여기며, 사회주의 조국의 융성발전을 위하여 몸바쳐 싸우도록 하여야 한다.

여섯째, 학생들이 자기의 책상과 걸상을 아끼고 사랑하는 것으로부터 시작하여 국가와 사회의 공동재산을 귀중히 여기며 나라의 살림살이를 알뜰하게 간직하도록 교양하여야 한다.

일곱째, 모든 학생들이 평화와 민주주의, 민족적 독립과 사회주의를 위하여 싸우는 세계 여러 나라 인민들의 혁명투쟁을 적극 지지

---

10) 위의 책, pp.489-490.

하고 그들과 친선단결을 강화하여 세계 혁명의 승리를 위하여 억세게 싸우도록 교양하여야 한다.

여덟째, 모든 학생들이 국가의 법을 존중히 여기고 그것을 자각적으로 지키며 법질서를 어기는 현상에 반대하여 원칙적으로 투쟁하도록 하여야 한다.

아홉째, 모든 학생들이 낡은 도덕관념과 생활인습을 철저히 없애고 공산주의적 도덕규범을 자각적으로 지키며 사회주의적 생활양식에 맞게 혁명적으로 생활하도록 하여야 한다.

2) 남북한 도덕교육의 내용

(1) 남한 도덕교육 내용

① 도덕교육 내용

가. 내용구성 방향

내용구성은 전술한 바와 같이 4가지의 영역으로 구성된다. 이에 따라 영역별·학년별 내용구성을 살펴보면 다음과 같다.[11]

도덕과 1학년에서 이러한 목표가 강조되는 것은, 초등학교 7학년이라고도 불리는 중학교 1학년에서 생활습관 형성과 생활예절 중심의 초등학교 도덕과 교육을 이어받아 종합적으로 정리한다는 의미도 있다.

---

11) 위의 책, pp.71-73; 교육부, 「중학교 교육과정」(1992), pp.13-15.

'개인생활'에서는 인간의 삶 속에서도 도덕이 지닌 의미 및 도덕적 사고와 신념이 중요함을 생각해 보고, 청소년기와 중학생 시절이 지니는 의의를 깨달아, 바람직한 생활 자세를 가질 수 있는 내용을 담고 있고, '가정·이웃·학교생활'에서는 가정생활과 학교생활은 어떤 의미를 가지는가를 생각해 보고, 이를 중심으로 가족 간의 예절, 친족·이웃 간의 예절, 사제 및 교우 간의 예절 등을 잘 지킬 수 있는 내용을 담고 있다.

'사회생활'에서는 바람직한 사회생활은 어떤 것인가를 생각해 보고, 현대사회에서 전통도덕과 시민윤리의 선택 및 조화문제 등을 모색하여, 이를 실천할 수 있는 내용을 담고 있고, '국가·민족생활'에서는 국가와 민족의 의미를 생각해 보고, 국가와 민족을 사랑해야 하는 까닭을 살펴봄으로써, 국가·민족의 발전과 민족문화의 창달에 헌신적으로 앞장서는 자세를 가질 수 있는 내용을 담고 있다.

중학교 2학년의 내용을 보면,12) '개인생활'에서는 삶의 목표와 가치, 삶의 다양성과 가치갈등, 가치선택과 도덕적 판단을 다룸으로써 개인이 직면하는 가치갈등과 가치선택 및 판단방법을 배우도록 한다. '가정·이웃·학교생활'에서는 가정생활과 도덕문제, 학교생활과 도덕문제를 다룸으로써 가정·이웃·학교의 성원으로서 당면하게 되는 도덕적인 문제들도 모두 포함된다. '사회생활'에서는 현대사회와 환경문제, 현대사회와 청소년 문화, 사회적 도덕문제의 해결을 다룸으로써 사회의 한 구성원으로서 당면하는 여러 가지의 사회문제를 제시한다. '국가민족생활'에서는 민족분단의 원인과 과정, 북한의 현실, 남북한의 통일정책을 다룸으로써 분단과 통일의 문제에 대한 여러 가지의 내용을 포함하게 된다.

---

12) 교육부(c), 앞의 책(1997), 참조.

이상과 같은 2학년의 내용은 개인생활과 나머지 3개 생활 영역 내용과의 차이점을 구분하는 것이 필요하다. 전자의 경우에는 도덕적 판단과정에 대한 상세한 내용을 제시해 주는 것이고, 나머지 3개의 생활에서 제기되는 문제들이 주된 내용을 형성하고 있다.

중학교 3학년의 내용을 보면,13) '개인생활'에서는 삶의 보람과 설계, 개성 신장과 인격 도야, 인본적인 삶의 자세를 다룸으로써 개인적 삶의 목표 설정 지표가 되는 내용을 포함한다. '가정·이웃·학교생활'에서는 바람직한 가정의 모습, 올바른 친족과 인간관계, 바람직한 학교생활과 진로탐색을 다룸으로써 이상적인 가족·친족·교우 관계를 제시하고, 특히 이상적인 생활의 모습을 보여준다. '사회생활'에서는 민주사회와 인간존중, 민주적 태도와 생활양식, 복지사회와 경제윤리를 다룸으로써 이상적인 민주적 정치경제 생활의 방향과 윤리관을 제시한다. '국가·민족생활'에서는 민족공동체의 번영, 통일국가의 실현, 세계 속의 한국인을 다룸으로써 우리가 염원하는 남북통일의 궁극적인 목적이 무엇이고, 통일 이후에 우리가 기대하는 우리나라의 모습과 미래 사회의 바람직한 한국인상을 제시하는 내용이 포함된다.

이제까지 고찰한 도덕과의 주요 내용 이외에 매 단원 뒤에 '인물학습' 내용이 포함된다. 4개 생활 영역마다 2인씩 인물을 선정하여 학년당 8인씩 이력과 업적, 특히 도덕교육적 모형으로서 의미를 부각시키기도 하였다.

인물 선정의 기준은 한국인 1인과 외국인 1인을 선정한 것으로, 학년별, 영역별 교과 목표에 부합되는 사람으로 선정하였다. 1학년은 각 생활 영역별로 지켜야 할 대표적인 도덕·윤리적 지표를 제

---

13) 교육부(c), 위의 책(1997), 참조.

시한 사상·종교적 인물이고, 2학년은 가치갈등 및 가치탐구의 소재에 적합한 사람으로서, 보는 시각에 따라서는 해당 생활 영역에서 상반된 평가도 받을 수 있는 문제성을 띤 인물을 선정하였다. 3학년은 자신의 자율적 판단과 소신에 따라 해당 생활 영역에서 출중한 도덕·윤리적 행동을 보인 실천가를 뽑은 것이다. 이러한 인물 선정은 각 학년별로 계열적 특성에 따른 것이다.

나. 내용구성 특징

도덕교육의 목적과 내용구성 방향에 따라, 하위 영역의 내용구성 특징을 살펴보면, 앞으로 도덕과 수업을 통하여 학생들에게 올바른 도덕성을 길러주기 위해서는 인지적인 측면의 개발과 함께 실천적, 행동적인 측면에 대해서도 조화를 이룰 수 있도록 종합적인 개발을 시도하고 있다. '인지가 없는 인격은 맹목적이고 실천에 무관한 도덕적 인지는 공허하다'는 말을 의미 있게 받아들인다면, 도덕적 인격 형성에서 情義的, 實踐的 요소의 강화는 필수적인 요소라고 할 수 있다.

제6차 교육과정은 바람직한 韓國人을 양성하기 위해 교과의 하위 영역 특징을 다음과 같이 강조[14]하면서 내용구성을 하였다. 첫째, '인본교육'으로서의 도덕과 교육목적은 인간 중심 교육을 내세우고 있지만, 실제로는 상급 학교에 진학하기 위한 과열경쟁 및 사회에 팽배한 物質主義와 出世主義의 영향을 받아 非人間化의 길로 달리고 있다. 이러한 난관을 극복하기 위하여 중학교 도덕과에서는 매 학년 개인생활 영역 부분에서는 '인간의 삶과 도덕', '삶의 목표와 가치', '인본적인 삶의 자세'를 다루는 과정에서, 또 사회생활 영역

---

[14] 교육부(d), 앞의 책, pp.55-56; 교육부, 「중학교 도덕 교사용지도서 1, 2, 3학년」, 참조.

부분에서는 '현대사회와 환경문제', '민주사회와 인간존중'이라는 주제를 다룰 때에 본격적으로 人本敎育을 강조하였다.

둘째, '윤리·도덕·예절교육'으로서의 도덕과 교육의 목적은, 우리의 傳統道德과 市民倫理, 그리고 그에 따른 生活禮節의 習得을 強調한다. 우리 사회가 직면한 소위 '총체적 난국'의 직접적 원인이 국민들의 도덕성 상실과 윤리적 혼란, 그리고 무규범이나 몰염치와 예절 부재현상이라고 한다면, 이에 대한 도덕교과 교육의 적극적인 대처가 요구되고 있다. 더구나, 이제까지 청소년들의 예절교육을 담당해 왔던 가정이 도시화와 핵가족화 현상 때문에 그 기능이 약화되고 있는 실정에 비추어 볼 때, 學校 道德敎育의 動因으로서의 비중은 상대적으로 증가되었다고 할 수 있다. 도덕과 교육에서는 그 임무를 수행하기 위하여 중학교 매 학년 개인생활, 가정·이웃·학교생활, 그리고 사회생활 영역에 속하는 거의 모든 주제에서 예절교육과 함께 도덕·윤리교육의 내용을 강조하였다.

셋째, '시민·공동체 교육'으로서의 도덕과 교육의 목적은, 自由民主主義의 基本秩序를 擁護하고, 국가와 민족의 발전을 위한 民族共同體的 姿勢의 確立을 강조한다. 우리나라의 민주적 정치 발전을 위하여 무엇보다 필요한 것은, 민주주의에 대한 국민들의 확고한 신념과 세련된 政策的 思考能力(policy thinking skills)이다. 또, 국제화 시대의 냉엄한 국제 경쟁 속에서 국가·민족 共同體 優先의 姿勢가 필요하다.

중 1 도덕의 '국가·민족생활' 영역에 나오는 '민족의 발전과 문화 창달', '나라의 중요성과 나라발전', '애국애족의 자세', 그리고 중 3 도덕의 같은 영역에 속하는 '민족 공동체의 번영', '세계 속의 한국인' 등에서 우리의 국가체제 및 민족의 존속과 발전을 위한 내용을 중점적으로 다루고 있다.

넷째, '통일교육'으로서의 도덕과 교육의 목적은, 南北統一에 對備하고, 統一을 促進하기 위한 意識形成을 강조한다. 6·25전쟁 이후 냉전 시대를 거치면서 종래에는 반공 일변도의 통일·안보 교육을 실시한 적도 있었지만, 이제는 90년대의 南北和解 時代를 맞이하여 民族의 同質性回復과 統一實現의 意志를 진작시키기 위하여 統一敎育을 추진하게 되었다. 중 2 도덕의 '국가·민족생활' 영역에서는 '민족분단의 원인과 배경', '북한의 현실', '통일을 위한 남북한의 노력과 문제점'을 다루고, 중 3 도덕의 같은 영역에서는 '민족 공동체의 번영', '통일국가의 실현', '세계 속의 한국인' 등의 내용을 다루어 통일대비 교육에 임하고 있다.

이와 같은 도덕과 교육의 목적들은 서로 깊은 관련성을 가지고, 때로는 중복되기도 하면서, 한국의 청소년으로서 지녀야 할 종합적인 의식을 형성하게 되는 것이며, 궁극적으로는 한국인으로서 바람직한 인격 형성에 귀결된다고 하겠다.

(2) 북한 도덕교육 내용

① 도덕교육의 내용

가. 내용구성 방향

북한 도덕교육 내용에 대한 원칙은 1997년 발표된 '사회주의 교육에 관한 테제'의 제2장 사회주의 교육의 내용 중 첫째 단원 '정치사상교양'에서 찾을 수 있다. 위의 테제 서문에서 "사회주의 교육의 내용은 사람들을 革命化, 勞動階級化하며 智德體를 겸비한 全面的으로 발전된 共産主義的 人間으로 키울 수 있도록 구성되어야 하며, 사회주의 교육의 내용은 革命性으로 일관되어야 하고, 科學性과 現實性이 보장되어야 한다."[15]고 되어 있다.

북한에서 월간으로 발행하다가 계간으로 발간되고 있는 '철학 연구'에 실린 '공산주의적 도덕품성의 형성과정과 방도'에도 "혁명적 도덕관에 대한 교양의 기본은 수령에 대한 충실성 교양이며, 이러한 충실성이 공산주의 도덕의 최고 표현이며 공산주의적 인간이 지녀야 할 정신도덕의 기본이다."[16]라고 규정하고 있다. 북한 도덕교육의 중심이 되는 '사회주의 교육에 관한 테제'에는 정치사상교양에 관해 상세히 언급하고 있는데 주요 내용은 다음과 같다.[17]

첫째는 '주체사상의 원리와 교양'으로서 주체사상의 철학적 원리와 사회 역사적 원리 및 그 지도적 원칙과 혁명의 주인다운 태도와 입장을 가지며 사대주의, 교조주의, 봉건유교사상, 부르죠아사상 등 반동적, 반혁명적 사상조류와 경향에 대한 투쟁을 담고 있다.

둘째는 '위대한 수령님과 친애하는 지도자 동지에 대한 충실성 교양'으로 혁명적 수령관을 세우고, 위대한 수령님과 친애하는 지도자 동지에 대한 충실성을 교양하는 내용을 담고 있다. 또한 공산주의 덕성을 교양하는 그리고 충실성의 산 모범을 통한 교양의 내용을 담고 있다.

셋째는 '당 정책 교양과 혁명전통 교양'이다. 이것은 당 정책의

---

15) 「사회주의 교육의 관한 테제」, 앞의 책, p.488.

16) 박인숙, "공산주의적 도덕품성의 형성과정과 방도", 「철학연구」(평양: 과학백과사전종합출판사, 1993), 1993-1월호, p.42.

17) 조주연, 한만길, 황규호, 「남북한 교육과정 및 교과서 비교분석 모형 개발연구」, 서울교육대학교 교육과정 연구위원회(1995), pp.91-94.

본질과 정당성을 인식시키는 당 정책 교양과 우리 당과 혁명의 역사적 뿌리 인식, 혁명전통의 내용 인식, 위대한 수령님에 대한 충실성 교양, 당의 빛나는 혁명전통 계승발전 교양, 학습과 생활을 항일유격대 식으로 하도록 하는 혁명전통 교양의 내용을 담고 있다.

넷째는 '혁명 교양 및 공산주의 교양'으로 공산주의 위업과 주체혁명 위업의 정당성을 인식시키기 위한 '공산주의에 대한 신념과 혁명적 낙관주의의 내용', 로동계급적 관점 및 혁명적 세계관, 수정주의를 반대하여 견결히 투쟁할 것을 강조하는 '계급 교양의 내용', 집단주의의 우월성을 인식시키고 학생들이 인민을 사랑하도록 하며 학생들이 개인주의, 이기주의를 반대하여 투쟁하도록 하는 '집단주의 교양의 내용', 로동의 신성함과 귀중함을 인식시키고 직업에 대한 관점과 자본주의 사회에서의 노동의 본질을 파악하고 힘든 일에 앞장서서 집단과 사회를 위한 공동 로동에 참가하도록 교육하는 즉 '로동을 사랑하는 정신의 내용', 사회주의 제도의 우월성을 인식하고, 민족제일주의 정신으로 무장하며, 향토애 교양을 강화하고 학생들은 언제나 남조선을 잊지 않도록 교양하는 '사회주의적 애국주의 교양의 내용', 세계 인민들과의 혁명투쟁을 위한 친선단결의 강화를 강조하는 '프롤레타리아 국제주의 교양의 내용', 사회주의 법에 대한 관점과 태도 및 법규범과 규정의 요구대로 생활할 것을 강조하는 '준법교양의 내용', 공산주의적 도덕규범과 원칙에 따라 살며, 행동하고, 도덕적 의무와 법적 의무를 이행하며, 근로 인민대중의 도덕을 중시하고, 집단주의의 사회공동생활을 습득하고, 공산주의적 의리와 양심 그리고 예절에 따라 행동할 것을 교육하는 '공산주의 도덕 교양 내용' 등 8가지를 포괄적으로 담고 있다.

94

나. 내용구성 특징

도덕교육의 내용구성 특징을 보면 테제의 '정치사상교양' 부분과 '사회주의 교육학', 북한의 '도덕교과서' 및 '철학연구'를 중심으로 도덕교육의 내용구성 원칙을 추출하고 이를 바탕으로 '공산주의 도덕' 교과서는 어떠한 방향으로 실려 있는지 살펴보고자 한다. 먼저 도덕교육의 내용구성 원칙을 추출해 보면 다음과 같다.[18]

첫째, 학생들을 주체사상으로 튼튼히 무장시킬 수 있는 내용이어야 한다는 것이다. 주체사상은 공산주의적 인간이 가져야 할 과학적이며 혁명적인 세계관이므로 학생들이 주체사상으로 튼튼히 무장하여야 혁명과 건설의 참다운 주인으로 자주적이며 창조적인 혁명인재가 될 수 있다는 것이다. 이를 위하여 당 정책 교양과 혁명전통 교양을 강화시켜야 한다는 것이다. 여기서 당 정책 교양은 당의 노선과 정책을 체계적으로 가르치는 것이며, 혁명전통 교양은 항일혁명투쟁 시기에 이룩된 주체의 사상체계와 혁명업적, 투쟁경험을 가르치는 것을 의미한다.

둘째, 학생들이 수령과 지도자동지에 대한 충성을 다하는 내용으로 구성되어야 한다는 것이다. 학생들에게 혁명적 수령관을 세워주는 내용으로 구성하여야 하며, 모든 공산주의 원리와 덕성의 교육은 김일성과 김정일 등 김일성 가계를 모범으로 하여 충성하고 존경할 수 있도록 하는 내용으로 구성하여야 한다는 것이다.

셋째, 학생들이 공산주의 승리의 필연성을 굳게 믿고 모든 것을 다 바쳐 공산주의를 위해 투쟁하도록 하는 혁명사상을 내용으로 구성하여야 한다는 원칙이다. 즉, 공산주의에 대한 신념과 낙관주의는

---

18) 조주연 외, 위의 책, pp.91-96. 박인숙, 앞의 논문(1993), pp.42-44.

공산주의를 위하여 투쟁하는 혁명가들의 고상한 풍모이므로 학생들에게 공산주의 앞날의 휘황한 전망을 똑똑히 알려주어 공산주의 미래를 사랑하는 정신을 심어주어야 한다는 것이다.

넷째, 학생들이 확고한 노동계급적 관점을 가지고 노동계급의 이익을 위하여 투쟁하는 내용으로 구성하여야 한다는 원칙이다. 여기서 내용구성의 특징은 혁명원수들을 미워하지 않는 사람은 적을 반대하여 싸울 수 없으며, 참다운 혁명가가 될 수 없으므로 제국주의와 지주, 자본가 계급을 미워하도록 내용을 구성해야 한다는 것이다.

다섯째, 학생들을 '하나는 전체를 위하여 전체는 하나를 위하여'라는 집단주의를 사회생활의 기초로 확립시키는 내용으로 구성해야 한다는 원칙이다. 집단주의는 사회주의, 공산주의 사회생활의 기초이며 공산주의의 활동원칙이므로 자본주의 국가가 가진 개인주의와 이기주의를 없애는 정신으로 내용을 구성해야 한다는 것이다.

여섯째, 학생들이 노동을 즐겨하며 공동 노동에 성실히 참여하는 정신을 갖도록 내용을 구성해야 한다는 것이다. 노동을 신성하고 영예로운 것으로 여기며 노동규율을 자각적으로 지킬 수 있도록 내용을 구성해야 한다는 것이다.

일곱째, 학생들이 조국을 사랑하도록 하는 사회주의 애국주의 교육을 강화하는 내용으로 구성되어야 한다는 것이다. 학생들이 자신의 책상과 걸상을 아끼고 사랑하는 것으로부터 시작하여, 민족적 긍지와 자부심을 가지고 조국과 인민을 열렬히 사랑하고, 국가와 사회의 모든 공동재산을 귀중히 여기며, 나라의 살림살이를 알뜰히 여기도록 하는 내용으로 구성해야 한다는 원칙이다.

여덟째, 학생들을 프롤레타리아 국제주의 정신으로 무장시킬 수 있는 내용으로 구성해야 한다는 것이다. 학생들이 평화와 민주주의,

민족적 독립과 사회주의를 위하여 싸우는 세계 여러 나라 인민들의 혁명투쟁을 적극 지지하고 그들과 친선단결을 강화하며 세계혁명의 승리를 위하여 싸우는 내용으로 구성하여야 한다는 것이다.

아홉째, 학생들을 사회주의적 준법사상으로 교육하여야 한다는 원칙이다. 사회주의 법은 사회주의 사회에서 사는 모든 사람들이 높은 정치적 자각을 가지고 의무적으로 지켜야 할 행동준칙이며 생활규범이므로, 학생들이 국가의 법을 존중히 여기고 그것을 자각적으로 지키며, 법질서를 어기는 현상을 반대하여 원칙적으로 행동하는 정신을 기르도록 내용을 구성해야 한다는 것이다.

열째, 학생들을 교원과 어른들에게 예절바르게 행동하도록 교육해야 한다는 원칙이다. 가정과 학교, 사회에서 교원과 어른들에게 예절을 지키며 존경하는 태도를 길러줌으로써 당에 복종하고 수령을 존경하도록 내용을 구성해야 한다는 것이다.

이러한 敎科內容 構成의 原則은 크게 '體制 維持的 領域'과 '共產主義的 道德品性의 領域'으로 나누어 볼 수 있다. 前者는 주체사상으로의 무장, 수령과 지도자동지에 대한 충성, 당 정책 교양과 혁명 교양으로의 무장, 노동계급교양의 강화이며, 後者는 집단주의 정신, 노동을 사랑하는 정신, 애국주의, 프롤레타리아 국제주의 정신, 준법사상, 의리와 양심 예절 등으로 나누어 볼 수 있다. 이에 따라 고등중학교 '공산주의 도덕' 교과서의 내용 중 체제 유지적 영역에서는 수령에 대한 충실성이 중심을 이루고 있으며, 공산주의 도덕 품성의 형성 영역에 있어서는 집단주의 정신이 교과서 전체에 흐르고 있다.

3) 남북한 도덕교육 교수 – 학습방법

(1) 남한 도덕교육 교수 – 학습방법

남한의 도덕과 수업에서 주로 활용되고 있는 수업방법의 모형은 크게 전통적인 注入式 方法과 探究式 方法으로 구별할 수 있다. 또한 남한의 경우 특별 활동(학급·학교·클럽활동), 가정과 학교의 연계에 의한 생활교육 등을 중요시하고 있다.

도덕과의 학습 지도는 '도덕과의 내용'에서도 지적한 바와 같이, 도덕과의 목적에 따라 목표를 설정하고, 내용을 선정, 조직한 후 가장 효율적인 지도방법을 구사하는 단계이다. 따라서 '목적→목표→내용→지도방법'의 유기적 관계가 지도방법[19)에 해당된다.

도덕과 교육의 방법은 학생들의 지적, 도덕적 발달 수준에 부합하는 지도방법을 학년별로 고려하고, 같은 학년에서도 목표와 내용에 따라서 특색 있는 지도방법을 구사하며, 학생들이 도덕적 생활원리를 체계화하고, 실천성향을 함양하기 위해서는, 동료들 앞에서도 발표할 수 있는 기회를 가급적 많이 제공할 수 있도록 배려한다는 것 등을 들 수 있다. 그 외에도 가치판단력과 선택능력을 신장시키기 위해서는 탐구식 토의기법이 적절하다고 서술하였다.

도덕과의 지도방법은 다른 교과에서의 경우처럼 注入式 方法

---

19) 지도방법(方法, teaching method)과 기법(技法, teaching technique)거의 같은 의미로 혼용되기도 하지만, 엄밀하게 구분한다면 지도방법 혹은 교수 방법은 교사들이 수업 지도에 임하는 철학이나 자세를 나타내는 것으로서, 교육 목적을 달성하기 위한 접근법을 말한다. 그러나 기법은 그 하위 개념으로서, 교사가 그의 목표를 달성하기 위한 수단의 선택이라고 할 수 있다. 교육부(d), 앞의 책(1992), p.89.

(expository teaching method)과 探究式 方法(inquiry teaching method)
으로 양분할 수 있다.[20]

① 주입식 방법

講義法은 주로 교사의 강의에 의존하는데, 여러 기법 가운데 가
장 오랜 역사를 지니고, 그 활용 범위도 매우 높으며, 학교교육에서
거의 독보적인 위치를 차지하고 있다.

그러나 최근에는 이러한 강의법에 대한 비판의 소리가 들리며, 그
에 대한 가장 큰 비판은 그 효과와 관련된다. 우선, 講義法은 학생들
을 수동적 위치에 두기 때문에 지루하게 만들고, 학생들의 학습 의욕
을 고취시키지 못하므로 문제 해결력을 중심으로 한 지적 능력을 신
장시키지 못한다는 것이다. 이와 함께, 교사가 짧은 시간 안에 학생들
의 수용 능력을 무시한 채 지나칠 정도로 많은 교육 내용을 주입시키
려고 하기 때문에, 학생들이 미처 이를 소화시키지 못한다는 것이다.

주입식 방법의 대표적이라 할 수 있는 視聽覺 媒體 活用法은 시
청각 매체를 통한 메시지 전달에 의존하는 것으로, 금세기에 이룩
한 敎育工學의 발달에서 비롯되는 것이다. 글과 말만으로 교수를
하던 言語主義에서 탈피하여, 비언어적, 비서적적 수단을 이용하여
교육성과를 얻으려는 것이며, 실제로 이러한 기법이 보조적 기법으
로 가장 널리 활용되고 있다.

---

20) 중학교 도덕과 수업에 활용할 수 있는 대표적 지도 기법으로는, 주로 주
입식 방법에 속하는 강의법, 시청각 매체 활용법과, 주로 탐구식 방법에
속하는 토의법, 문답법, 모의 및 역할놀이법이 있다. 그러나 주입식이나
탐구식은 교수·학습 현장에서 누가 주역을 담당하고, 그 분위기를 어
떻게 조성하는가에 따라 결정된다. 교육부(d), 위의 책(1992), pp.93-97.

이러한 기법의 가장 큰 특징은, 학생의 학습 경험을 확대시킬 수 있기 때문에 선수 학습 경험을 생생한 자료로 보충해 줄 수 있고, 학생들의 관심을 일깨워서 다양한 학습 활동을 유발할 수 있다는 점이다.

② 탐구식 방법

도덕·윤리과 지도방법의 또 하나의 축은 학생 중심의 방법, 곧 探究式 方法이다. 여기서 말하는 '探究'란 듀이(J. Dewey)의 反省的 思考에 기초를 둔 것으로써 중요한 아이디어를 발견·명세화·시험하고 인간과 그의 환경을 판단하는 과정을 말한다.[21] 특히 이 방법은 우리나라의 경우 1970년대에 정세구 교수에 의해 마시알라스의 탐구학습이 소개된 이래 초·중등학교 현장에서 광범위하게 활용되어 오고 있다. 탐구식 방법의 이론적 근거로는 학습 심리학 분야에서는 형태 심리학(Gestalt psychology), 레빈(K. Lewin)의 능동적 참여이론(active participation theory), 뉴만(F. M. Newmann)의 행위 학습이론(action learning approach), 그리고 최근에 다시 부각되고 있는 구성주의이론(constructivist theory) 등이 있고 가치교육학 분야에서는 콜버그(Kholberg)의 인지적 도덕발달이론, 라쓰(L. E. Raths)를 중심으로 하는 가치 명료화, 쿰스(J.R. Coombs)와 뮤스(M. o. Meux)의 가치분석 등이 있다.[22] 탐구식 방법의 특징을 살펴보면 다음과 같다.

첫째, 討議法은 탐구식 방법에 속하는 가장 대표적인 기법으로, 학생들이 공동의 가치갈등 및 사회문제에 대한 집단 사고와 대화를

---

21) 정세구, 「탐구수업」(서울: 배영사, 1984), p.12.
22) 한국도덕윤리과교육학회 엮음, 「도덕·윤리 교과교육학 개론」(서울: 교육과학사, 1999), p.254.

거쳐서 해결방안이나 결론을 도출해 내는 기법이다. 토의법은 강의법과 마찬가지로 오랜 역사를 지니고 있으며, 특히 민주주의의 발전과 그 맥을 같이하고 있다. 민주적 정치발전과 함께 사회 집단 속에서 중요한 결정이 한두 사람의 의사가 아닌 좀더 많은 사람들의 대화와 논의를 거쳐 이루어짐으로써 이러한 토의기법의 중요성이 인식되었다.[23]

토의 종류에는 주제 숙달(subject mastery)토의, 논쟁점 정향(issues oriented)토의, 문제 해결(problem solving)토의 등으로 나누어지며, 대립(debates)토의, 패널(panel)토의, 포럼(forum)토의 등으로 분류하기도 한다. 토의의 주제와 목적에 따라 토의의 방향을 정해 놓고 적절한 기법과 토의과정에 대한 계획을 세울 것이 요청된다.

둘째, 問答法은 교사가 질문을 하고 학생이 응답을 하는 비교적 단순한 형태의 탐구식 기법이지만, 질문의 성질에 따라서는 탐구에 속하지 않은 것도 있다. 이 기법은 우리나라의 서당식 교육에서도 많이 사용해 왔고, 서양에서는 소크라테스의 대화법(對話法, dialogue) 이래 중요한 기법의 하나가 되어 왔다. 문답법의 가장 큰 장점은, 학생들에게 날카로운 질문을 던짐으로써 창조적 사고의 발달을 돕고, 탐구의 방향을 제시하는 것이다. 단점으로는, 문답법만으로는 독자적인 수업을 이끌 수 없으며, 다른 기법, 즉 강의법이나 토의법을 진행하면서 부차적으로 사용할 수 있는 기법이다.

셋째, 모의 및 역할놀이법은, 학생들에게 구체적인 상황을 실제로 경험해 볼 수 있는 기회를 마련해 줌으로써 자기 자신이나 혹은 다른 사람이 지닌 의견이나 가치를 분명히 깨닫고, 또 이해할 수 있게 하는 것이다. 역할놀이를 예로 들면, 학급 전체의 학생들이 어떤 문

---

23) 교육부(d), 앞의 책(1992), p.94.

제 상황에 대하여 서로 토론하고, 주어진 상황 속의 인물들이 다음에 어떤 행동을 할 것인가를 시행해 보며, 그 과정이나 결과에 대해서도 평가하고, 주어진 문제 상황에 대해서 해결책을 제시하게 한다.

　이러한 과정을 거침으로써, 학생들은 일상생활에서 스스로 어떤 행동을 함으로써 어떤 결과를 초래할 것인지를 이해할 수 있으며, 또 일의 결과라는 자신의 행동뿐만 아니라 자신이 어떻게 할 도리가 없는 타인의 의견이나 행동에 의해서 영향을 받게 된다는 사실도 깨닫게 된다.

③ 도덕과의 학년별 지도방법

　도덕과의 學年別 指導方法은, 앞에서 설명한 바와 같이 학년별 목표 달성을 위하여 학년별 내용을 구사하는 방법을 뜻하는 것이다. 학년별로 주요 목표와 내용을 지적한 다음, 효율적인 방법과 기법을 제시하면 다음과 같다.[24]

　1학년의 주요 목표는 韓國人에게 필요한 규범과 예절을 파악하게 하고 몸에 익히게 하는 것이며, 주된 내용은 개인생활, 가정·이웃·학교생활, 사회생활, 국가·민족생활을 위하여 필요한 규범과 예절이다.

　따라서 중 1 도덕의 주요 指導方法은, 주입식 방법에 속하는 강의법과 시청각 매체 활용법이다. 한국인에게 필요한 규범과 예절을 이해시키고, 또한 共感하게 하려면, 충분한 지적 내용이나 감동과 감화를 줄 수 있는 사례나 사태를 많이 제시해야 하는 것이다. 학생들의 흥미나 경험과 거리가 먼 사태는 관심 유발에 실패할 뿐만

---

24) 교육부(d), 위의 책(1992), p.94.

아니라, 차후에 그 규범을 일상생활과 관련시키는 일도 하기가 어렵게 만든다. 또, 문제 사태의 내용은 학생들이 식별하기 쉬운 규범이나 생활예절과 관련을 맺도록 한다. 그러나 이와 같은 과정은 감동적인 면을 중시하기 때문에, 때로는 무조건적이고 합리적인 근거를 충분히 갖추지 못하였을 경우도 있다.

1학년의 수업과정을 교육학적으로 해석하면, 知的으로는 사실(fact) 및 개념(concept)학습이 되고, 情意的으로는 가치화(valuing)의 단계에 해당된다.

2학년의 주요 목표는, 일상생활 속에서 부딪히는 도덕적 문제를 해결할 수 있는 도덕적 판단능력의 신장이고, 주된 내용은 개인생활, 가정·이웃·학교생활, 사회생활, 국가·민족생활에서 제기되는 가치, 도덕적 문제이다.

따라서 중 2 도덕의 주요 지도방법은 주입식 방법과 토의식 기법이다. 도덕적 판단력과 사고력을 신장시키기 위해서는 수업과정에서 자기가 내리는 가치판단의 타당한 근거를 찾아서 제시하고, 동시에 도덕적 행동 원리들을 새로운 사태에 적용하여 판단을 내리는 경험을 가져야 한다. 우리들의 도덕적 행동은 규범 및 예절을 수용하고, 그 의미를 밝힌 후에 자기 자신이 신념화한 규범들을 준수하고 실천하면 된다고 말할 수도 있다. 그러나 이것이 언제나 가능한 것은 아니며, 때로는 두 가지 이상의 가치나 규범 사이에서 갈등이 일어나는 경우도 있고, 어느 하나를 선택하기가 어려운 경우도 생길 수 있다.

이런 때에는 자신이 일정한 기준에 의하여 타당한 가치판단을 내리지 않을 수 없다. 가치판단과 사실판단을 입증하는 절차와 마찬가지로 타당한 판단임을 입증하기 위한 기준은 다음과 같다. ① 이유를 획득하기(obtain the reason), ② 사실을 점검하기(check the fact), ③ 일반적 원리를 적용하기(apply a general principle), ④ 상세하게 결과를 검사하기(examine the consequences in detail) 등을 들 수 있다. 이러한 과정을 이끌어 가는 데에는 여러 교수 모형들이 개발되어 있으므로, 그중에 어느 것을 사용해도 좋을 것이나, 대표적인 것으로는 도덕적 발달 모형, 가치분석 모형의 가치 명료화 등을 들 수 있다.[25]

특히, 2학년에서 강조된 가치판단의 경험은 신념체계를 확립하기 위한 기초작업이라고도 할 수 있으며, 이 과정에서는 정의적 요소와 함께 지적 영역의 뒷받침을 필요로 한다. 체계적인 지식을 상기하고 인식할 수 있어야 하며, 동시에 가치를 이해하고, 분석하며, 종합하고 평가하는 지적 능력이 있어야 한다. 여러 가치를 서로 비교하는 능력은 지적 영역에서의 평가력에 해당하는 것이다. 따라서 信念體系의 確立은 情意的, 認知的 領域의 統合作用이라고 할 수 있다.

실천 동기를 강화하기 위해서 바람직한 인간 모형을 제시해 주고, 감동적인 사례를 제시하여 정서적인 변화에도 관심을 기울여야 할 것이다. 가치의 내면화 단계에 비추어 보면 價値化(valuing)의 단계를 넘어서서 組織化(organization)와 人格化(characterization)의 단계에까지 도달하는 상태인 것이다.[26]

3학년의 주요 목표는 도덕적 삶의 이상 및 원리를 체계화하고 실천할 수 있는 도덕적 성향을 형성하게 하는 것이고, 주된 내용은 개인생활, 가정·이웃·학교생활, 사회생활, 국가·민족생활에서 지향하는 바람직한 삶의 목표와 양상 등이다.

---

25) 허시(Hersch, R. H.) 외 2인 저, 「도덕·가치교육의 교수 모형」(서울: 교육 과학사, 1989). 참조.

26) 교육부(d), 앞의 책(1992), p.98.

 따라서 중 3도덕의 주요 지도방법은, 탐구식 방법에 속하는 토의식, 문답식, 역할놀이의 기법 등과 주입식 방법에 속하는 강의식, 시청각 매체 활용법 등이다. 이 과정에서 신념체계를 확립하게 하는 최선의 길은 학습자들에게 다양한 가치판단의 경험을 가지게 함으로써 주체적으로 습득한 여러 가치가 서로 질서 있게 관계를 지어서 가치체계를 조직하게 될 때에 비로소 가능한 것이다.

(2) 북한 도덕교육 교수 – 학습방법

 북한 도덕과 교육의 방법은 전체적으로 볼 때 사회주의 교육의 목적과 정치사상교양을 효과적으로 수행하기 위해 사회주의 교육학의 기본 원리를 철저하게 구현하는 데 그 기저를 두고 있다. 북한의 '사회주의 교육에 관한 테제'에서는 "사회주의 교육은 과학적이며 혁명적인 교육방법에 기초하여 진행할 때에만 성과를 거둘 수 있다. 우리는 사회주의 교육의 목적과 사명에 맞게 과학적이며 혁명적인 교육방법을 세우고 그에 따라 교육사업을 진행하여야 한다"고[27) 명시하고 있다. 말하자면 科學性과 革命性에 입각하는 것이 社會主義 敎育學의 方法的 基本方向인데 北韓의 道德科 敎育의 方法論은 바로 이 範疇에서 모색되고 있다고 할 수 있다.
 이러한 북한의 교수학습 방법을 이해하기 위해서는 북한의 교육학 문헌에서 제시하고 있는 방법론에서 찾아볼 수 있는데, 김형직사범대학에서 출판된 「사회주의 교육학」(1998)을 통하여 간접적으

---

27) 김일성, 「사회주의 교육에 관한 테제」, 김동규, 「사회주의 교육학」(서울: 주류출판사, 1988), 자료 4, p.492. 김동규, 앞의 책(1990), 조주연 외, 앞의 책, p.98.

로나마 북한의 교수학습 방법의 특징을 파악하고자 한다. 또한 북한 귀순인사들이 말하는 북한의 학교 수업현장에 관한 증언을 통하여 교수학습 방법의 실제를 간접적으로 파악해 보고자 한다.[28]

① 교수학습 방법의 기본 원칙

敎授學習 方法은 사회주의 교육학의 원리를 철저히 구현하여 사회주의 교육의 목적을 원만히 달성하기 위한 방법이다. 이를 위하여 교수과정에서 중요하게 고려해야 하는 '敎授의 基本要求' 원칙을 살펴보면 다음과 같다.[29]

첫째, 敎授에서 敎育과 敎養을 통일하는 것이다. 교수에서 교육과 교양을 통일한다는 것은 학생들에게 과학 지식과 기술을 가르치는 교육과정과 그들에게 공산주의 사상과 도덕품성을 형성시키는 교양과정이 서로 맞물려 하나의 통일적인 과정으로 진행되도록 한다는 것이다. 말하자면 교육은 지식의 학습인 반면에 교양은 정치사상 의식의 함양을 의미하는 것으로 교육과 교양을 통일해야 한다는 것이다.

둘째, 敎授에서 쓸모 있는 산지식을 가르치는 것이다. 여기에서 쓸모 있는 지식은 자연과 사회의 본성과 그 발전 법칙, 원리를 파악하고 그것을 혁명과 건설에 창발적으로 써먹을 수 있는 지식을 말한다. 따라서 기계적으로 외운 지식을 경계하며, 자연과 사회를 개조하기 위하여 실천활동에 능동적으로 참가할 것을 권고하고 있다. 이러한 의미에서 실천교육과 지식교육을 구분하고 있으며, 이 두 가지 교육형태가 적절하게 결합해야 한다는 것이다.[30]

---

28) 조주연 외, 앞의 책, p.98
29) 김일성, 「사회주의 교육에 관한 테제」, 김동규, 앞의 책(1988), 자료 4, p.492.

셋째, 敎授에서 기본적인 것을 틀어쥐고 가르치는 것이다. 무엇보다 학년, 학과목의 특성에 맞게 교수 내용에서 기본적인 문제들을 바로 선정하고 그를 중심으로 교수계획을 짜야 하며, 중심으로 선정된 문제들에 대한 교수는 현대적 교수수단을 이용하여 여러 가지 교수수법으로 진행하여야 한다는 것이다.

넷째, 敎授를 通俗化하여야 한다. 교수를 통속화하는 것은 학생들의 수준과 준비 정도에 맞게 교수 내용을 완전히 소화할 수 있도록 하는 중요한 담보이다.

다섯째, 敎授에서 학급집단에 대한 지도와 개별적 학생에 대한 지도를 옳게 결합하는 것이다. 교수에서 일반적 지도와 개별적 지도를 옳게 결합시키는 것은 개성적 특성을 가지는 학생들의 준비 정도에 맞게 교수사업을 진행하며 그 밀도를 높이는 요구이다.

북한의 敎授學習 방법에 있어서 특히 중요시되는 방법은 '교수의 통속화'와 '깨우쳐 주는 교수방법'이다. 교수의 통속화란 위에서 보았듯이 어려운 개념과 원리, 법칙 등을 학생들의 수준과 준비 정도에 맞게 쉬운 말로 해설해 줌으로써 누구나가 다 알 수 있도록 하는 것을 뜻한다.

② 깨우쳐 주는 교수방법

깨우쳐 주는 교수방법[31]이란 남한의 탐구학습과 유사한 것으로

---

30) 구체적으로는 무보수 학생 노동과 같이 실습장 훈련과 경험을 수업과 연결하는 방법과 공장, 기업소, 협동 농장을 견학하는 방법 등이 이에 해당된다. 유재천, "사회·문화: 교화 도구의 문제점", 이상우(외), 「북한 40년」(서울: 을유문화사, 1988), p.256; 한만길, "북한 교육의 구조와 특성", 교육부, 「교육월보」(1995. 6), p.35.

'학생들 자신이 能動的인 思考活動을 통하여 敎授內容을 깨닫도록 함으로써 그들의 自立性과 創發性을 조장, 발전시키며, 학생들의 思惟活動을 積極 推動하여 그들 자신이 事物現象의 本質을 스스로 把握하고 體得하도록 하는 敎授方法'으로 정의된다.[32]

깨우쳐 주는 교수방법의 구체적인 수업방식을 살펴보면, 說明, 討論과 論爭, 問答式 方法, 直觀敎育, 實物敎育 등이 있다. 이것들을 자세히 살펴보면 다음과 같다.

첫째, 교수방법으로서 說明은 이야기와 담화의 형식으로 깨우쳐 주는 교수방법의 중요한 형식이다. 설명은 교수의 과업과 교재 내용의 특성에 따라 '이야기'와 '담화'의 형식으로 진행된다. '이야기'는 사실적 자료의 정확한 전달과 사물 현상에 대한 구체적인 묘사, 또는 사물 현상들 사이의 관련을 밝히거나 개념, 법칙, 원리 등 추상화된 지식을 분석적으로 설명할 때 사용된다. 반면에 '담화'는 교원이 문제제기를 옳게 하여야 하며, 물음에 대한 해명을 잘 하여야 한다고 설명되어 있다.

說明이 중요하게 활용되는 분야는 김일성 關聯敎科라고 할 수 있는데, 여기에서 교사들은 김일성의 혁명역사에 관한 이야기를 마치 자신이 경험한 것처럼 실감나게 이야기하도록 하고 있다. 귀순자

---

31) 조주연 외, 앞의 책, p.100.

32) 이 방법은 이른바 '베껴주는 방법' 및 '들이먹이는 교수방법'과 근본적으로 다른 것으로 강조한다. 즉 들이먹이는 교수방법, 베껴주는 방법은 학생들의 자각성과 창의 창발성을 억제하고 혁명적으로 사고하고 행동하는 기풍을 마비시킴으로써 무맥한 굴종사상, 노예적 근성을 부식시킨다. 또한 리론과 실천, 교육과 생산로동을 분리시킴으로써 학습을 교조적이고 형식적인 것으로 만들며 학생들을 자연과 사회를 변혁하는데 쓸모 없는 "글뒤주"로 만든다. 들이먹이는 방법, 베껴주는 방법은 관료적인 착취사회의 착취계급의 리익과 요구를 반영하고 있는 반동적이며 비과학적인 교수방법이라고 설명하고 있다.

동영준의 증언[33]에 의하면 김일성 혁명역사 시간에 담당교사가 이야기식 수업방법을 능숙하게 구사했기 때문에 배운 내용이 머릿속에 현장감 있게 박히고 그것이 오랫동안 남아 있었다고 한다.

둘째, 討論과 論爭은 학생들의 창조적 사고를 계발시키는 데 효과가 높은 교수방법으로 소개되고 있다. 토론과 논쟁이 학생들을 깨우쳐 주는 수단이 되기 위해서는 토론의 문제도 옳게 설정하고 그것을 학생들에게 똑똑히 파악하도록 해야 한다는 것이다. 실제로 학습현장에서 토론과 논쟁의 방법은 고학년일수록 많이 사용하는 것으로 알려져 있다. 김일성의 저작이나 소설과 같은 문학 작품을 탐독한 후에 학생들이 그에 관하여 소감을 발표하고 토론하는 방법은 북한에서 많이 활용되고 있는 방법이라고 한다.

셋째, 問答式 方法은 이른바 '항일유격대식 학습방법'의 하나로 김일성이 항일혁명투쟁 시기에 동료들을 학습하기 위한 방법으로 창조해 낸 전통적인 학습방법으로 소개되고 있다. 문답식 방법의 장점으로는 학생들의 이해도를 높이고, 학습열의를 높이며, 교육과 실생활을 밀접히 결합시켜 준다는 점을 지적하고 있다.

넷째, 直觀敎育, 實物敎育은 "추상적인 언어적 설명으로써가 아니라 생동한 실물이나 그를 묘사한 여러 가지 직관수단을 가지고 학습하는 대상에 대한 생동한 표상을 형성시키며 그의 본질을 파악시키는 방법"으로 정의된다. 직관교육, 실물교육의 가치는 "사람들의 인식은 생동한 직관에 의한 감성적 인식으로부터 론리적 사고에 의한 추상적 인식에로 발전한다"는 인식론에 비추어 설명되는데, 특히 추상적 사고능력이 덜 발전한 어린 학생들에게는 실물·직관교육이 주요한 수단이 됨을 강조하고 있다.

---

33) 최영표(편), 「내가 받은 북한교육」(서울: 한국교육개발원, 1994), p.96.

③ 원문통달식 학습

위에서 설명한 교수학습 방법은 북한의 교육학 서적에 나타난 교수학습 방법의 원리라고 할 수 있다. 이는 그야말로 '敎科書的인 方法'으로서 실제로 授業現場에서의 교수방법을 보여주는 것이라고 보기는 어렵다. 북한의 실제 敎授學習 方法을 짐작하는 데에는 오히려 귀순자들의 증언을 통하여 밝혀지고 있다. 북한의 교수학습 방법 가운데 대표적인 사례가 원문통달식이다.[34] 原文通達式은 김일성에 관한 문헌을 원문 그대로 읽고 암기하여 원문 전체를 기억하는 방법이다.

북한은 학습 자료가 부족하기 때문에 중요한 내용을 교사가 불러주고 학생이 받아쓰는 방법이 많이 사용되고 있다. 일반적으로 북한의 수업은 이러한 방법이 많이 사용되고 있다. 심지어는 대학에서도 이러한 경우가 많다는 것이다. 또한 앞에서 문헌을 근거로 하여 소개한 '깨우쳐 주는 교육'은 주로 과학, 수학 등에 적용되는 것으로 한 문제를 완전히 이해시키는 데에 중점을 두는 수업방법이라고 한다.

특히 혁명 역사, 국어, 현행당정책 등은 '원문통달식'으로 진행하는 경우가 많다. 즉, 통째로 삼키는 방법(암기)을 사용하고 있다. 예컨대 현행당정책에서는 신년교시 등이 다루어지는데, 언제까지 모든 학생이 완전히 암기하겠다는 목표를 설정하고, 결의하여 部分으로 나누어 암송하도록 한다. 학생들은 일정한 원문을 암기하는 목표를 달성하기 이전에는 집에도 가지 못한다. 방과 후까지 학교에 남아서 한 학급에 1명씩 있는 사상담당위원(학생)이 암기 여부를 확인한 후에야 집에 갈 수 있다고 한다.

이렇게 原文을 暗誦한 결과는 상부에 보고하도록 되어 있는데,

---

34) 위의 책, pp.96-97.

110

실제로 성과보다 약간씩 늘려서 보고하는 경우도 있다고 한다. 그러나 실제와 너무나 차이 나게 터무니없는 보고는 할 수가 없다는 것이다. 학생들이 원문을 암기할 경우, 신년사나 당 지침과 같이 신문과 라디오를 통하여 보도되는 내용은 직접 집에서 방송을 들으며 노트하여 먼저 암기할 수도 있다고 하며, 대개는 신문과 라디오가 없기 때문에 학교에 와서 베껴 적는 수가 많다.

실제로 수업현장에서는 교육학 문헌에 나오는 바와 같은 토론식 수업은 거의 찾아보기 힘들고, 다만 토의식 수업이 있다고 한다. 토론식 수업은 수업 내용에 대하여 옳고 그름을 판단하는 것이기 때문에 김일성의 교시나 당 방침에 대하여 토론이 허용되지 않지만 그러나 토의식 수업은 내려온 지시를 얼마나 잘 수행할 것인지의 방법을 다지는 것이기 때문에 얼마든지 허용된다고 한다.

위에서 설명한 교수학습 방법은 북한의 교육학 서적에 나타난 교수학습 방법의 원리라고 할 수 있다. 이는 그야말로 '敎科書的인 方法'으로서 실제로 수업현장에서의 교수방법을 보여주는 것이라고 보기는 어렵다. 귀순자들의 증언에 의하면 북한의 대표적인 교수학습 사례는 원문통달식이라고 한다.[35]

---

35) 이외에도 수업을 중심으로 이루어지는 북한 학교의 도덕과 교육방법으로서 일종의 시청각 교육법인 연시법, 반복적인 암기와 일제수업법인 연습법, 경쟁의 방법, 자아비판과 상호비판의 방법, 공개적 상벌의 방법, 반복학습법과 자기통제의 방법, 그리고 증오사상의 주입방법, 바른 품성과 그릇된 품성을 대조적으로 보여주는 방법, 공산주의 도덕생활에 대한 요구를 높이며 사상 투쟁과 강화하는 방법 등이 적용된다고 할 수 있다. 김동규, 앞의 책(1988), 자료 4, pp.429-434; 리영복, 「조선민주주의인민공화국에서의 교육」(평양: 사회과학출판사, 1984), p.94. 한편 북한의 도덕과 교육은 학교에서의 도덕과 수업 이외의 여러 장면과 과외 수업을 통해서도 강력히 추진되고 있는데 이러한 도덕과 교육방법으로서 위 '테제'에서 제시하는 이론교육과 실천교육, 교육과 생산노동의 결합 방법, 조직생활과 사회정치활동의 강화

2. 남북한 중등 도덕교육의 상이점 비교

1) 도덕교육 목표의 상이점

남한은 民主主義 敎育理念을 지향하고 있으며, 북한은 共産主義 敎育理念을 지향하고 있다. 남한의 민주주의 교육은 개인의 자율성과 개성의 존중이라는 개인적인 덕목으로부터 출발하여 사회와 국가발전에 대한 기여를 강조한다.[36]

남한의 교육이념에 따른 교육목표를 살펴보면 個人的 次元에서는 인격이 완성되고, 자주적 생활능력과 시민으로서의 자질을 구유한 인간, 國家的 次元에서는 민주국가의 발전에 봉사하는 인간, 그리고 世界的 次元에서는 인류 공영의 이상실현에 기여하는 인간의 육성을 그 목적으로 추구한다.[37]

또한 대통령 자문기구인 교육개혁위원회는 1995년 5월 '신교육체제 수립을 위한 교육개혁 방안'을 발표하였다. 이 교육개혁위원회는 신교육 체제가 추구하는 인간상으로서 '더불어 사는 인간', '슬기로운 인간', '열린 인간' 그리고 '일하는 인간'을 설정하고, 이를 달성하기 위해 학습자 중심의 교육, 교육의 다양화, 자율과 책무성에 바탕을 둔 학교 운영, 자유와 평등이 조화된 교육, 교육의 정보화, 그리고 질 높은 교육을 목표로 추구하고 있으며, 특히 도덕교육과 관련한 교육개혁 방안으로서 인성 및 창의성을 함양하는 교육과정,

방법, 학교교육과 사회교육의 결합 방법 등을 들 수 있다.

36) 한만길, 최영표, 황규호, 「남북한 교육과정 교과서 통합방안 연구」(서울: 한국교육개발원, 1994), p.34.

37) 이항령, "교육목표론", 「새교육」(1994. 6), pp.9-10.

112

학습자의 다양한 개성을 존중하는 초·중등교육 운영 등의 교육개
혁 방안을 실행해 나가고 있다.[38]

북한의 경우에는 1992년 수정된 社會主義 憲法에서는 마르크스-
레닌주의를 배제함으로써 主體思想이 教育理念으로 定立되었다. 그
리고 북한에서는 교육을 통해 구현하고자 하는 인간상은 최근에 와
서 '사회주의 교육에 관한 테제'를 통하여 자주적 인간, 창조적 인
간, 공산주의적 인간으로 제시하였다.[39] 이러한 교육이념에 비추어
도덕교육의 목표를 살펴볼 수 있는데 교육목표는 크게 상위목표와
하위목표로 구성되며 하위목표는 대체로 교과 내용과 관련이 있다.

남한의 경우 하위목표에 개인생활, 가정·이웃·학교생활, 사회생
활, 국가·민족생활의 4개 영역으로 구분하여 학생들의 도덕성 발
달수준의 고려와 도덕교육의 학년별·단계별 중점 내용을 반영하였
으며, 교과교육의 결과로서 기대되는 도덕적 성향의 특성을 제시하
였다. 이러한 이론적 근거에 대하여 중학교의 학년별 목표를 초등
학교와 고등학교의 도덕·윤리 교육목표와 비교하여 그림으로 표시
하면 〈표 Ⅲ-1〉와 같이 나타낼 수 있다.[40]

---

38) 교육개혁위원회, 「신교육체제 수립을 위한 교육개혁 방안」(1995. 5.
   31), pp.20-22, 46-53, 59-62.
39) 김일성, 「사회주의 교육에 관한 테제」(평양: 조선로동당출판사, 1979), 참조.
40) 이 그림은, 초등학교의 가장 대표적이며, 역점을 두는 도덕교육 목표
   인 ① 생활 습관의 형성과, 중·고등학교의 각 학년별 대표적인 목표
   인 ② 규범 및 예절의 습득, ③ 가치판단 및 선택 능력의 신장, ④ 생
   활 원리의 체계화 및 자율적 실천 의지 형성과의 관계를 밝힌 것이다
   (사선 표시는 해당 학교 및 학년). 4개의 대표적인 목표(①~④)가 학
   교, 학년이 변함에 따라 그 비중이 달라지고 있음을 보여주고 있다.
   ①과 ②의 목표는 학교와 학년이 올라감에 따라 그 비중이 점차 약화
   되고, 반면에 ③과 ④는 학교와 학년이 올라갈수록 강조되고 있다.

<표 Ⅲ-1> 남한 학년별 도덕교육의 목표

		①	②	③	④
고등학교					▨
중학교	3학년				▨
	2학년			▨	
	1학년		▨		
초등학교		▨			

① 생활 습관의 형성
② 규범 및 예절의 습득
③ 가치판단 및 선택 능력의 신장
④ 생활 원리의 체계화 및 자율적 실천 의지 형성

출처: 남한, 「중학교 도덕교육과정해설」(교육부, 1992), 참조.

이와 같이 南北韓 教育理念과 目標에 따라 道德教育의 相異點을 살펴보면 다음과 같다.

첫째, 남한의 목표체계는 도덕규범을 認知的 要素와 行動的 要素로 분리하였다. 인지적 요소에 있어서는 의미의 중요성과 도덕적 사고력과 판단력을 기르는 데 중점을 두고 있다. 인지적 요소가 선행되고 이러한 인지적 요소의 바탕 위에 행동적 요소인 실천화를 강조하여 결국 자율적인 도덕생활을 영위할 수 있도록 체계가 구성되었다.[41]

둘째, 북한의 경우 상위목표에 있어서 공산주의 도덕의 원리를 체득한다는 표현이 말해주듯 一般的인 道德教育의 性格이기보다는 社會主義 建設과 維持라는 共産主義 社會에 필요한 價値의 形成과 行動에 중점을 두고 목표를 설정하였다.

---

41) 교육부(c), 위의 책(1997), p.12.

또한, 하위목표에 있어서 뚜렷이 나타나고 있는, 체제 유지에 필요한 수령에 대한 충성심 고취, 집단주의 등 특정한 가치의 주입에 필요한 내용들이 목표로 제시되고 있으며, 표현에 있어서도 호전적이며 거친 용어를 사용하여 일반적인 도덕교육이 지향하는 목표와 다소 거리가 멀어 보인다.

위와 같은 내용에 비추어 남한의 도덕교육 목표는 도덕적 지식을 바탕으로 한 행동의 실천을 통하여 도덕적 삶이 향상되도록 하는 도덕과 교육의 일반적 성격에 부합하도록 목표를 설정하였으며, 하위목표는 학생들의 도덕성 발달수준을 고려하여 설정하였다고 할 수 있다.[42] 반면에 북한의 도덕과 교육목표는 도덕적 삶의 향상이라는 일반적인 도덕과 교육에 맞추어 설정되었다기보다는 공산주의 사회에 필요한 특정한 가치의 주입과 김일성주의 그리고 김정일 우상화에 기초하여 교육목표가 설정되었다고 볼 수 있다.

특히, 1994년 7월 북한 김일성이 사망함에 따라 김일성·김정일에 대한 偶像化 敎育이 더욱 강화되고 있는데 이는 김일성의 후광을 업고 있는 김정일로서는 이를 더욱 강화해야 할 필요성을 느끼고 있기 때문이다. 이러한 것은 북한의 교육과정 개편에서도 확실히 나타나고 있다.

1996년 교육과정 개편은 김일성 사후의 김정일체제 강화를 위한 것으로, 관련 교과목으로 『경애하는 수령 김일성 대원수님 혁명활동(323시간)』, 『위대한 령도자 김정일 원수님 혁명활동(210시간)』, 『현행당정책(77시간)』, 『공산주의 도덕(185시간)』, 『력사(298시간)』, 『지리(320시간)』가 있다. 그리고 김일성 사후 김일성에 대한 호칭이 '원수'에서 '대원수'로 격상되었고, 김정일의 호칭도 '동지'에서

---

42) 교육부(c), 위의 책(1997), pp.10-11.

'원수님'으로 격상되었다. 현행당정책은 1992년 교육과정에서 사라졌다가 다시 부활하였는데 4-6학년에서만 가르치도록 되어 있다. 북한의 도덕·사회 관련 교과목 변천은 〈표 Ⅲ-2〉와 같다.

〈표 Ⅲ-2〉 북한의 도덕·사회 관련 교과목 변천

연도	1968년	1983	1992	1996
개설 과목	·위대한 수령 김일성원수님 혁명활동 ·공산주의 도덕 ·정치경제학	·위대한 수령 김일성원수님 혁명활동 ·친애하는 지도자 김정일동지 혁명력사 ·공산주의 도덕 ·현행당정책 ·특강	·위대한 수령 김일성원수님 혁명활동 ·친애하는 지도자 김정일동지 혁명력사 ·공산주의 도덕	·경애하는 수령 김일성원수님 혁명활동 ·위대한 령도자 김정일원수님 혁명력사 ·공산주의 도덕 ·현행당정책

출처: 한만길, "북한의 교육과정의 변천과 김일성 김정일 과목의 설치과정분석", 「한국교육23」(1996), p.25.

2) 도덕교육 내용의 상이점

도덕교과 내용비교를 價値側面에서 살펴보면 도덕교과는 전통적인 內容中心과 이를 바탕으로 한 形式中心의 도덕교육을 병행하고 있다. 하지만 본 연구가 중점으로 다루고 있는 것은 德目에 의한 價値中心의 道德敎育 觀點을 가지고 분석하고 있다.

남북한 도덕교과서에서 중요하게 다루고 있는 가치의 측면은 남북한 도덕과 교육의 핵심이라 할 수 있다. 남한의 도덕과 교과서는 각 생활 영역별로 선정된 교육과정 내용에 따라 관련된 생활 소재를 중심으로 가치·규범의 의미를 제시하고 있다. 구체적으로는 개

116

인으로서 건전하고 보람 있는 생활을 위해 지켜야 할 규범들, 가정, 이웃, 학교의 구성원으로서 주위의 사람들과 조화롭게 살아가기 위하여 필요한 규범들, 민주 시민으로서 사회생활을 영위해 나가는 데 필요한 규범들, 국가와 민족의 구성원으로서 알아야 할 규범과 태도 등을 그 내용으로 하고 있다.

이에 비해 북한 교과서들의 내용을 중심으로 도덕적 가치들을 분류해 보면, 크게 4가지로 볼 수 있다. 4가지 영역은 김일성과 그 일가의 우상화 영역, 정치사상교양 영역, 일반적 보편적 도덕 영역, 우리의 전통적 도덕 영역이다. 물론 엄격히 말하면 이러한 분류는 가능하지 않을 수도 있다.

북한의 '사회주의 교육에 관한 테제'에 의하면[43) 모든 價値規範이 政治思想 敎養에 해당되는 것이며, 또한 교과서 내용의 대부분에는 김일성과 김정일에 대한 우상화 내용이 기본적으로 담겨 있기 때문이다. 그러나 북한이 말하는 정치사상교양도 자세히 보면, 성격상 차이를 나타내는 내용들이 복합적으로 포괄되어 있다. 기본적으로는 김일성이나 그 일가를 우상화하는 저의가 있더라도 그들을 매개로 다른 도덕적 가치를 지도하고자 하는 경우도 있기 때문이다. 따라서 이러한 차이를 근거로 이와 같이 4가지 영역으로 구분해 본 것이다.

위와 같은 도덕적 가치 영역의 구분을 중심으로 남북한 도덕과 교과서에서 다루는 가치들을 비교해 보면, 一般的·普遍的 道德領域과 우리의 傳統道德領域에서는 대부분 共通的인 價値들을 다루고 있음을 알 수 있다. 구체적으로는 일반적 보편적 도덕 영역에서는 봉사, 사랑, 극기, 공익, 책임감, 규칙준수, 정직, 생명존중, 절약, 성실, 신념, 창의적 사고, 약속 이행, 공중도덕, 준법, 생활예절, 친절,

---

43) 김일성, 「사회주의 교육에 관한 테제」, 김동규, 앞의 책(1988), 자료 4, p.487.

학교사랑, 이웃사랑, 우정, 신의 등이 공통적으로 강조되고 있다.[44] 우리의 전통도덕 영역에서도 효도, 웃어른 공경, 형제간의 우애, 자애, 상부상조 등이 남북한에서 함께 중시되고 있다.

이런 측면에서 볼 때 북한 교과서가 주로 김일성, 김정일을 내용으로 하는 우상화 영역과 정치사상교양 영역으로 구성되어 있지만, 공산주의 도덕교과서에는 일반 도덕과 전통도덕 영역이 상대적으로 많은 비중을 차지하고 있다고 볼 수 있다.

한편 남북한에서 다루는 가치 중 가장 相異한 것은 偶像化 領域에서 가장 극명하게 드러난다. 나아가 김일성의 부모 등 그 일가가 모두 항일독립투쟁을 했다는 역사적 정통성과 계급적 정통성을 주장하고 있다.

또한, 남한의 '국가 민족생활' 영역의 가치와 북한의 '정치사상교양' 영역에서도 차이점을 볼 수 있다. 남한에서는 민족 공동체, 평화통일, 국제교류, 세계평화 등이 주로 다루어지는 데 비하여, 북한에서는 일본, 미국, 지주, 자본가에 대한 적개심과 투쟁심, 공산주의적 계급의식 등이 강조되며 남한을 직접 거론하여 그 현실을 부정적 측면에서 직접 비방 또는 비판하고 있으며, 남북한 간의 대립과 투쟁을 불러일으키는 내용도 있다. 이에 반해 긍정적 측면에서 남북한 간의 民族的 同質性과 南北統一을 강조하는 내용도 나타나고 있다.

남북한 교과서에서 같은 개념이라도 남북한이 그 의미가 다른 경우도 있는데 그 대표적인 것이 '協同'과 '友情'이다. 남한에서 다루는 '협동'의 가치는 개인들이 서로 힘을 합하여 돕는 것인 데 비하여, 북한에서는 집단의 힘을 더 강조하고 있다. '우정' 역시 이와 유사하다. 남한에서는 친구 사이의 신의와 성실을 중요하게 가르치지

---

44) 조주연 외, 앞의 책, (부록: 인민학교, 고등중학교 과정안(1986)), p.118.

만 북한 교과서에서 지도되는 우정은 적과 동지를 분명히 구분하여 동지들 사이에만 지켜야 할 덕목으로 묘사되고 있다.

한편, 남한 도덕교과서의 중심가치는 구성체계에 있어서 '개인생활', '가정·이웃·학교생활', '사회생활', '국가·민족생활'로 영역을 구분하여 한 영역 아래 다수의 중핵적인 가치들을 뽑아 도덕교과서의 내용으로 구성하였다. 즉 '개인생활'의 중심가치는 자립, 정직, 근면, 극기, 자율, 가치추구, 인격, 면학, 반성, 생명존중, 자주, 성실, 절제 등이며 '가정·학교·이웃생활'의 중심가치는 가정예절, 학교예절, 사랑, 관용, 경애이며 '사회생활' 영역의 중심가치는 대화와 타협, 예의, 감은, 규칙존중, 공동체의식, 주인정신, 공공질서, 협동, 공익, 공정, 민주적 절차 등이며 '국가 민족생활'은 대의, 국가애, 민족애, 통일, 국제 평화, 인류애로 체계적으로 구성되어 있다.

남한 도덕교과서에 나와 있는 영역별 주요 가치덕목을 살펴보면 〈표 Ⅲ-3〉과 같다.

위의 것을 종합해 볼 때 남한 도덕교과서의 中心價値는 내용에 있어서 포괄적으로 民主 市民社會의 보편적인 가치를 주요 내용으로 하여 다음과 같이 구성되고 있다.

<표 Ⅲ-3> 남한 교과서 영역별 주요 가치덕목

영역	소단원 주제의 주요 가치	남 한 2학년	남 한 3학년
개인생활	인격존중		3
	자주	1	1
	성실		3
	정직	1	1
	반성(성찰)	3	3
	면학	4	2
	인격		3
	극기		2
	양심	2	
가정·이웃·학교생활	가정예절		1
	학교예절	2	1
	이웃간 예절	4	
	관용	1	
	효도, 자애, 우애	2	
	예절		3
	사랑	4	3
사회생활	공공질서	1	1
	협동	1	1
	공익	5	
	공정	3	
	민주시민의식	1	8
	환경보호	3	1
	봉사	1	1
	책임	3	
국가·민족생활	국가애	1	3
	민족애	3	4
	통일의식	4	4
	인류애	1	
	복지사회		2
	국제평화		4
	북한현실	4	
계		55	49

분석 자료: 남한 중학교 2·3학년 도덕(교육부, 1992).

첫째, 개인의 도덕적 성장에 기본이 되는 가치의 내용으로 구성하였다.

둘째, 가정과 학교의 기본이 되는 예절과 가치로 서로 사랑하고 존중하는 태도를 가질 수 있게 하는 내용으로 구성하였다

셋째, 민주시민 생활에 필요한 기본적인 가치도 공중도덕의 준수와 사회에 봉사하는 태도를 기를 수 있는 내용으로 구성하였다.

넷째, 포괄적으로는 한국인으로서, 한 인간으로서 살아가는 데 필요한 윤리, 도덕 가치를 가져야 한다는 내용으로 구성하였다.

이에 비해 북한 교과서의 中心價値는 김일성 가계의 충성심 고취, 집단주의, 예절, 공산주의 사회 유지를 위한 가치들로 구성하였다. 김일성 가계의 충성심 고취는 김일성, 김정일, 김정숙 등을 등장시켜 김일성의 항일혁명투쟁과 김정일의 미담을 중심으로 구성하고 있으며, 集團主義는 도덕교과서 전체에 그 흐름이 느껴지는데 특히 우정과 협동의 가치 차원에서 뚜렷이 나타난다. 북한 고등중학교 공산주의 도덕교과서에 나타나 있는 주요 가치덕목을 살펴보면 〈표 Ⅲ-4〉과 같다.

〈표 Ⅲ-4〉 북한 공산주의 도덕교과서 주요 가치덕목

북 한		
과(科)나 절(節)의 주제에 따른 주요 가치	3학년	4학년
김일성우상화	2	
김정일우상화	5	1
공산주의체제우월성	1	2
공산주의 도덕		2
계급투쟁 교양	4	
집단주의 정신		2
로동애호정신		1
사회예절	2	2
사랑	1	3
공공질서		1
성실	1	
자주	1	
절약	2	
협동정신	2	
혁명성 고양	3	3
인내(극기)	1	
청렴	1	
희생(봉사)	2	
정의		1

분석 자료: 북한 고등중학교 공산주의 도덕 3·4학년(평양: 교육도서출판, 1995).

종합해 볼 때 북한의 中心價値는 내용에 있어서 다음과 같은 특징을 보여주는데 이는 김일성 가계의 우상화와 체제 유지에 목적이 있는 것으로 보인다.

첫째, 個人生活 관련 내용보다는 集團生活 관련 내용의 비중이 높아, 북한의 도덕교육은 개인적이고 수평적인 인간관계보다는 수직적이고, 귀속적인 집단주의적 인간관계를 강조하고 있음을 알 수 있다. 즉 집단주의적 사고와 김일성 가계의 충성심 고취가 교과서의 중심 내용으로 되어 있다.[45]

둘째, 도덕교과서가 다루어야 할 普遍的인 價値보다 偏頗的이고 特殊한 價値가 다수를 차지하고 있다. 가치 내용에 있어서는 온정주의, 은혜주의, 의리, 충성, 근검, 절약에 관한 것도 개인적 가치가 아니라 김일성 부자와 관련시킴으로써 집단 귀속주의를 강화하고자 하는 것이다. 정직이나 사랑 등의 개념은 김일성 부자의 은혜로 표현되어, 개인적인 가치 개념으로 보기가 어렵다.[46]

셋째, 共產主義的 價値라고만은 할 수 없는 경애, 정직, 성실, 절약과 같은 普遍的인 價値들도 찾아볼 수 있다.[47]

넷째, 價値媒介에 있어서는 절대비율이 김일성, 김정일에게의 우상화나 충성심에 관계한 것이며 간혹 집단이나 김정숙도 등장하고 있는데, 이는 道德敎育의 本質인 個人의 發達과 價値選擇의 問題는 전혀 考慮되지 않고 있다는 증거이다. 또한 인간의 관계 설정에 있어서는 垂直的이고 權威的인 人間關係를 설정하고 인간존중의 차원

---

45) 전숙자, "공산주의 도덕교과서에 나타난 인간관", 「한국 사회과 교육」(1993), p.200.

46) 전숙자, 위의 논문, p.201.

47) 한만길, "민족동질성 회복의 관점에서 본 북한의 전통문화와 도덕교육", 「도산학술논총 제5집」(1996), pp.295-318. 조주연 외, 앞의 책, p.117.

122

에서는 논의하지 않고 있다.

다섯째, 民族文化에 대한 矜持, 分斷의 克復이나 統一과 관련한 內容도 多數 있으며, 일제에 대한 투쟁은 김일성의 우상화와 관련하여 다수 나타나고 있다. 남한과 미국에 대한 비방도 교과서에 나타나고 있다.[48]

결국 남한의 중심가치는 체계에 있어서 개인생활, 가정 이웃 학교생활, 사회생활, 국가 민족생활로 영역을 구분하여 民主市民社會의 普遍的인 價値를 主要內容으로 構成하고 있는 반면에, 북한의 중심가치는 普遍的인 價値보다 集團主義와 김일성 가계의 忠誠心 鼓吹와 같은 共産主義 社會에 필요한 特殊한 價値가 중심을 이루고 있다.

남북한 도덕교육에서 동질성을 찾아볼 수 있는 가치는 질서, 우정, 협동, 건강, 경애, 정직 성실, 절약과 같은 순수한 도덕적 가치와 전통적인 예절 교육을 들 수 있을 것이다.[49]

남북한 주요 가치덕목의 공통점 및 상이점을 비교하면 〈표 Ⅲ-5〉과 같다.

---

48) 북한은 김일성 혁명활동을 통한 숭배정신을 지속하기 위해 미국과 일본에 대한 부정적 이미지가 많다. 상대방에 대한 부정적인 '이미지' 특히 '적 이미지(Enemy Image)'가 확립되면, 이를 시정하는 것은 무척 어렵다고 보고 있다. 전인영, "남·북한관계의 변화: 대결에서 화해·협력으로", 서울대학교 사회과학연구소, 「사회과학과 정책연구」 제13권 제2호(1991. 12), p.252.

49) 조주연 외, 앞의 책, pp.117-119.

〈표 Ⅲ-5〉남북한 주요 가치덕목의 공통점 및 상이점을 비교

구 분	남 한	북 한
남북한 주요 가치덕목의 차이점	민주시민가치	우상화, 집단주의, 계급의식, 적개심, 투쟁정신
남북한 주요 가치의 공통 요소	봉사, 사랑, 극기, 공익, 책임감, 규칙준수, 정직, 생명존중, 절약, 성실, 신념, 창의적 사고, 약속이행, 공중도덕, 준법, 생활예절, 친절, 학교사랑, 이웃사랑, 우정, 신의, 효도, 웃어른 공경, 우애, 자애, 상부상조

분석 자료: 남한은 중학교 도덕 2·3학년(교육부, 1992), 북한은 고등중학교 공산주의 도덕 3·4학년(평양: 교육도서출판, 1995) 참조.

3) 도덕교육 교수-학습 방법의 상이점 비교

(1) 남북한 교수학습 방법의 특징을 비교

남북한 교수학습 방법의 특징을 비교하면 다음과 같다.[50]

첫째, 남한은 主知主義的 學習能力의 涵養이라는 교육의 本質的 價値를 중시하는 반면에 북한은 實際生活에서의 應用能力을 중심으로 교육의 實用的 價値를 중시하고 있다. 남한에서는 '진리탐구의 정신과 과학적 사고력, 창조적 활동과 합리적 활동'을 강조하고 있으며 특히 교과활동에서 기본적인 학습능력과 지적 능력을 배양함으로써 지적인 탐구심, 창의적 사고능력을 기르는 데 중점을 두고 있다. 반면에 북한은 교과활동이나 과외활동을 막론하고 교육과 노동의 결합, 학습활동과 실생활의 연관성을 강조하고 있다. 더불어,

---

50) 조주연 외, 앞의 책(1995), p.24.

고등중학교 학생 이상을 年間 義務勞力 動員에 참여시키는 등 체험학습, 현장학습을 강조하는 경향이 높다.

둘째, 남한은 個人主義를 바탕으로 하여 개성의 존중, 개인의 자율과 책임 개인의 능력과 적성을 중시하는 교육목적을 추구하는 반면에, 북한은 集團主義를 기반으로 하여 사회와 국가에 대한 봉사, 당과 혁명에 헌신하는 집단적 공동체 의식을 강조한다.

남한에서 '개성 있는 자율적 인간의 추구'는 학생 개개인의 개성을 추구하면서 자율적으로 의사결정을 하며, 권리와 책임을 균형 있게 의식하는 것을 의미한다. 무엇보다도 남한에서의 교육은 개인의 능력과 적성에 알맞은 학습과정을 선택하고 진로를 결정하는 측면이 강조되고 있는 반면에, 북한에서는 개인은 개체로서의 존재보다는 집단의 구성원으로서 집단에 대한 헌신, 봉사를 중시하는 집단주의를 추구하고 있다. 이러한 차이는 교육을 국가와 당의 목표 달성을 위한 수단으로 보는 북한의 '道具主義的 教育觀'과 교육을 개인의 전인적 발전을 조장하여 하나의 삶의 표현방식으로 보는 남한의 '本質主義的 教育觀' 사이의 차이에서 기인하는 것으로 볼 수 있다.

결국 남한은 학생 개인의 지적 능력과 개성에 기초하여 자발적인 참여와 능동적인 학습을 지향하는 데 비해서, 북한은 정치 사상적으로 규정된 학습과제를 성취하기 위하여 주도면밀하게 계획된 학습방법을 구사하고 있다.

(2) 남북한 교수 – 학습 방법에서의 상이점을 비교

첫째, 남한은 교수학습 방법에 있어서 自由主義와 個人主義에 기초하여 個人의 自發性과 多樣性을 강조하는 데 비해, 북한은 사회주의 교육목적을 달성하기 위하여 政治思想 敎養을 철저히 강조하고 있다는 점을 들 수 있다. 북한의 교수학습 방법은 사회주의 교육학의 원리를 철저히 구현하여 사회주의 교육의 목적을 원만히 달성하는 데 주력하고 있다. 이를 위하여 교수과정에서 중요하게 고려해야 하는 '敎授의 基本要求'를 관철하도록 하고 있다.

남한에서는 어느 교과에서든지 학습자들에게 창의성 등을 비롯한 고차적 사고력을 길러주는 것을 중요한 교육목표의 하나로 설정하고 있으며 교육방법적인 면에서도 남한에서는 개인적 능력을 자발적으로 신장시키는 교수방식을 높이 인정하고 있다. 따라서 남한의 교실에서는 '과밀학급'의 문제가 언젠가는 해결되어야 할 매우 심각한 문제로서 인식되고 있다.

또한 학습자의 학업성취도를 평가함에 있어서도 집단적 협동능력에 대한 평가가 아닌 개별적인 학업성취도의 평가가 대부분을 차지하고 있다. 비록 최근에 교육학자들이 공동체적인 삶의 태도를 길러주고, 집단적 문제 해결능력을 길러주는 소집단 협동학습의 중요성을 강조하고 있지만, 남한의 교실에서는 여전히 學習者의 個別的 知識과 能力을 배양하고, 伸張하는 교육이 행해지고 있는 상황이다. 이러한 교수방식은 결국 대학입학시험에까지 연결되는 등 남한의 교육방법은 개인 중심의 경쟁의식을 지나치게 조장하는 문제점을 지니고 있다.

반면에, 북한의 학교생활은 유치원 시절부터 집단생활 그 자체라고 표현될 정도로 共同體的인 生活과 學習方式을 강조한다. 북한에서 초·중등학교생활을 경험하였던 귀순자들의 증언을 통해 북한에서의 집단주의적 교육방법은 일반적인 하나의 교육방법론으로 자리잡은 지 오래이다.

둘째, 이론적인 측면에서 북한의 '깨우쳐 주는 교수방법'은 남한의 '탐구학습 방법'과 유사한 특징을 지니고 있다. 양자는 학생 중심의 입장에서 스스로 깨닫게 함으로써 자립성과 창의성을 지닌다는 점에서 유사하다. 즉 남과 북은 탐구학습과 유사한 성격을 지닌다고 할 수 있다.

셋째, 북한의 실제 수업현장에서 활용되고 있다는 '원문통달식 수업방법'은 남한의 암기주입식 수업방법과 유사할 것으로 짐작된다. 즉 남한에서도 실제 학습현장에서 단순한 지식과 정보를 암기하여 시험에 대비하는 방법이 널리 사용되고 있는 현실을 감안하면 북한의 원문통달식은 이에 해당한다고 할 수 있다.

3. 남북한 중등 도덕교과서 비교

남북한 중등 도덕교과서 비교는 외형적인 체제, 인물 및 소재, 내용 제시 방식의 측면에서 살펴보고자 한다. 남한은 중학교 2, 3학년 전체이며, 북한은 고등중학교 공산주의 도덕 3, 4학년 전체를 분석하였다.

1) 외형적 체제 비교

첫째, 교과서의 외형적 체제 면에서 남한의 중학교 도덕교과는 한 단원의 내용구성이 차례, 단원명, 이 단원의 공부를 위하여, 생각할 문제, 본문, 연구 및 실천과제의 순서로 구성되어 있다. 북한의 고등 중학교 공산주의 도덕 3학년의 경우 차례 및 제목, 지도할 가치의 제시, 본문으로 구성되어 있고 4학년의 경우에는 3학년과 구성은 같으나 각 과가 끝나는 부분에 복습문제 2문제가 제시되어 3학년과는 차이를 나타낸다. 표지의 경우 남한의 교과에는 그림, 속표지가 있으며, 속표지와 차례에도 삽화가 있으나, 북한 교과서에는 표지와 차례에 삽화 또는 그림이 제시되어 있지 않고 있다. 특이할 만한 것은 북한 교과서에는 서지 사항에 가격이 표시되어 있다는 것이다.

교과서 내용구성에 있어 남한의 경우 대단원 4개와 이 대단원 하나에 4개의 중단원이 있고 중단원 밑에 각 4개의 소단원으로 구성되어 있다. 남한의 중학교 2학년 도덕교과서 총 면은 275면이고, 3학년의 총 면은 276면이다.

북한의 경우 먼저 고등중학교 3학년 '공산주의 도덕'(교육도서출판, 1995)을 보면 먼저 총 27과로 구성되어 있으며 총 면은 68면으로 남한에 비하여 대단히 작은 분량이다. 제목은 글자체가 크지만 진한 글자체는 아니며, 글씨의 크기가 한국에 비하여 작은 편이다. 오히려 교과서 내용구성 중에서 김일성이나 김정일이 이야기한 부분이 오히려 진하게 표시되어 있고, 또한 교과서의 분량도 상당이 적으며 삽화나 그림이 몇 개 있다. 공산주의 도덕 4학년 교과서는 총 6장 18절, 총 63면으로 이루어져 있으며 그 외의 것은 3학년과 유사하다.

전체 쪽수 면에서 보면, 남한과 북한 모두 학년이 올라가더라도 쪽수가 변하지 않고 비슷하며 일정한 형태를 이루고 있다. 지질과 인쇄 상태는 1970년, 1990년, 1995년에 발행된 교과서를 비교해 볼 때 북한 교과서가 남한 교과서보다 저급한데 그 정도는 최근에 이를수록 더 악화되고 있다고 보인다.

둘째, 교과운영시간을 먼저 교과 전체 면수와 관련하여 살펴보면, 교육과정의 시간운영은 전 교과에서 차지하는 도덕 시수의 비율로

128

써 도덕과가 차지하는 비중을 알 수 있으며 연간 및 한 주의 시간
배당을 통하여 한 시간에 다루어야 할 교과서의 분량도 또한 알 수
있다. 남북한 도덕과의 시간운영 비교〈표 Ⅲ-6〉와 중등학교 교육과
정 편제를 비교하면 〈표 Ⅲ-7〉과 같다.[51]

〈표 Ⅲ-6〉 남북한 도덕과의 시간운영 비교

	남한 중학교 도덕		북한 고등중학교 도덕	
학년	2학년	3학년	3학년	4학년
연간 수업 주수	34주	34주	37주	37주
주당 도덕시간	2	2	1	1
연간 도덕시간	68	68	37	37
단원의 총수	16단원	16단원	27과	6장18절
교과서의 총 페이지	293	300	71	63
한 단원의 배당시간	4.5시간	4.5시간	1.4시간	2시간

출처: 남한은 제6차 교육과정해설(교육부, 1996), 북한은 북한교육위원회 발
　　　행 "과정안"(1996. 3).

---

51) 교육부(d), 앞의 책(1992), p.78.

<표 Ⅲ-7> 남북한 중등학교 교육과정 편제 비교

남 한			북 한		
중학교			교 과	총시수	%
교 과	총시수	%			
도 덕	204	5.9	경애하는 수령김일성 대원수님 혁명활동	323	5.1
			위대한 령도자 김정일 원수님 혁명활동	210	3.3
			현 행 당 정 책	77	1.2
			공산주의 도덕	185	2.9
			국 어	742	11.7
국 어	476	13.7	한 문	257	4.1
사 회	374	10.8	외 국 어	591	9.3
수 학	408	11.8	역 사	298	4.7
과 학	406	11.7	지 리	320	5.0
체 육	306	8.8	수 학	1,182	18.6
음 악	136-204	3.9-5.9	물 리	488	7.7
미 술	136-204	3.9-5.9	화 학	328	5.2
한 문	136	3.9	생 물	343	5.4
실업·가정	408	11.8	천 문 학		
가 정	306	8.8	체 육	293	4.6
기술산업	136	3.9	음 악	140	2.2
자유선택	170	4.9	미 술	72	1.1
(한문, 컴퓨터,	102-204	2.9-5.9	제 도	52	0.8
환경, 기타)			전자공학기초	72	1.1
특별 활동	102-204	2.9-5.9	여학생 실습	185	2.9
			공 작 실 습	185	2.9
	3,468	100		6343	100

출처: 남한은 1992년 공포한 6차 교육과정이며 북한은 1996년에 공포한 편제임. 교육부, 「중학교 교육과정해설」 참조. 한국교육개발원, 「남북 중등학교 도덕·사회과 교육과정 및 교과서 비교분석연구」(1997), p.13.

1년간 수업하는 周의 數는 남한의 경우 연간 34주 68시간, 북한의 경우 연간 37주 37시간으로 남한이 북한에 비하여 두 배가 많으며 도덕시간이 일주일에 차지하는 비중도 남한이 주당 2시간, 북한이 주당 1시간으로 되어 있다.[52] 단원의 배당시간에 있어 남한의 경우 한 단원을 4.5시간에 걸쳐 배당하고 있는데 한 단원이 대략

20쪽이므로 한 시간의 분량은 약 5-6쪽에 해당한다.

북한의 경우 단원의 배당시간이 약 1.4시간이나 한 단원이 3-5쪽에 불과하므로 도덕과의 교육과정 운영에 크게 무리가 없어 보인다. 반면에 남한에 있어서는 한 시간에 5-6쪽 분량을 다루고 있지만 교과서 본문 전개가 삽화나 예화가 들어 있으므로 남한 교육과정 운영 또한 무리는 없어 보인다.

셋째, 삽화 및 사진 비교를 살펴보면 교과서에 제시된 삽화나 사진은 글의 내용을 보완해 주며 이해에 도움을 준다는 점에서 학습의 효율성을 제고시킬 수 있는 좋은 방법이라고 할 수 있다. 이러한 점에서 남북한 교과서는 공통점을 지닌다. 그러나 삽화와 사진의 분량에서는 남북한의 차이가 외형적으로 현격히 드러나고 있다.

남한 교과서에서는 삽화와 사진이 많은 비중을 차지하고 있는 데 비하여 북한 교과서에서는 비중이 약하다. 남한의 도덕 2, 3학년의 경우 삽화와 사진이 주제 또는 내용에 따라 2매 이상 제시되어 있는데, 단원 시작 전에 전체적인 내용구성에 맞게 4개씩(2학년 4개, 3학년 4개) 나와 있으며 또한 본문에서도 각 단원의 내용구성에 알맞게 적절한 수의 삽화나 그림을 삽입하여 학습의 효율성을 가져오고 있다. 이는 학생들이 수업활동 시 지루함을 줄일 수 있는 좋은 학습재료라고 할 수 있으며, 학년이 높아도 그 비중은 거의 비슷하다. 이에 비해 북

---

52) 하루 수업은 인민학교에서는 5시간, 고등중학교에서는 6시간을, 토요일에는 인민학교와 고등중학교 5학년까지는 2시간, 고등중학교 4-6학년까지는 4시간을 넘지 않는다. 인민학교와 고등중학교들에서 방학기간을 이용하여 자기 시·군 안에 있는 혁명전적지와 혁명사적지에 대한 답사와 사회문화교양기관, 공장, 기업소 ,협동농장, 명승지들에 대한 견학을 조직하며 '교원학생답사 견학권'을 받을 고등중학교 5학년 혹은 6학년은 답사견학권에 지적된 지역에 대한 답사 및 견학을 일주간 시킬 것이다. 조주연 외, 앞의 책, (부록: 인민학교, 고등중학교 과정안(1986)), p.260.

한 교과서는 삽화와 사진이 매우 적게 제시되고 있다. 공산주의 도덕 3학년이 5매이며 4학년은 전혀 없다. 그 이유를 추측해 보면 삽화 및 사진 제작에 따르는 경제적 부담 때문으로도 해석할 수 있다.

또 다른 차이점은 제시된 삽화와 사진의 내용에서 나타난다. 남한 교과서에 제시된 내용은 대체로 도덕적 모범 사례가 많은 데 비해 북한의 삽화에는 극단적인 비도덕적 사례나 혁명성이 포함되어 있다. 남북한 분석교과서 삽화나 그림을 비교하면 〈표 Ⅲ-8〉과 같다.

〈표 Ⅲ-8〉 남북한 분석 교과서 삽화나 그림 비교

학년	남 한		북 한	
	2학년(단위: 소단원주제의 과)	3학년(단위: 과)	3학년	4학년
단원 Ⅰ	1-5 2-4 3-4 4-3 (계 16개)	1-7 2-6 3-6 4-4 (계 23개)	1-1	
단원 Ⅱ	1-6 2-7 3-7 4-2 (계 22개)	1-6 2-5 3-7 4-4 (계 22개)	12-1	삽화나 그림 없음
단원 Ⅲ	1-7 2-6 3-6 4-2 (계 21개)	1-12 2-6 3-7 4-4 (계 29개)	18-1 23-1 25-1	
단원 Ⅳ	1-7 2-6 3-8 4-3 (계 24개)	1-7 2-7 3-8 4-4 (계26개)		
계	83	100	5	0

분석 자료: 남한은 중학교 도덕 2·3학년(교육부, 1992), 북한은 고등중학교 공산주의 도덕 3·4학년(평양: 교육도서출판, 1995).

2) 인물 및 소재 비교

(1) 다루고 있는 소재 비교

교과서에서 다루고 있는 素材는 지도되는 價値와 밀접한 관련을 갖는다. 앞에서도 논한 바와 같이 북한의 김일성 일가의 우상화 영역과 정치사상교양 영역은 남한 교과서에서 다루어지는 소재와 매우 다르지만, 일반적 보편적 도덕 영역과 전통도덕 영역의 소재들은 남한의 경우와 상당히 유사하다.

주로 다루어지는 소재를 時代的인 측면에서 보면, 남한의 교과서는 과거와 현재의 소재를 다루면서 미래를 설계하고 있는 데 반해, 북한의 공산주의 도덕교과서[53]는 대부분 현재에서 일어난 일들이 다루어지고 있으며, 일제 시대와 6·25전쟁 당시에 일어난 일들을 다루면서 미래를 미진하게 조금 다루고 있다. 장소적인 배경의 측면에서 보면 남북한 교과서에 공통적으로 국내 사례가 소재로 많이 나온다. 또한 남한의 도덕교과서와 북한의 공산주의 도덕교과서는 특정 장소의 구분이 어렵지만 학교, 가정, 마을, 거리 등이 주로 배경을 이루는 공통점을 지닌다. 특히 북한의 경우에는 군대, 직장의 요소가 많은 편이라고 할 수 있다.

그러나 장소 배경의 다른 점은 크게 두 가지라고 볼 수 있는데 첫째는 김일성과 김정일의 내용을 담고 있는 교과서 장소 배경은 그들이 태어난 곳·성장한 곳 등 특정 장소이기 때문이며 이는 北韓體制의 閉鎖的 特徵에 緣由한다고 할 수 있다. 둘째는 남한 교과서에는 미국, 영국, 중국, 일본 기타 외국의 예도 등장하는데 이는 북한과 반대로 개방적, 다양성을 추구하는 韓國의 自由民主主義 屬性과 脈을 같이한다고 할 수 있다.

한편, 제재명이나 소제명은 지도하고자 하는 가치나 규범이 직접 드러나기보다는 소재 중심으로 선정되었다는 점에서 남북한이 공통점을 지니고 있다. 그러나 북한 교과서에는 김일성과 김정일의 말이 그대로 과의 제목으로 제시된 경우가 대부분이며 일본, 미국, 지주에 대한 적대 감정이 강하게 표현되어 있다.

---

53) 조주연 외, 앞의 책, pp.113-114.

(2) 등장인물 비교

　도덕교과서에서는 대체로 지도하고자 하는 가치·규범을 등장인물을 통하여 전달한다. 그 登場人物은 假象人物일 수도 있고 實存人物일 수도 있으며, 도덕적 모범 사례로 등장하기도 하고 문제 상황에 처한 사례로 등장하기도 한다. 그런데 학생들은 제시된 등장인물을 통하여 도덕적 실천동기를 갖게 되고, 자신을 등장인물과 동일시하기도 한다.[54] 따라서 교과서에 어떤 인물이 주로 등장하는가는 도덕교육에서 중요한 의미를 지닌다. 이러한 점에서 남북한 교과서에 등장하는 인물을 비교해 보면 많은 차이가 드러남을 알 수 있다. 이것을 살펴보면 다음과 같다.

　첫째는 實存人物의 登場과 관련되는 차이이다. 남한의 경우는 대다수가 도덕적으로 모범이 되거나 학생들의 인격 형성이나 가치태도에 도움이 되는 학생, 교포, 장애인, 기업가, 노조, 시민, 가정의 구성원 등 實存人物과 假象人物들이 복합적으로 존재하며 실존인물로는 국가와 민족을 위해 노력한 국내의 위인이나 도덕적 모범이 되는 국내외의 역사적 인물이 등장한다. 이에 비해, 북한의 경우는 가상인물보다 실존인물이 많이 등장하지만, 그들은 김일성과 그 일가뿐이고 역사적인 인물은 전혀 등장하지 않고 있다.

　둘째는 登場人物의 職業과 관련된 점이다. 남한 교과서에 나타난 등장인물의 직업은 학생, 학자, 정치가, 과학자, 의사, 기업인, 경찰, 운동선수, 회사원 등 다양한 데 비해, 북한 교과서에서는 주로 군인과 혁명가, 노동자 등 직업이 다양하지 못하다. 이러한 현상은 南韓

---

54) 한국교육개발원, 「남북한 초등학교 도덕과 교육과정 및 교과서 비교분석연구」(1996), p.134.

社會의 民主主義的 多元性과 北韓社會의 劃一的이고 戰鬪的인 모습을 보여주는 예라고 할 수 있겠다.

셋째는 價値媒介 人物의 存在이다. 남한의 경우 교과서에 등장하는 인물은 지도하고자 하는 道德的 價値를 보여주는 主人公이다. 즉, 부모나 교사, 친구 등의 도움을 받기도 하지만 주체는 등장인물 자신이다. 그러나 북한의 경우 등장인물이, 문제를 해결하는 실마리를 제공하는데 대체로 김일성이나 김정일의 교시에 의한 것이다. 즉, 가치를 지도하기 위한 매개인물이 김 부자로 제시되고 있다.

3) 내용 제시 방식 비교

남한의 교과서에는 등장인물의 가치규범, 도덕적 문제 사태나 사회의 도덕적 상황을 이야기하는 글이 중요한 부분을 차지하는데, 북한 교과서에서는 이러한 형태의 내용을 찾아볼 수 없다. 즉 북한 교과서에 제시되는 내용은 항상 의문 없이 解決方案이 주어지고 있는 것이다. 또 다른 차이점은 남한교과서에는 우리나라 및 동양의 고전이 제시되는 데 비해, 북한의 경우에는 전혀 제시되지 않는다는 점이다. 이와 같은 내용제시 방식의 비교를 통해 우리는 도덕과 수업에서의 지도방법을 어느 정도 추출해 볼 수 있다. 먼저 남북한의 공통된 지도방법으로, 도덕적 모범 사례의 제시를 통하여 학생들에게 감동·감화를 주고 도덕적 실천 동기를 강화해 주는 방법을 들 수 있다.

그러나 남한에서는 지도 내용과 관련된 다양한 社會的 爭點에 대하여 학생들 스스로 생각하고 討議함으로써, 학생들의 道德的 思考力과 判斷力을 길러주고자 한다면, 북한에서는 정해진 觀點을 학생들에게 注入함으로써 劃一的인 思考를 하도록 强要하고 있다. 특히 단정적인 표현을 나타내는 문장들이 대부분이며, 가치갈등의 사례를 제시하거나 스스로 문제 해결을 유도하는 등 사고를 자극하는 형식의 문장들은 거의 찾아보기 힘들다. 특히 김일성과 김정일의 교시를 분명하게 표기함으로써 그들은 보통 사람이 아닌 존재임을 인정하게 하고, 그들의 사고와 행동을 무조건 따르도록 강조하고 있다.[55]

즉, 김일성이나 김정일의 말을 빌려 제시된 核心槪念의 定義가 그 뒤를 따른다. 김일성이나 김정일의 말에서 그 개념 정의가 이루어진 경우는 대개 그 정의를 다시 되풀이하거나, 보다 자세하게 풀어 설명하는 경우가 대부분이다. 이어서 개념의 중요성, 필요성 등이 제시된다. 특히, 대부분의 경우 이러한 槪念 또는 規範이 社會主義나 共産主義 社會와 밀접하게 聯關된다는 것을 지적하고, 그런 측면에서 사회주의가 자본주의에 비해 우월하다는 점을 강조하고, 그리고 학생들의 의지나 마음가짐을 다지는 것으로 이루어져 있다. 이상의 구성 형식을 간략하게 제시하면 다음과 같다.[56]

〈개념·규범의 도입→개념·규범의 정의→중요성·필요성 제시→체제의 우월성 강조→실천의지 결의 다지기〉

이러한 구성 형식은 비교적 탄탄한 것으로 보이는데, 여기서 우리가 찾아볼 수 있는 특징은 크게 다음과 같이 두 가지로 요약될 수 있다.

첫째, 모든 槪念이나 規範, 또는 道德原理의 提示가 김일성이나 김정일의 말이나 글의 형태로 이루어져 있다는 점이다. 북한 사회에서 김일성 또는 김정일의 말이란 곧 절대적인 진리로 통용되고

---

55) 위의 책, p.137.

56) 한국교육개발원, 「남북한 중등학교 도덕·사회과 교육과정 및 교과서 비교분석연구」(1997), p.29.

있으며 그것에 대해서는 어떠한 이론이나 반대의 여지가 있을 수 없다. 따라서 '공산주의 도덕'교과서는 크게 보아서 김일성 부자[57] 의 교시나 글에 대한 부연 설명 또는 빙증을 모아 놓은 것이라는 성격을 갖는다고 볼 수 있으며, 이러한 점에서 교과서는 김일성이 나 김정일 偶像化를 위한 手段的 側面을 가진다고 볼 수 있다.

둘째 價値 規範이나 道德原理를 社會主義體制와 밀접히 연관시켜 다른 이념이나 체제, 특히 자본주의에 대한 사회주의의 우월성을 강조하는 구성 형식을 취하고 있다는 점이다. 이 점은 정치사회화 를 통해 체제의 유지 및 공고화를 목적으로 하는 것으로서 공산주 의 도덕이 갖는 이데올로기 교육적 성격을 잘 보여주고 있다.

도덕과의 교육 내용은 價値內容이다. 지식 내용도 다루어지지만, 순수하게 지식적인 내용은 있을 수 없으며, 어떤 방식으로든 가치 영역과 관련되어 있게 마련이다. 따라서 도덕과의 교육 내용을 비 교분석하기 위해서는 어떠한 가치 내용이 다루어지고 있는가를 밝 혀야 한다. 이러한 가치 내용은 대체로 몇 가지의 큰 영역으로 분 류되고, 각 영역은 몇 개의 하위 영역으로 나누어지게 된다. 즉 이 영역은 교과서에서 대단원이 되고, 주제는 중단원이나 소단원으로 구성된다. 또한 각 주제의 내용은 구체적인 덕목을 중심으로 다양 한 자료를 동원하여 구성된다.

다음으로 主題別 比重의 分析은 각 주제가 중요시되는 정도를 알 아보기 위해 필요한 과정이다. 그 방법으로는 각 주제를 다루고 있 는 교과서의 면수 비율을 산출하는 방법이 있다. 이것은 주요 가치 가 어느 정도 강조되며 또한 얼마나 골고루 분포되어 있는지를 파

---

57) 김일성 부자 관련 교과서 자세한 내용은 강성철, "북한 교과서의 주체 사상에 관한 내용분석", 「교육사회학연구 제3권 2호」(1993).

악하는 좋은 방법이 되는 것이다.

남북한 도덕교과서의 단원 비교 및 면수를 보면 〈표 Ⅲ-9〉, 〈표 Ⅲ-10〉과 같다.

〈표 Ⅲ-9〉 남한 중 2 도덕과 북한 고등중학교 3학년 공산주의 도덕 면수 비교

남한의 중 2학년 도덕교과서			북한의 고등중학 3학년 공산주의 도덕교과서		
단원	면수	분량(%)	단원	면수	분량(%)
Ⅰ. 가치와 도덕문제			1과 마음의 기둥	3	4
			2과 사회주의는 승리한다.	3	4
1. 삶의 목표와 가치	17	6	3과 자기의 것을 귀중히	2	3
2. 삶의 다양성과 가치갈등	20	7	4과 하루를 살아도 락천적으로	2	3
3. 가치선택과 도덕판단	23	8	5과 전화예절	3	4
4. 인물학습	7	3	6과 일을 창발적으로	2	3
			7과 낡은 생활양식을 버리고	3	4
Ⅱ. 가정이웃학교생활과 도덕문제			8과 계급적 립장을 지키려면	2	3
			9과 한 생을 깨끗하게	2	3
1. 가정생활과 도덕문제	20	7	10과 자유주의는 위험한 사상	2	3
2. 이웃생활과 도덕문제	20	7	11과 동지를 위해 바치는 생	2	3
3. 학교생활과 도덕문제	20	7	12과 김광철 영웅	3	4
4. 인물학습	6	2	13과 온세상이 우러르는 위대한 불	4	6
			14과 전사의 자세	3	4
Ⅲ. 현대사회와 도덕문제			15과 인정미	3	4
			16과 동방례의지국의 자랑	2	3
1. 현대사회와 환경문제	23	8	17과 모기장을 치자	3	4
2. 현대사회와 청소년 문화	19	7	18과 동지들! 이 총을 받아주!	2	3
3. 사회적 도덕문제의 등장과 해결	19	7	19과 일이 곱다	3	4
4. 인물학습	7	3	20과 하나의 대가정	2	3
			21과 충성의 참다운 귀감	2	3
Ⅳ. 민족통일문제와 북한의 현실			22과 일심단결	3	4
			23과 짓밟힌 인생	3	4
			24과 남녀간의 애정	3	4
1. 민족분단의 원인과 과정	18	7	25과 하나밖에 없는 조국을 위하여	3	4
2. 북한의 현실	23	8	26과 단결의 힘	3	4
3. 남북한의 통일정책	26	10	27과 그날은 오리라	3	4
4. 인물학습	7	3			
총	275	100	총k	71	100

138

〈표 Ⅲ-10〉 남한 중 3 도덕과 북한 고등중학교 4학년 공산주의 도덕 면수 비교

남한의 중 3학년 도덕교과서			북한의 고등중학 4학년 공산주의 도덕교과서		
단원	면수	분량(%)	단원	면수	분량(%)
Ⅰ. 바람직한 삶			2절 대상과 정황에 맞게	2	3
			3장 토지애와 혁명적 의리		
1. 삶의 보람과 설계	17	6			
2. 개성신장과 인격도야	20	7	1절 사랑의 뜻	3	5
3. 인본적인 삶의 자세	14	5	2절 혁명적 동지애	3	5
4. 인물학습	7	3	3절 동지애는 가장 귀중한 사랑	2	3
			4절 혁명적의리란	3	5
Ⅱ. 가정이웃학교 생활의 보람			5절 혁명적 의리를 지키려면	3	5
1. 바람직한 가정생활	20	7	**4장 사회공동생활도덕**		
2. 조화로운 이웃생활	21	8	1절 공중도덕	3	5
3. 학교생활의 보람	23	8	2절 사회제도에 따라 달라지는 로동	2	3
4. 인물학습	7	3	3절 로동에 대한 공산주의적 태도	3	5
			4절 참된 인간과 로동	2	3
Ⅲ. 민주사회와 도덕			5절 휴식과 오락도 건전하게	3	5
1. 민주사회와 인간존중	22	8	**5장 공산주의적 도덕품성**		
2. 민주적 태도와 생활 양식	19	7	1절 도덕규범과 도덕품성	3	5
3. 복지사회와 경제윤리	22	8	2절 정의로운 품성	2	3
4. 인물학습	7	3	3절 숭고한 도덕	4	6
Ⅳ. 민족의 통일과 한국의 미래			**6장 사회주의법과 공산주의 도덕**		
1. 민족공동체의 번영	22	8	1절 우리나라 사회주의 법은 가장 우월한 법	3	5
2. 통일국가의 실현	24	9	2절 우리 사회주의법의 구성체계와 내용	3	5
3. 세계 속의 한국인	21	8	3절 사회주의법과공산주의 도덕의 형성과정	3	5
4. 인물학습	8	3			
총	274	100	총	63	100

분석 자료: 남한 중 2·3학년 도덕교과서, 북한 공산주의 도덕 3·4학년 교과서.

또한 敎科書에 價値內容을 構成할 때 어떤 人物이나 事物을 媒介體로 삼고 있는가를 比較分析할 수 있다.

도덕성 발달에 대한 행동주의적 연구에 의하면 "도덕적으로 발달한다는 것은 곧 부모나 다른 성인과 같은 실제인물뿐만 아니라, 가상적인 인물과의 직접 또는 간접적인 접촉을 통하여 그들의 태도, 가치, 사회적 행동을 모방함으로써 새로운 반응을 획득 해가는 과정"[58]이라고 하고 있다. 그러므로 도덕교과서에 가치의 전달을 위해 등장하는 인물은 아동들의 도덕성 발달에 지대한 영향을 끼친다고 할 수 있으며 남북의 도덕교과서에 등장하는 인물들의 비교도 남북 도덕교육의 단면을 엿볼 수 있는 좋은 예이다. 남북 도덕교과서에 등장하는 가치 매개의 인물에 대한 빈도수의 비율을 정리하면 다음〈표 Ⅲ-11〉과 같다.

〈표 Ⅲ-11〉 남북한 중등 도덕교과서에 등장하는 가치 매개의 인물 비교

남한			북한		
가치의 매개인물 또는 사물	회수(비율:%)		가치의 매개인물 또는 사물	회수(비율:%)	
	2학년	3학년		3학년	4학년
가족	11(15%)	3(7%)			
위인	4(5%)	6(14%)	김일성	7(20%)	2(9%)
외국인	9(12%)	12(28%)	김정일	22(62%)	15(65%)
학생	24(32%)	6(15%)	김정숙	1(3%)	.
상위 배제한 이	7(10%)	1(2%)	혁명투사	1(3%)	6(26%)
옛날예화	7(10%)	12(28%)	물건	2(6%)	.
현대예화	7(10%)	2(4%)	기타	2(6%)	.
기타	5(6%)	1(2%)			
계	74(100%)	43(100%)	계	35(100%)	23(100%)

분석 자료: 남한 중 2·3학년 도덕교과서(교육부, 1992), 북한 공산주의 도덕 3·4학년 교과서(평양: 교육도서출판, 1995).

---

58) 이홍우, 「도덕과 교육(1)」, 한국방송통신대학(1988), p.142.

위의 것을 종합 분석해 보면, 남한의 도덕교과서에 가치 매개를 위하여 등장하는 인물의 비율을 보면 2, 3학년은 모두 가족, 위인, 외국인, 학생 등 전반적으로 골고루 분포를 차지하고 있으며, 이들 가치 매개 인물의 대부분이 친숙하다. 이들을 통하여 태도, 가치 또는 사회적 행동을 자연스럽게 익힌다고 할 수 있다. 또한 남한의 교과서에 등장하는 위인은 애국애, 민족애, 국가애 등을 배우게 하는 반면에 북한의 도덕교과서에 등장하는 가치 매개 인물은 김일성, 김정일 등 김일성 가계가 60% 이상을 차지하여 이들이 도덕적 모방의 전형임을 보여주고 있다. 특히 김일성보다 김정일이 보다 높은 비율을 차지하는데, 이는 북한의 정치권력의 이동과 맥락을 같이하며 김정일 체제의 공고화를 의미한다고 볼 수 있다. 價値媒介의 人物을 통하여 남한의 도덕교과서는 학생들과 친숙한 주변의 인물들로 구성하여 도덕교육이 지향하는 일반적인 價値傳達에 중점을 두고 있다고 할 수 있으며 반면에 북한의 도덕교과서는 김일성 가계를 道德的 典型으로 제시하여 그들의 행동특성을 내면화시키려는 모방학습을 강조하고 있다.

4. 남북한 교과서 정책 비교

1) 교과서의 기능과 정책

① 교과서의 기능 및 특징

학교교육에서 교과서처럼 영향을 미치는 것도 없다. 학생들이 배워야 할 내용을 담고 있고, 학교의 모든 수업과정에서 이용되며, 학생 평가의 기준을 설정하는 원천이 된다. 교과서에 무슨 내용을 담아 가르치느냐에 따라 자라나는 세대의 정신세계 즉, 그들이 세계를 보는 눈과 인생관이 영향을 받는다. 국가의 사회 정치구조와 교육제도의 차이에 따라 교과서 발행은 국영 또는 민영이 되기도 하고, 그 검열이 엄격하거나 또는 아무런 제한을 두지 않는 경우 등 여러 가지 정책 형태가 있다.

교과서의 개념을 보면[59]

첫째, 교과서는 가르칠 내용을 담은 책이다.

둘째, 교과서는 가르칠 내용을 담은 책이지만, 그 내용은 공중에 의해서 그 가치가 인정되는 것이어야 한다. 공중의 역할은 공권의 기관이 대행할 수도 있고, 사회의 통념이나 상식 또는 여론에 의해 이루어질 수 있다.

이런 측면에서 교과서는 교육정책 결정의 중요한 부분을 차지하게 된다. 우리의 교육 구조 속에 제도로서 그리고 전통으로서 확립되어 있는 학교 교과서는 오늘날 우리의 학교 수업과 학생들이 학력에 심대한 영향을 미치고 있다는 것은 의심할 나위가 없다. 문명사적인 입장에서 볼 때, 교과서는 인쇄술과 같은 공학과 교육방법상의 진보에 영향을 받아 왔음을 알 수 있다. 동시에, 국가 교육제도의 확립과 더불어 공교육 속에서 교육 내용의 동질성을 도모하고 표준화된 준거를 제공하는 역할을 담당해 왔으며, 그것은 다시 교육과정 및 교과의 등장과 관계가 있음을 알 수 있다.

교과서는 다음과 같은 특징을 가지고 있는 것으로 요약된다.[60]

---

59) 한국교육개발원, 「교과서와 교과서 정책」(서울: 한국교육개발원, 1986), pp.21-23.

142

첫째, 교과서는 학교의 교육 내용을 학생들이 쉽게 배울 수 있도록 하기 위하여 구성한 책이다.

둘째, 교과서는 학교에서 가르칠 내용을 담아야 하는 이유에서 그 내용은 학교 제도를 성립시키고 있는 사회가 공인이 될 수 있는 것이어야 한다.

셋째, 교과서는 그 내용 선정과정을 어떻게 규정하고 누구에게 발행할 수 있도록 하느냐의 문제에 있어서 중요한 교육정책의 대상이 된다.

넷째, 교과서는 인쇄 문화의 발달과 교육학의 공헌 그리고 국가의 교육제도의 확립과정을 거쳐 발전 정착되어 왔다.

② 교과서 정책

교과서 정책 결정의 기조는 '닫힌 교과서관'과 '열린 교과서관'의 차이가 시사하는 바와 같이 교과서관과 길러지는 인간됨과의 관계에 대한 깊은 통찰에 두어야 한다.[61] 우리가 염두에 두는 인간상 즉, 교육에 기대하는 이상적인 인간의 모습이 무엇이냐를 우선적으로 고려하고, 이러한 인간상의 형성에 기여할 수 있는 교과서관을 갖추고 교과서의 실제 문제에 대처하지 않으면 안 된다고 생각한다.[62]

---

[60] 한국교육개발원, 위의 책(1986), p.25.

[61] '닫힌교과서관'은 만약 우리가 교과서에 담긴 내용은 오류가 없고, 변경할 수 없으며, 모든 학생은 반드시 그 내용을 숙달해야 되는 것으로 가정하거나 믿고 있는 교과서관이며 '열린교과서관'은 교과서에 정선되어 들어온 내용은 언제나 옳은 정답으로서가 아니라, 인간이 성취한 문제 해결의 사례에서 본보기가 되는 것을 가려 뽑은 것으로 보려는 입장이다.

[62] 한국교육개발원, 위의 책, p.32.

또한, 교과서 정책 결정 수준을 살펴보면 미시적으로는 교과서의 질에 관련되는 것으로서 학습을 돕기 위한 내용의 구성과 배열, 활자 및 삽화와 같은 편집에 관한 사항 그리고 보충·심화 학습 자료, 슬라이드, 비디오 프로그램, 컴퓨터 프로그램 등 교과서 이외의 부수적인 교재나 인쇄 매체 이외의 학습 자료들과의 관계를 어떻게 할 것인가와 같은 사항들이 결정의 대상이 될 수 있다.

거시적 측면에서는 누가 교과서를 집필·발행할 수 있도록 할 것인가? 누가 교과서를 선택하도록 할 것인가? 교과서의 발행 공급에 관한 사항을 시장의 자유 경쟁원리에 맡길 것인가 아니면 특정한 요건에 맞춰 제한할 것인가? 교과서의 내용을 발행자가 자율적으로 선정하도록 허용할 것인가 아니면 검열 또는 검정을 실시할 것인가? 검열이나 검정을 실시할 경우 검열을 국가가 담당할 것인가 아니면 전문 또는 자치단체에 위임할 것인가? 교과서의 구입 대금을 누구에게 지불할 것인가? 교과서를 1회 사용토록 제작할 것인가 아니면 중복 사용토록 제작할 것인가? 하는 것이다.

2) 남북한 교과서 정책 비교

교과서 개발체제를 보면 개발의 주체는 국가이며, 국가기관이 중심이 되어 교과서를 개발하고 심의, 확정한다. 남북한은 공통적으로 중앙정부의 교육 담당 부서에서 교과서 개발에 관한 주요 지침을 확정하고, 이를 주도적으로 시행한다.[63] 북한에는 교육위원회 산하에 교육지도처와 출판지도처가 있는데 남한의 교육부 편수국에 해당하는 기능을 수행하고 있는 것으로 알려져 있다. 남북한은 공통

---

[63] 조주연·한만길·황규호, 앞의 책(1995), p.110.

적으로 중앙정부의 교육부서에 있는 교과서 담당기구에서 교육과정 및 교육 내용의 구성방향을 결정하고 이에 기초하여 교과서 집필을 전문가에게 의뢰한 이후에 심의기구의 심의과정을 거쳐 확정하는 절차를 거친다. 남북한은 공통적으로 교육 내용으로서의 교과서의 권위를 대단히 중시하고 있다.

남한은 교과서가 지식체계의 중심으로 권위를 갖는 반면에 북한은 교과서가 김일성, 김정일이라는 개인인물을 매개로 하여 권위를 갖는다. 또한 교과서 제도에서도 남한은 교과서 종류가 여러 종류인 반면에 북한은 단일교과서를 채택하고 있다는 점이 차이이다. 남한에서 교과서의 종류는 국정과 검인정으로 구분되며 국정은 교육부에서 발행하는 단일교과서인 데 반해 검인정은 교육부의 심의과정을 거쳐서 교과전문가들에 발행하는 다종교과서이다.

남북한은 교과서 개발방식에서 중앙 집중식이지만 남한은 보다 개방적인 반면에 북한은 폐쇄적이라고 할 수 있다.[64] 남한은 국정교과서의 경우 국가가 집필진을 선정, 위임하지만 집필과정과 심의과정에서 다수의 전문가가 검토과정에 참여하게 된다. 검인정 교과서의 개발의 경우에는 국정교과서보다 더욱 개방적이라고 할 수 있다. 왜냐하면 교과별 전문 분야에서 자발적인 의사에 따라 교과서 집필에 착수할 수 있으며, 집필된 교과서는 심의과정에서 심의진의 의사가 반영되기 때문에 비교적 개방적이라 할 수 있다. 반면에 북한의 교과서 개발방식의 가장 큰 특징은 국가가 모든 교과에 대해 단 하나의 교과서를 발행하여 사용하도록 한다는 것이다.

교과서 개발체제를 보면,[65] 교육위원회에서 개발업무를 총괄하고

---

64) 조주연·한만길·황규호, 위의 책, pp.110-111.
65) 김재복·김왕근·양미경·이혁규, 「통일 대비 교과서 편찬 방안 연구」

별도의 심의위원회를 두어 심의를 거친 후에 출판기구에서 인쇄를 담당한다. 교과서 개발 부서는 교육위원회 산하의 교육지도처와 출판지도처인데, 교육지도처는 남한의 장학실에 해당하며, 출판지도처는 편수국에 해당하는 것으로 보인다. 교육지도처는 교육에 관한 주요 지침을 결정하고 시행하며, 출판지도처는 교육과정 및 교과서 내용의 구성의 방향을 결정하고, 교과서에 대한 심의 업무를 주관하는 것으로 알려져 있다.[66]

또한 별도의 출판처가 있어서 교과서 발행 및 인쇄 업무를 총괄하고 있으며, 교육도서출판사에서 발행, 출판 업무를 관장하고 있다. 북한 교과서는 '집필을 집단적으로 하고 심의를 대중적으로' 하여 완성한다는 집단주의 정신을 구현하고 있다. 교과서 집필자의 구성을 보면 해당 분야의 전문가 1-6명 정도로 되어 있으며, 교과서 판권란을 보면 이들의 학위·학직이 명시되어 있다. 교과서 심사는 공식적으로 해당 분야의 전문가 2-6명을 위임하여 실시하고 있다.

편집자는 교과서 내용과 체제에 대한 실무적인 연구자로서 교과서의 편찬 목적에 따라 내용을 수정 보완하는 담당자를 말한다. 북한 교과서의 외형적 체제와 형식을 보면, 크기는 남한의 국판 크기와 비슷한데 지질이나 편집이 조잡하여 외형적으로 볼 때 질적으로 떨어지는 느낌을 준다. 글자 크기는 남한보다 작은 편이며, 그림 제시 빈도가 낮다. 또한 종이의 질이 남한에서 50-60년대에 사용하던 마분지 또는 갱지와 비슷하다. 교과서에 제시된 삽화를 볼 때 사진 자료는 거의 없고, 대부분 그림의 형식이다.

전체적으로 인쇄 기술이 낙후되어 있음을 보여주며, 교과서 제작

____

(인천 교육대학교 교육과정 연구위원회, 1998), p.167.
66) 김재복·김왕근·양미경·이혁규, 위의 책, p.167.

에 많은 예산을 지출하지 않는 것으로 보인다.[67] 교과서의 체제와 형식 면에 남한은 짜임새가 있고 지질이 양호한 반면에 북한의 교과 서는 짜임새가 없고 지질이 조잡한 편이다. 교과서 크기는 남한이 정확하게 국판(12.5cm×18cm)으로 규격이 통일되어 있는 데 반해 북 한은 교과서의 종류에 따라 크기가 약간씩 차이가 있다. 남한 교과 서는 북한 교과서보다 글자 크기가 약간 크고 그림 자료가 많다.

---

67) 김재복 · 김왕근 · 양미경 · 이혁규, p.168.

Ⅳ. 남북한 중등 도덕교과서에 나타난 인간관

인간의 개체적 자아 및 자아관념은 세계의 무엇과도 바꿀 수 없는 절대적 가치이며, 이것에서 인간관의 물음은 시작된다고 할 수 있다. 인간을 보는 기본적인 시각은 넓게 理性的 人間觀, 自然主義的 人間觀, 文化創造的 人間觀, 經濟的 人間觀 등으로 크게 대별할 수 있다. 이러한 인간관은 시대적 조류와 어떠한 가치를 강조하느냐에 따라서 구별한 것이다.

인간은 教育의 社會性으로 인하여 개인들은 인간관, 사회관, 국가관을 형성하며 국가체제 또한 그 나라의 유지와 발전을 위해 意圖的이며, 計劃的인 價值敎育을 실시한다는 양자적인 입장을 띤다고 할 수 있다. 결국 교육이란 가치 있는 것, 즉 가치지향을 도덕적으로 온당한 방법으로 피교육자에게 전달하는 것이라고 볼 수 있다. 이러한 가치지향을 크게 인간관, 사회관, 국가관의 관점으로 구분할 수 있는데, 인간관의 관점은 사회화의 가장 기본적인 단위로서 인간을 형성시키는 개인적 차원의 가치와 가정적 차원에서의 가치로 구성된다고 할 수 있다. 前者는 자립, 인내, 슬기, 정직, 근면, 검소(절약), 면학, 반성, 기타 등으로 개인으로서 행복한 생활의 의미를 깨닫고 자신의 발전을 위해 필요한 기본적인 덕목과 생활태도를 다루었다. 後者는 효, 자애, 우애, 화목 등 부모와 자녀관계를 비롯한 가족 구성원들 간의 관계를 통하여 나타나는 가정의 생활윤리를 다루었다. 본 장은 이러한 인간관은 어떻게 형성되며, 이것을 이루는 가치덕목은 무엇이며, 또한 남북한 중등 도덕교과서는 인간관을 어떠한 내용으로 전개하고 있는지 분석하여, 간접적으로 이것들의 지향점은 무엇인지 고찰하고자 한다.

1. 인간관의 형성 및 가치덕목

1) 인간관의 개념 및 형성

'인간이란 무엇인가', '인간을 어떻게 볼 것인가'의 이른바 인간관의 문제는 모든 이념적 사고방식의 기본을 이루고 있다. 이 같은 인간관은 그 바탕을 이루는 세계관에 따라 차이가 있다. 世界觀(Weltanschanung)이란 일반적으로 世界에 대한 한 묶음의 主體的 見解 내지 解釋方式을 의미한다. 그것은 主體的으로는 체험의 힘과 심정으로서, 客體的으로는 대상적으로 형성된 세계로서, 여러 가지 힘 혹은 이념 즉, 인간의 궁극적이며 전체적인 것을 말한다.

각 국가·사회는 각각 그 국가·사회에서 요구하는 지배적이며, 전형적인 바람직한 인간상을 정립한다. 한 인간은 一般的인 人間이기 以前에 個體이며 또한 個別的인 運命을 가진 自我이다. 個體的 自我는 세계 속의 무엇보다도 우선하는데 인간의 존엄성과 가치는 바로 이 自我觀念에서 시작하며, 나의 個體的 存在는 세계의 어떤 것과도 바꿀 수가 없다. 나의 존재 가치가 소중한 것처럼 타인의 존재에도 동등한 가치를 부여해야 한다는 점에서 인간은 존엄성을 인정하지 않을 수 없다.[1]

나아가 인간은 恣意的 혹은 運命的으로 여러 가지 형태의 共同體에 소속되어 살아가는데, 각종 共同生活은 인간적인 삶의 필수조건이며 참여자들에 의해서 주도되지 않는 공동생활이란 또한 있을 수

---

[1] 정세구, 강두호, "북한청소년과의 이념논쟁에 대비한 청소년 이념교육 방향 연구", 서울대대학원 국민윤리교육과, 「사회와 사상 제8집」(1987), p.270.

없다. 공동생활의 주체는 곧 참여자 자신이기 때문에 공동체 발전과 개인의 성장 사이는 불가분의 관계로 이해되는 것이다.

'인간이란 무엇인가'라는 물음에서 人間觀의 槪念은 시작된다. 이런 물음은 인간이 자기 자신에 대해서 무엇인가를 알고 있기 때문에 가능한 것이며 또한 이것은 '자기가 모르는 것을 안다'라는 말을 함축하고 있는 것이다. 이런 의미는 인간이 자기 자신에 대해 무엇인가를 알기 때문에 自己意識・自己理解를 통해서 가능한 것이다. 따라서 인간에 대한 궁극적인 물음과 답은 前理解(Preunderstanding)가 내재된 것이라고 말할 수 있다.[2] 이러한 앞선 이해는 全體의 構造 속에서 關聯을 맺으면서 하나씩 자신의 體驗과 經驗을 통하여 이해해 나가는 人間存在의 解釋에 대한 基本的인 條件이 된다고 할 수 있다.

이상에서 보았을 때 인간관 및 세계관에 대한 도덕교육의 방향은 다음과 같이 제시될 수 있다.[3]

첫째, 인간의 존엄성을 최고의 가치로 보며, 세계관 및 인간관이 무엇인지를 알도록 해야 한다. 이를 위해 역사적 보편성을 지닌 가치의 설정과 그 실현을 위해 다양한 교육을 해야 한다. 왜냐하면 인간은 누구나 사물 관찰의 기준, 행동 방향의 나침반으로서 여러 세계관에 의거하여 살기 때문이다.

따라서 인간관의 가장 큰 기준은 人間의 尊嚴性에서 비롯된다고 할 수 있다. 셸러(M.Schller)에 의하면 인간의 존엄성은 인간만이 정신을 가지고 있다는 사실에 근거한다. 그는 직접적으로 인간의 존엄성이라는 말보다는 人格의 尊嚴性이라는 말을 선호하면서 人格

---

2) 진교훈, 「철학적 인간학 연구 Ⅰ」(서울: 경문사, 1990), pp.9-22.
3) 정세구・강두호, 위의 글, p.271 참조.

150

主義 倫理學의 핵심을 인격의 존엄성에 두고 있다. 그는 人格이 自律性과 個性을 가지고 있으며 인간이 良心省察과 사랑을 할 수 있다는 사실에 정초시키고 있다.[4]

둘째, 獨斷的이고 決定論的인 思考方式을 警戒하도록 해야 한다. 플레스너(H. Plessner)에 의하면 인간의 존엄성은 脫中心性에 근거한다고 말하면서 인간이 자기와 세계를 不偏不黨하게 객관화시킬 수 있고, 사물을 자기의 이해를 초월해서 관찰할 수 있는 능력을 가지고 있으며, 다른 사람들에 대해서 경건한 태도를 가질 수 있는 것은 바로 인간의 脫中心性에 기인한다고 말하고 있다.[5]

셋째, 하나의 세계관에 있어서 보이는 부분과 보이지 않는 부분을 인식시켜야 한다. 보이는 것에 대해서는 명확한 관점을 제시해 주어야 하며, 보이지 않는 것에 대해서는 그 裏面의 世界를 파악할 수 있도록 反省的 思考와 多樣한 價値觀 敎育을 실시하여야 한다.

결국 인간은 기본적으로 理性을 所有한 存在이기 때문에, 옳고 그름을 판별하고 믿는 바를 따라서 自主的으로 行動하는 道德的 主體이기 때문에, 그리고 인간은 존엄하게 인간답게 살 수 있는 可能性 때문에, 人間은 尊嚴하다고 할 수 있다.

2) 인간관을 형성하는 가치덕목

인간존중사상은 근대 이후 서양세계를 지배해 온 社會思想 내지 倫理思想의 출발점이 되어 왔다. 인간은 세상에 태어나면서부터 다른

---

4) 진교훈, 「철학적 인간학 연구 Ⅱ」(서울: 경문사, 1994), p.19.
5) 위의 책, p.19.

사람에게 양도할 수 없는 自然的 權利를 가지고 있으며, 人權은 모든 사람에게 고루 부여되어 있는 先天的 權利이자 無限의 權利이다.

인간을 다른 동물과 구별 짓는 특성으로는 첫째, 인간이 도구를 만들어 사용한다는 사실이다. 인간은 생각함으로써 도구를 만들며 사용하는 가운데 새로운 생각에 도달하게 된다. 오늘날 과학기술 및 문명의 비약적인 발달은 바로 이러한 점에 연유하는 것이다. 둘째, 인간은 다른 동물과 달리 생리적 욕구 이외에 다른 권력욕, 명예욕, 소유욕, 사회심리적 욕구를 지니고 있다. 셋째, 인간은 매우 복잡한 사회생활을 하고 있다는 점이다. 이러한 사회적 인간은 자신의 자유로운 욕구를 충족시키려고 할 때 사회적 규범의 제약을 받지 않을 수 없다.

社會的 規範에는 慣習과 倫理 및 法 등이 있다.

慣習이란 한 사회 내에서 그 사회의 구성원에게 일반적으로 널리 받아들여지고 있는 전통양식이다. 이것은 善惡正邪의 基準, 道德的 行動의 기준을 제공하는 社會規範이다. 관습이 근본적으로 삶 전체에서 반영되어 보편적인 합리성을 획득하게 되면, 그것은 道德 내지는 倫理의 성격을 지니게 된다.

倫理란 인간이 자신의 삶 속에서 지켜 나가야 할 행동규범과 도리로서 인간공동생활의 원리를 체계화한 것이다. 즉 인간공동생활의 원리는 사람이 지켜야 할 도리인 人倫이라고 할 수 있다.

法은 국가의 공권력에 의해 制定되고 그것을 어기는 사람들을 물리적, 강제적으로 제재하는 행위규범이다. 따라서 인간은 사회규범의 제재를 받지만 개인적으로는 인간은 기본적인 가치덕목을 갖추고 있어야 한다. 인간관을 구성하는 두 가지 관점을 살펴보면 첫째, 個人的 次元의 價値意識은 가정, 학교, 사회, 국가, 국제도덕의 기초

152

이며 핵심이라고 할 수 있다. 한 개인이 도덕적 인격을 갖추지 못할 경우, 그는 다양한 공동체의 구성원으로서 제 역할과 도리도 제대로 수행할 수 없을 것이기 때문이다. 그렇다면 개인 도덕의식에는 최소한 어떤 덕목들을 포함해야 할 것인가? 자아실현, 행복과 고난 극복, 가치교육, 양심, 인격, 절제 등의 덕목을 포함시킬 수 있다. 이 중 몇 가지를 살펴보면 다음과 같다.6)

① '幸福과 苦難克服'을 보면 우리는 누구나 인생의 과정에서 많은 고난을 겪는다. 그러나 고난을 슬기롭게 극복하기 위해서는 인생에 대한 '진취성'이 필요하다. 왜냐하면 우리가 될 수 있는 대로 고난을 피하려고만 한다거나, 고난에 부닥쳤을 때에 금방 좌절하고 만다면, 이것은 인생에 대한 비관적이고 소극적인 태도로서, 결국 자기 자신을 파멸로 이끌고 말 것이기 때문이다.7) 고난 극복을 했을 때만이 인간은 진정한 행복을 맛볼 수 있다.

② '良心'을 보면 양심이 발달되어 있는 사람은 자기 자신에 대한 이익과 입장만을 생각하지 아니하고, 타인에 대해 배려하고, 도덕적으로 행동하기가 쉽다. 따라서 정의로운 도덕공동체가 이루어지기 위해서는 그 구성원들이 무엇보다도 먼저 양심적이어야 한다고 말할 수 있다. 이와 관련하여 헹스텐베르그(H. Hengstenberg)는 인간이 不偏不黨하게 가치판단을 할 수 있는 것은 인간이 선천적으로 不偏不黨性을 가지고 있으며 자기의식을 벗어날 수 없는 것처럼 양심으로부터 도망칠 수 없기 때문이라고 하였다.8)

---

6) 차우규, "초·중학교 학생들의 도덕의식 및 도덕 문제에 관한 조사연구", 서울대 대학원 박사논문(1997), p.53. 참조.

7) 박성수, "자녀 교육의 기본 구상", 정원식 외, 「이 시대의 자녀 교육」 (서울: 교육과학사, 1996), p.101.

8) 진교훈, "보편적 가치윤리학의 재구성과 가치관 교육", 한림과학원(편),

③ '節制'를 보면 이것은 인간에게서만 찾아볼 수 있는 것으로, 이는 개인의 발전은 물론, 사회의 안정된 질서와 발전의 원동력이 된다. 節制 또는 禁慾은 서양의 '청교도주의'의 절제하는 생활과 우리의 유교 전통에서의 내핍 및 청빈 생활 등이 그 형태로 공히 찾아볼 수 있는 개인 도덕의 중요한 요소라고 할 수 있다.[9]

둘째, 家庭的 次元의 價値意識을 살펴보면[10] 가정은 가장 중요한 사회화 요인 중의 하나이다. 전체 사회화 속에서 가정의 상대적 중요성은 차이가 있을 수 있지만, 가정의 영향은 전통적인 사회이거나 발전되고 복잡한 사회에 관계없이 크게 나타나고 있다.[11] 따라서 건전한 가정은 건전한 국가의 기틀인 동시에 필수적 요소이다.

가정의 발전은 곧 국가의 발전을 의미한다고 보아도 결코 지나침이 없다.[12] 우리의 전통 가정윤리는 주로 가족 간의 윤리(부부의 윤리, 부모의 윤리, 자녀의 윤리, 형제·자매간의 윤리)와 조상·친족의 윤리로 구분[13]되는데, 그중에서도 가장 중요시된 것은 敬老孝親과 親族 간의 禮節로 요약된다. 여기서는 효, 자애, 우애, 화목 등을 분석하였다.

「21세기를 여는 한국인의 가치관」(서울: 소화, 1997), p.69 참조.

9) 한국국민윤리학회 편, 「민주시민을 위한 윤리·도덕」(서울: 형설출판사, 1992), pp.133-146.

10) 차우규, 앞의 논문(1997), p.63.

11) R. E. Dawson ET. AL., *Political Socialization*, 정세구 역, 「정치 사회화」(서울: 법문사, 1987), pp.111-112.

12) 한국국민윤리학회(편), 「국민윤리학개론」(서울: 형설출판사, 1987), p.266.

13) 위의 책, pp.247-253.

2. 남한 인간관 단원의 주요 내용 및 가치범주

1) 인간관 단원의 주요 내용

남한 중학교 '도덕' 인간관 단원은 2학년 9개 단원, 3학년 8개 단원으로 구성되어 있다. 인간관 단원의 설정은 교과서 단원 내용과 주요 덕목을 중심으로 하여 선정하였다. 남한 인간관 단원의 특징은 개인의 발전과 자아실현을 위한 가치덕목들이 주를 이루며 또한 사회화의 기초로서 가정의 중요성을 인식하여 자애, 효, 가정의 화목 등 기본적인 가치덕목들도 중요시하고 있다. 특히 현대의 가치갈등 상황을 적절히 제시하여 인간으로서의 기본적인 가치덕목 습득을 직·간접적으로 제시하고 있다. 인간관 단원의 주요 내용을 보면 다음과 같다.

(1) 남한의 중학교 도덕 2학년 인간관 관련 내용분석을 살펴보면 〈표 Ⅳ-1〉과 같다.

〈표 Ⅳ-1〉 남한 중 2 도덕 인간관 관련 내용분석

단원	단원명	단원 내용	주요 덕목	가치의 매개
Ⅰ. 가치와 도덕문제 (개인생활)	1. 삶의 목표와 가치	삶의 목표추구와 관련하여 가치의 기능, 종류, 궁극적 가치에 대해 설명하면서 우리가 추구해야 할 궁극적 가치는 어떤 것이며, 또한 학생들이 도덕적 갈등사태에 대해 해결능력을 기르기 위한 기본적인 개념과 가치가 무엇인지 설명하고 있다.	가치추구, 사랑, 봉사, 정직, 인내	학생, 철학자, 장애인
Ⅰ. 가치와 도덕문제 (개인생활)	2. 삶의 다양성과가 치갈등	삶의 여러 가지 모습들 속에서 가치갈등상황과 문제점, 해결의 기본자세를 설명하고 있다. 즉 인간의 삶은 다양한 가치추구로 인하여 갈등상황을 맞이하고 있고, 이러한 문제를 해결하기 위해 기본적인 자세는 관용, 타협, 양보, 규칙존중, 그대로의 사실인식이 필요하다는 것을 말하고 있다.	협동, 봉사, 양심, 규칙, 관용, 양보, 타협, 교칙	김 선생, 회사원, 가정, 노사, 모자(母子)
	3. 가치선택과 도덕판단	문제의 상황 속에서 올바른 가치의 선택을 위한 방법과 과정은 무엇이며, 도덕적 판단과 도덕적 논쟁을 해결할 수 있는 방안을 말하고 있다.	반성, 공공정신, 양심, 교칙	수진, 삼촌, 학생, 부부
	4. 인물학습	노자와 김삿갓의 삶 속에서 추구된 가치는 무엇이며, 이들의 추구가치에 대해 우리는 어떤 판단을 내릴 수 있는지 예화를 통해 설명하고 있다.	양심, 은둔	노자, 김삿갓
Ⅱ. 가정·이웃·학교 생활과 도덕문제 (가정·이웃·학교생활)	1. 가정생활과 도덕문제	가정생활의 의의와 변화를 설명하고 있다. 또한 과거, 다른 나라, 오늘날 우리의 가정생활에서 발생하는 도덕문제의 원인과 해결책을 제시하고 있다.	효, 자애, 공경, 사랑, 이해, 충	가정, 모자, 조상, 의병, 교포
	3. 학교생활과 도덕문제	오늘날 학교생활과 의미, 조상들의 학교생활, 다른 나라의 학교생활과 모습을 소개하고 있다. 또한 보람찬 학교생활을 위해서 학교에서 발생하는 도덕문제를 합리적으로 해결할 수 있는 방안을 제시하고 있다.	존경, 사랑, 봉사, 자립, 규칙	학생, 학교, 영철
	4. 인물학습	영조와 루소의 업적과 생활을 이해하고 이들을 통해서 바람직한 도덕적 삶, 가치 있는 삶이란 무엇인가를 생각하게 한다.	책임, 성실지도자 관, 인정미	영조, 루소
Ⅲ. 현대사회와 도덕 문제(사회생활)	2. 현대사회와 청소년문화	올바른 청소년문화를 형성하기 위하여 놀이문화, 이성교제, 종교생활을 포괄적으로 다루고 있으며, 바람직한 청소년 문화 창조를 위하여 가치갈등 사태와 문제 해결 방안을 제시하고 있다.	인격, 공부	영철, 영호, 현주, 현옥
Ⅳ. 민족통일문제와 북한의 현실(국가와 민족생활)	4. 인물학습	연개소문과 나폴레옹의 삶을 통하여 올바른 지도자관은 무엇이며, 개인적 도덕문제와 사회적 도덕문제간의 관계를 생각하게끔 유도하고 있다.	인격, 지도자관	연개소문, 나폴레옹

분석 자료: 남한 중학교 도덕 2학년(교육부, 1992).

(2) 남한의 중학교 도덕 3학년 인간관 관련 내용분석을 살펴보면 〈표 Ⅳ-2〉와 같다.

〈표 Ⅳ-2〉 남한 중3 도덕 인간관 관련 내용분석

단 원	단원명	단원 내용	주요 덕목	가치의 매개
Ⅰ. 바람직한 삶 (개인생활)	1. 삶의 보람과 설계	다원화된 다양한 삶의 방식 속에 어떠한 삶이 바람직하며, 삶의 향상을 위해 삶의 질을 이해하고, 또한 계획하고 반성하는 삶이 왜 중요한지를 설명하고 있다. 성숙한 삶을 위해서는 반성적 태도가 중요하다는 것을 말하고 있다.	공공, 반성, 성실	식당, 낚시꾼, 명심보감
	2. 개성신장과 인격도야	자아발견과 개성신장을 통하여 훌륭한 인격도야를 할 수 있으며, 고난 극복의 기본자세도 인격도야를 위해 필요하다는 것을 설명하고 있다.	인격, 자주, 고난 극복	장애인 김 씨
Ⅰ. 바람직한 삶 (개인생활)	3. 인본적인 삶의 자세	인간다운 삶을 만들어주는 가치와 이를 실천하는 자세의 중요성을 말하고 있다. 사랑과 관용, 자기존중감은, 자연과의 조화를 통해 성숙한 인간이 된다는 것을 또한 설명하고 있다.	감은, 절제, 성실, 사랑, 관용, 선행	신문, 이 생원
	4. 인물학습	안창호와 헬렌켈러의 삶이 우리에게 주는 의미 즉 사랑과 봉사의 참다움을 깨닫게 하고 있다.	애국심, 인내, 성실, 사랑	안창호, 헬렌켈러
Ⅱ. 가정·이웃·학교 생활의보람 (가정·이웃·학교생활)	1. 바람직한 가정생활	인간 삶의 궁극적인 목적은 행복추구이며, 행복은 일상생활 속에서도 얻을 수 있다. 이는 사회 국가적으로도 매우 중요하다고 설명한다. 또한 가정의 행복을 위해 안전과 예방이 중요함을 설명하고 있다.	자애, 효, 우애, 행복, 성실, 사랑	가정, 공자, 동물, 가정, 철수,
	3. 학교생활의 보람	중학교생활을 뜻있게 마무리 짓기 위하여 극복해야 할 주제들을 다루고 있다. 학교생활의 보람을 위해 알아야 할 내용 즉, 진로탐색, 여가와 취미, 인성함양 등을 구체적으로 설명하고, 실천의지의 중요성을 설명하고 있다.	규칙, 면학, 극기, 인성	루스벨트, 학교, 학생
	4. 인물학습	신사임당과 페스탈로찌의 삶을 통해 올바른 가치와 인간관은 무엇인지를 예화를 통해 설명하고 있다.	사랑, 믿음, 의지	신사임당, 페스탈로찌
Ⅲ. 민주사회와 도덕 (사회생활)	3. 복지사회와 경제윤리	민주주의의 원리와 기초 그리고 민주사회의 성격 등이 우리의 사회생활과 경제생활에 어떻게 적용되고 있는가를 복지사회와 경제윤리를 예로 들면서 설명하고 있다. 또한 올바른 윤리적 자세를 설명하고 있다.	정직, 성실, 인간애, 자유, 평등, 복지사회	장애인, 직업인, 김 씨

분석 자료: 남한 중학교 도덕 3학년(교육부, 1992).

2) 인간관 가치범주의 교과서 내용

(1) 개인적 차원의 가치

개인적 차원의 가치는 개인으로서 행복한 생활의 의미를 깨닫고 자신의 발전을 위해 필요한 기본적인 덕목과 생활태도를 다루었다. 이러한 가치는 대체로 학생들이 우리 사회에서 건전한 생활을 영위하기 위해 필요한 것이다. 자기실현과 행복을 이루기 위하여 그리고 도덕적 자질과 품성을 형성하기 위하여, 도덕교육은 이에 어떻게 기여할 수 있는지 초점이 맞추어져 있다.

자아실현, 행복과 고난 극복, 가치교육, 절제, 반성과 성찰, 인격 등의 주요 가치요소들을 살펴보면 다음과 같다.

① 자아실현

교육의 한 측면은 개인의 만족스런 삶을 위해 필요한 것이다. 그것은 바로 자기가 하고 싶은 것이 있다면, 성취하게 하여 자기만족과 아울러 삶의 보람을 갖게 하는 것이다. 도덕교과에서는 最大限의 自我實現을 형성시키기 위해 人格과 個性伸張, 勉學, 誠實 등을 강조하고 있다. 또한 개인의 자아실현은 학생의 신분에 맞는 생활, 적극적인 삶의 자세가 요구되고 있다고 교과서는 기술하고 있다.

> 우리는 학생신분에 맞고 자신에게 어울리는 검소하고 교육적인 여가활동을 해야 할 것이다.(중학교 3학년 p.126)

집에서 전자오락에 매달리다 보면 시간가는 줄 모르는 때가 많아 공부시간을 빼앗기는 경우가 많다. 이것이 나의 고민이다.(중학교 2학년 p.172)

성공적인 직업생활을 위해서는 무엇보다도 성실하고 적극적인 자세가 요구된다.(중학교 3학년 p.202)

② 행복과 고난 극복

일시적 만족이나 기쁨이 있다고 또는 걱정이나, 고통이 없다고 결코 행복하다고 말할 수 없다. 幸福한 삶은 고난이 없는 편안하고 순탄한 곳에서 얻어지는 것이 아니며, 주어진 나쁜 여건을 극복하고 힘써 노력하여, 本來的인 價値를 추구하는 과정 속에서 얻어지는 것이라고 교과서는 기술하고 있다. 행복은 최선의 노력을 하는 과정에서, 그리고 일상적인 주변에서 흔히 얻어지는 것을 강조하고 있으며, 또한 自己克復과 忍耐, 사랑의 마음이 있어야 얻을 수 있다는 것을 또한 강조한다. 이러한 행복은 더 큰 만족을 주어 도덕적 인물의 모델이 되기도 한다는 것을 교과서는 기술하고 있다.

그러한 고통과 어려움을 자기 자신이 더 성숙해지고 강해질 수 있는 계기로 삼아 그것을 극복하고 자신의 삶을 완성하는 일이다.(중학교 3학년 p.36)

행복은 거창하고 화려해서 우리와 동떨어져 다른 세계에 있는 것이 아니라 누구나 노력을 통하여 얻을 수 있다.(중학교 3학년 p.74)

이런 생물학적, 환경적 제약에도 불구하고 자신의 의지와 노력에

의하여 충분히 올바른 인성을 확립시켜야 한다.(중학교 3학년 p.129)

의지로 자신에게 주어진 모든 역할을 훌륭하게 수행해 내었기에 사임당은 우리나라 여성들의 본보기가 되고 있다.(중학교 3학년 p.137)

사랑은 더욱 인간을 성숙하게 만들며 사회에 평화와 정신적 풍요로움을 가져다준다.(중학교 3학년 p.45)

③ 가치교육

價値는 인간 삶의 한 지표이다. 가치는 만족스런 삶을 살기 위해, 바람직한 삶을 살기 위해, 절대적으로 필요하다. 개인과 사회생활의 만족한 삶을 살기 위하여, 인간은 가치추구의 관점을 취하고 있는 것으로 보인다. 특히 인간이 동물과 다른 점은 고차원적인 욕구인 가치추구에서 비롯된다. 도덕교과서에서는 기본적인 가치의 종류를 구분한 다음, 가치추구는 인간다운 생활과 삶의 풍요함을 가져다준다고 강조하고 있다.

인간은 이와 같은 도덕적 추구를 추구하기 때문에 진정으로 인간다운 생활을 할 수 있다.(중학교 2학년 p.13)

사람들이 귀중하게 얻고자 하는 대상이 바로 가치이다.(중학교 2학년 p.6)

인간의 가치는 도구적 가치와 본래적 가치로 구분하여 인간이 도덕적 가치를 추구하지 않는다면 약육강식의 동물의 세계와 다를 바 없다.(중학교 2학년 p.10)

우리가 바람직한 가치들을 추구한다면 인간과 사회의 모습은 보다 풍요로워질 것이다.(중학교 3학년 p.41)

④ 양　심

良心은 자기 자신의 태도, 행동이 윤리적으로 善인가 惡인가 그리고 倫理的 當爲에 적합한가 적합지 않은가에 관한 의식을 말한다. 또한 양심은 도덕의 근원이며 옳고 그름을 판별하는 원리라고 설명하고 있다. 따라서 양심은 모든 사회규범을 포괄하는 도덕원리이며, 인간들이 지녀야 하는 가장 기본적인 덕목인 동시에 正直은 하나의 중요한 요소가 된다고 교과서는 기술하고 있다.

'양심대로 사는 사람이 불리해져도 괜찮다'라는 생각을 가진다면 그 원리를 근거로 해서 내린 도덕판단은 올바른 도덕판단이 될 수 없을 것이다.(중학교 2학년 p.53)

어머니로부터 김익순이 자신의 할아버지라는 사실을 알게 된 김병연은 '나는 하늘을 우러러……역적의 자손이다. ……어찌 하늘 아래 머리를 들고 살아가겠는가'라며……(중학교 2학년 p.65)

경제생활에서 개인이 가져야 할 필수적인 덕목은 정직이며 도덕적으로 행동할 때 더 많은 이익을 얻을 수 있다.(중학교 3학년 p.197)

나는 정직한 사람으로 살아가고 싶다……학식이 높고……사람들이 정직하지 못해서 다른 사람에게 피해와 실망을 주는 경우를 많이 보았다.(중학교 2학년 p.5)

경제활동에서 사회질서의 바탕이 되는 도덕과 양심에 어긋나는 행동을 하면 결국 자신이 피해를 입게 되는 것이다.(중학교 3학년 p.197)

⑤ 절 제

節制의 文化를 통해 우리는 우리 사회가 당면한 많은 문제들의 해결에 접근할 수가 있다. 교과서는 자기존중과 사회·국가적 차원에서의 절제를 강조하고 있다. 절제는 현대의 물질만능주의 시대에 覺醒을 주기 위해 대단히 중요시되고 있는 덕목이며 이것은 결국 도덕적 가치로 승화되어야 함을 교과서는 암시하고 있다.

과소비를 추방하자는 사회운동이 시작되어도 소비자 개인이 각성하지 않으면 절약풍조의 정착은 멀기만 하다.(중학교 3학년 p.200)

자기를 존중하기 위해서는 절제하는 자세가 중요하다.(중학교 3학년 p.52)

땀 흘려 일하고 근검절약하는 사회분위기가 사라지고 편안함과 순간적인 쾌락만을 추구하는 풍조가 나타나고 있다.(중학교 2학년 p.192)

⑥ 반성과 성찰

미래를 위한 삶을 설계하고, 자신의 현재 모습을 돌아볼 필요가 있을 때, 우리는 反省이나 省察을 하게 된다. 또한 우리는 현재 자신의 수준이 어느 정도이고, 삶의 질 향상을 위해 노력할 때 한 번 정도 되돌아봄으로써 현재의 삶을 정리하게 된다. 학생은 되어 가는 존재로 '나는 어느 정도 부족하고, 어느 것을 할 수 있으며, 능력은 어느 정도인지'를 자주 느껴야만 하기 때문에 교과서에서는 삶의 成熟과 人格完成의 측면에서 강조하고 있다.

　　대부분의 종교는 자기반성과 자아성찰을 통하여 인격완성을 위하여 노력할 것을 요구한다.(중학교 2학년 p.182)

　　수진이는 자신의 행동에 대해 깊이 생각해 본 적이 없다.(중학교 2학년 p.41)

　　꾸준한 반성과 자신에 대한 성찰의 과정이 있을 때 우리의 삶은 더욱 성숙해질 수 있을 것이다.(중학교 3학년 p.17)

⑦ 인　격

人格은 인간을 다른 존재와 구별할 수 있게 해주는 것이며 그리고 인간만이 가진 특성이라고 교과서는 기술하고 있다. 人格陶冶를 위해서 우리는 해야 할 것이 무엇인가를 생각하게 한다. 나아가 훌륭한 사람들을 통해 자신은 무엇을 본받아야 할 것인가를 생각하는 것이 대단히 중요하다고 교과서는 전개하고 있다. 인류가 발전되어 온 것은 훌륭한 성현들의 가르침에 의한 것이며, 인간이 인간답게 사는 것 또한 도덕적인 善人이나 사람들의 영향에 의한 것이라는 것을 교과서는 강조하고 있다.

　　사람을 사람 되게 하는 인간으로서의 공통성, 이것이 곧 인격이다.(중학교 3학년 p.28)

학교생활을 통하여 우리는 바람직한 인격을 형성하고 자아를 발전시키기 위하여 열심히 공부하고……(중학교 2학년 p.113)

이런 빛나는 정치적 업적에도 불구하고 영조는 커다란 실책을 저질렀으니 자신의 아들인 장헌 세자를 뒤주에 가두어 굶겨 죽인 일이었다.(중학교 2학년 p.134)

(2) 가정적 차원의 가치

가정의 차원에서는 부모와 자녀관계를 비롯한 가족 구성원들 간의 관계를 통하여 나타나는 가정의 생활윤리를 다루었다. 현재 한국 가정의 특징을 살펴보면 남한에서 가족 내의 사회화방식은 전통적 가족규범이 아직 강하게 작용하고 있다. 산업화의 발달에 따라 서구식 방식을 많이 받아들였지만 아직은 家長中心의 가족관계이며, 孝道 관념을 중시하는 혼합형을 이루고 있다. 그러나 현재 가족 내부에서도 부모와 자식 간의 세대 차이, 고부간 의식의 차이, 대가족과 핵가족 사이의 긴장과 갈등 등으로 복잡한 양상을 띠고 있다. 그러나 남한의 가정은 아직도 愛情指向的 價値가 支配的이며 동시에 活動爲主의 家族主義가 여전히 常存하고 있다.14)

家政의 社會化 機能은 사회의 모습이 변화해가면서 조금씩 변화했지만, 변하지 않는 것은 가정의 재생산기능, 개인생명의 유지보존 기능, 가족 성원들을 교육하는 기능, 휴식을 제공하는 기능이라고 할 수 있다. 사람들은 가정생활을 통하여 생활의 활력을 얻고 안락과 여유를 얻는다. 또한 청소년들이 사회에 적응하는 여러 가지의

---

174) 김학준 외, 「남북의 생활상」(서울: 박영사, 1986), p.1.

164

것들을 배워서 인격의 기초와 사회생활의 기초를 얻는 곳도 가정이라고 할 수 있다. 이와 같은 가정은 인간 삶의 터전이기 때문에 여기서 육체적, 정신적 양식을 공급받으면서 살아가게 된다.[15]

'家和萬事成'이라는 말이 있듯이 家庭의 和睦은 모든 것의 基礎이며 根本이다. 참다운 가정은 孝, 慈愛, 友愛 등이 충만할 때 그리고 이 모든 것들이 잘 조화될 때 이루어질 수 있다는 것을 강조하고 있다. 이러한 것들을 교과서에서 살펴보면 다음과 같다.

① 화목한 가정

和睦한 家庭은 누구 하나의 책임이 아니며, 가족 구성원 전체가 자기의 역할을 제대로 할 수 있을 때만이 성립되며 또한 서로 사랑과 이해, 대화, 아량이 많아야 진정으로 화목한 가정을 이룰 수 있다고 교과서는 전개하고 있다.

> 가족 구성원 사이의 관계는 사랑과 이해와 인격존중으로 묶여 있다. 가정에서 부모는 자녀를 아끼고 보살피며 자녀는 부모를 공경하고 받든다.(중학교 2학년 p.74)

> 가정을 꾸려나갈 책임은 가족 구성원 모두에게 있다.(중학교 3학년 p.78)

> 부모는 자녀에게 좋은 모범을 보여야 하며……모든 어려운 일은 서로 부모님과 대화를 나누며 협조를 구해야 어려운 문제를 풀 수 있다.(중학교 3학년 p.77)

---

15) 교육부, 「1학년 도덕 교사용 지도서」(1997), pp.107-108. 이하는 교육부(a)라 한다.

② 효와 자애 및 부도

　전통적인 한국인의 가정에서 최고의 자식은 효를 행하는 자식이었다. 현대에 와서도 이러한 정신은 변하지 않았지만 단지 孝와 父道를 행하는 방식에 있어서는 시대의 흐름과 궤를 같이하면서 조금 변화되었다. 특히 부도는 權威的이고 垂直的인 방식에서 民主的인 방식으로 변화했음을 제시하고 있으며, 孝는 百行의 根本이라는 말이 있듯이 인간가정을 가장 끈끈하게 이어주고 있는 가장 큰 정신적 유대라고 설명하고 있다.

　자녀에 대한 부모의 사랑은 헌신적이며 맹목적이라고 할 수 있을 정도로 강하고, 특히 孝에 대한 사랑보다 慈愛가 아직도 더 큼을 교과서는 나타내고 있다.

　　가정 안에서 부모가 자녀를 사랑하고 자녀는 부모를 효로써 공경하며 형제자매 간에는 우애를 돈독하게 하는 일이 매우 중요하다.(중학교 3학년 p.80)

　　가정에서 부모가 자녀에게 베푸는 사랑은 희생적이고 헌신적이다. ……부모는 자녀가 바른길을 가도록 하기 위해 정을 억누르고 엄하게 대하는 것이다.(중학교 3학년 p.80)

　　부모와 자식 사이에서도 부모는 자식을 책임지고 자식은 부모에 예속되는 상하관계로부터 부모는 자식에게 자율적인 책임을 요구하고 자녀는 부모를 공경하는 민주적인 관계로 변화되기 시작하였다.(중학교 2학년 p.76)

3. 북한 인간관 단원의 주요 내용 및 가치범주

1) 인간관 단원의 주요 내용

북한 고등중학교 '공산주의 도덕' 인간관 단원은 3학년 7개 단원, 4학년 3개 단원으로 구성되어 있다. 인간관 단원의 설정은 교과서 단원 내용과 주요 덕목을 중심으로 하여 선정하였다. 북한 인간관 단원의 특징은 형식적인 측면으로는 개인적·가정적 차원의 가치이 지만, 실제적으로는 集團的 價値指向 性格으로 많이 變化 또는 變質된 모습을 보여주고 있다. 인간관 단원의 주요 내용을 보면 다음과 같다.

(1) 북한 고등중학교 공산주의 도덕 3학년 인간관 관련 내용 분석을 살펴보면 〈표 Ⅳ-3〉와 같다.

〈표 Ⅳ-3〉 북한 고등중학교 공산주의 도덕 3학년 인간관 관련 내용분석

단원 (과)	단원명	단원 내용	주요 덕목	가치의 매개
3	자기의 것을 귀중히	과거 힘들었던 시절을 생각하면서 물자절약의 정신을 강조하고 있다. 인민이 만들어낸 물건은 소중히 아끼고 귀중히 여겨야 되며 결국 절약정신은 조국과 인민을 사랑하는 것이라고 강조한다.	절약 (검소)	물건, 김정일
4	하루를 살아도 락천적으로	옳은일이란 사회와 조국, 집단, 인민을 위한 일이다. 이것을 항일투사혁명 동지들의 상황을 가지고 설명하고 있다. 결국 어려운 상황에서도 인내하며 사는 것이 락천적인 삶이며, 또한 인민들에게 김일성의 죽음에 비애에만 젖지 말고 인내를 갖고 살아야 한다고 간접적으로 락천성을 강조하고 있다.	인내	김정일
7	낡은 생활양식을 버리고	낡은 생활양식이란 자본가, 지주, 반동관료배들이 중심인 착취사회라고 비유하고 있다. 사회는 변화 발전하는 것이기 때문에 북한의 우리식 사회주의생활양식이 반드시 승리한다고 주장한다. 또한 낡은 생활양식은 허례허식과 술, 담배 등 좋지 못한 풍습이나 관습에 의해 발생한다고 하여 경계심을 강조하고 있다.	반성	김정일
9	한 생을 깨끗하게	인간은 청렴결백한 품성을 갖고 살아야 하며 이런 품성은 공산주의적 인간에게만 있다고 강조한다. 물욕, 개인적 이기심, 특전과 특혜를 버리라고 재차 강조하면서 김일성의 도덕성을 찬양하고 있다.	청렴	김일성
17	모기장을 치자	수정주의사상은 반동사상이며 이것에 물들면 사상적으로 타락하고, 이런 사상을 김 부자사상으로 굳게 뭉쳐 몰아내야 한다는 것을 역설한다. 또한 수정주의를 모기로 비유하면서 경계심을 표현하고 있다.	면학	김정일, 모기장
19	일이 곱다	사람을 평가하는 것은 겉모습에 의해서가 아니라 성실하게 일을 하는 것에 의하여 평가된다고 강조한다. 로동에 성실히 임하는 사람이 고운 사람이며 결국 당과 조국을 위하여 더 많은 기여를 하는 사람이기 때문에 훌륭한 사람이라고 말하고 있다.	성실	김정일
20	하나의 대가정	북한은 하나의 거대한 가정으로 이루어졌음을 강조하면서 어버이는 김 부자이며, 인민들 모두는 김 부자의 아들·딸이라고 말하고 있다. 김일성의 죽음에 대해 애통해하면서 김정일이 김일성의 사상을 그대로 이어 받아, 위업을 고스란히 이어간다는 하나의 대가정에 비유하고 있다. 전형적인 거대한 가족국가의 전형이라고 할 수 있다.	사랑, 충, 효	김일성, 김정일

분석 자료: 북한 고등중학교 공산주의 도덕 3학년(평양: 교육도서출판, 1995).

(2) 북한 고등중학교 4학년 공산주의 도덕 인간관 관련 내용분석을 살펴보면 〈표 Ⅳ-4〉과 같다.

〈표 Ⅳ-4〉 북한 고등중학교 공산주의 도덕 4학년 인간관 관련 내용분석

단원 (과)	단원명	단원 내용	주요 덕목	가치의 매개
3장	3장 토지애와 혁명적 의리 1절 사랑의 뜻	세상에서 가장 가련한 인간은 사랑할 줄도 모르고, 사랑 받지도 못하는 인간이라고 말한다. 계급적 원수들과 비타협적으로 투쟁할 때, 혁명적 사랑을 지닌 사람이라고 설명한다. 즉 사랑의 의미가 왜곡되고, 혁명적 동지애를 강조하고자 하는 의도로 보인다.	사랑 (자애)	김정일
4장	4절 참된 인간과 로동	로동을 좋아하고 성실히 참가하는 것이 참된 인간이며 공산주의자이다. 로동을 신성시하고, 놀고먹고 무위도식하는 인간은 자본가와 지주라고 비판하면서 북한의 로동 동원력의 강조와 참여성을 강조하고 있다.	성실	김일성, 서진주
5장	2절 정의로운 품성	정의로움 품성은 공산주의적 인간이 지녀야 할 중요한 품성의 하나이며, 정의로운 사람이란 인간의 존엄과 권리를 지키며 온갖 부당한 행위를 증오하고, 모든 문제를 사심없이 공정하게 대할 줄 아는 성실한 인간이라고 기술하고 있다. 또한 정의로운 인간은 모든 일을 공평히 대하며, 개인의 이익보다는 인민대중의 이익을 더 소중히 여긴다고 말한다. 정의의 순수한 의미가 집단적 의미로 변질되었음을 나타내고 있다.	인성, 겸손, 성실	김정일, 보금이

분석 자료: 북한 고등중학교 공산주의 도덕 4학년(평양: 교육도서출판, 1995).

2) 인간관 가치범주의 교과서 내용

(1) 개인적 차원에서의 가치지향

여러 가치덕목을 조망하여 볼 때, 개인의 차원에서는 개인의 기본적인 욕구, 특히 물질적인 욕구를 충족시키고 발전시키기보다는 抑制하거나 拒否하는 禁慾主義的인 성향이 강하게 나타나고 있음을 알 수 있다. 북한에서의 개인상은 물질을 탐하거나 그에 대한 욕망을 가지지 않는 사람, 항상 검소한 생활을 하며 자족한 삶을 위해 성실하게 일하는 사람, 언제나 자신의 생활을 돌이켜 보면서 반성하고 비판하여 자신의 몸과 마음을 닦는 사람으로 표현되고 있다.[16]

그러나 이러한 禁慾的인 생활 속에서는, 인간의 내면적인 정신적 가치 그 자체보다는 구체적인 행동으로 이루어지는 외형적인 가치, 즉 실질적인 생활규범이 더 중시되고 있다. 다시 말해 이론보다는 실제를, 지식보다는 행동을, 형식보다는 실용을, 머리보다는 손을 중시하는 공산주의의 행동적, 실천적인 성향과 매우 밀접한 관계가 있다고 보인다.

개인적 차원의 주요 가치덕목인 덕성(품성), 절약, 로동, 여가 등을 살펴보면 다음과 같다.

① 덕성(품성)

공산주의 이념에 충실한 공산주의 혁명가를 이상적 인간으로 보

---

16) 박성희, "교과서 분석에 의한 북한 청소년의 가치관 연구", 「통일문제연구」(서울: 평화문제연구소, 1994), p.199.

고 개인적 측면에서는, 공산주의적 淸廉潔白을 강조하고 사상적 측면에서는, 修正主義에 물들지 않도록 정신적 무장을 하도록 교과서는 기술하고 있다. 북한 공산주의 도덕에서 말하는 德性 또는 品性이란 일반적으로 共産主義的 德性이라고 말할 수 있다. 그러나 남한에서도 일반적으로 볼 수 있는 공통적 특성의 하나이기도 하다.

> 낡은 생활양식은 허례허식에서 많이 나타난다.(공산주의 도덕 3학년 p.17)

> 참다운 덕성은 공산주의적 덕성이다.(공산주의 도덕 4학년 p.52)

> 청렴하고 결백한 품성은 참다운 인간, 공산주의적 인간에게서만 볼 수 있는 고상한 품성입니다.(공산주의 도덕 3학년 p.21)

> 참으로 수정주의는 모기와도 비길 데 없이 못된 사상입니다. 우리는 모기와도 같은 수정주의를 막아내는 모기장을 빈틈없이 쳐서 수정주의의 사소한 요소도 스며들지 못하게 하여야 합니다.(공산주의 도덕 3학년 p.43)

> 일이 곱다는 것은 사람의 아름다움은 얼굴의 생김새에 의해서가 아니라 어떻게 일하느냐에 따라서 평가된다는 뜻이다. 사람의 아름다움은 겉모습만 보고 평가할 수 없습니다. 사람의 아름다움이란 얼마나 훌륭한 사상과 도덕을 가지고 있는가 하는데 따라 평가됩니다.(공산주의 도덕 3학년 p.47)

② 절 약

節約은 어느 사회에서나 볼 수 있는 덕목이다. 그러나 북한은 물자가 부족하여 경제가 대단히 어려운 상황에 봉착해 있기 때문에 소비지향보다는 절약을 강조한다고 볼 수 있다. 특히 개인적 절약보다는 사회와 국가를 위한 절약을 강조하고 있다. 인간의 기본적인 가치덕목의 측면을 국가사회를 위해 사상적 무장으로 가미한 즉, 인민과 조국을 사랑하는 측면으로 교과서는 제시하고 있다.

우리의 힘으로 만든 자기의 것을 귀중히 여기는 사람은 자기 인민과 조국을 사랑하는 사람입니다.(공산주의 도덕 3학년 p.7)

우리가 늘 쓰는 학용품과 가방, 옷과 신발 같은 물건을 하찮은 것으로 여기는 사람은 의미 없는 사람이며 인민을 사랑하지 않는 사람입니다.(공산주의 도덕 3학년 p.7)

허례허식은 잔치상을 차리는데서 찾아볼 수 있습니다. 잔치상을 요란하게 차리고 많은 사람들을 청해다가 먹자판을 크게 벌리는 것은 아무런 의의도 없고 낭비만 가져오게 됩니다.(공산주의 도덕 3학년 p.17)

③ 로 동

북한은 착취가 없는 살기 좋은 곳이라는 것과 나라에서 모든 것을 베풀어준다는 점을 강조하고 있다. 조국에 대한 예찬을 통하여 사회주의를 찬양함으로써 그 우월성을 강조하고 있다. 북한이 사회주의의 성취를 위하여 아동들에게 가장 선호하고 있는 덕목은 集團主義와 勞動愛好精神이다. 집단주의 정신은 조직생활을 잘해서 충직한 주체의 혁명가로 자라나는 선도이며, 이러한 집단주의 정신을 통하여 모아진 힘이 노동의 현장으로 유도되고, 그것은 개인을 희생하고 집단을 위해 기꺼이 봉사하는 철저한 논리로 전개하고 있다. 또한 모든 학생들이 노동을 신성시하고 영예로운 것으로 여기며 공동 로동에 참여하도록 유도하고 있다. 이러한 단적인 예는 强制義務 勞動에서 찾아볼 수 있다. 이것은 어느 나라에서도 볼 수 없는 특이한 예이다.

사람은 자연을 개조하여 먹고 입고 쓰고 사는데 필요한 물건을 자기 힘으로 만들어 내야 한다. 이러한 인간의 활동이 곧 로동이다.(공산주의 도덕 4학년 p.36)

로동 하기를 좋아하고 로동에 성실히 참가하는 것은 참된 인간, 공산주의자인가 아닌가하는 것을 가르는 중요한 징표의 하나이다.(공산주의 도덕 4학년 p.41)

우리는 놀고 먹는 자들을 미워하고 로동하는 사람들을 존경하고 사랑하여야 한다. 그리고 한생을 로동에 바치면서 사회와 집단을 위하여 커다란 로력적 위훈을 세우는 참된 사람이 되어야 한다.(공산주의 도덕 4학년 p.43)

자기가 하는 일의 정당성을 믿고 승리에 대한 신념과 보람에 넘쳐 명랑하게 사는 것이 락천적으로 사는 것입니다.(공산주의 도덕 3학년 p.9)

일하기를 좋아하고 공동로동에 성실히 참가하여 조국과 인민을 위하여 로동으로 일생을 바칠 각오가 되어있는 사람이야말로 가장 참된 인간, 공산주의자이다.(공산주의 도덕 4학년 p.42)

④ 여　가

일반적으로 개인의 심신과 정신적 피로를 풀기 위해서 休息과 餘暇를 활용하지만 북한의 교과서는 혁명과업수행을 위한 수단적 의미로 활용한다. 또한 여가에는 어느 정도의 예의가 있으며, 이 예의는 언행을 바르게 해야 하는 공산주의적 품성이다. 휴가의 의미와 종류, 도덕과의 관련성을 적절히 제시하면서 철저하게 개인적 측면을 체제지향적으로 유도하며 기술하고 있다.

휴식과 오락은 사람들을 락천적으로 살게 한다. 휴식과 오락을 건전하게 하는데서 중요한 것은 무엇보다 혁명과업을 더 잘 수행하는데 도움이 되게 하는 것이다.(공산주의 도덕 4학년 p.44)

휴식을 적극적으로 하는 것도 문화수준이 높은 표현이다.(공산주의 도덕 4학년 p.45)

휴식과 오락에도 지켜야할 여러 가지 도덕이 있다. 말과 행동을 속되게 하지 않고 이상한 노래가락, 춤동작 괴상한 옷차림들은 독버섯이다.(공산주의 도덕 4학년 p.45)

(2) 가정적 차원의 가치지향

북한 사회가 궁극적으로 추구하고 있는 가장 이상적인 사회란 모든 사람이 다 잘 먹고 잘 입으면서 오래 살고 또 모두 다 함께 화목하게 살 수 있는 하나의 가정과 같은 사회라고 말하고 있다. 이처럼 社會全體를 하나의 큰 家庭으로 비유하는 북한은 김일성을 어버이로, 인민은 그 가정의 식구로 간주하는 매우 특이한 家父長的 指導體制를 유지하고 있다. 그러므로 북한 사회에서의 가정이란 개인의 독립적인 생활단위가 아니라 사회의 한 단위조직으로 인식되고 있을 뿐이다.[17] 가정의 독립성을 거의 인정하지 않는 사회체제를 반영하듯이, 공산주의 도덕교과서에도 어떤 특정한 個人의 日常的이고 平凡한 家庭生活에 대한 내용이 거의 소개되지 않고 있다. 가족 구성원을 중심으로 전개되는 이야기는 주로 家庭의 革命性을 강조한다. 孝, 慈愛의 가치를 살펴보면 다음과 같다.

① 효

효도의 사례는 아버지인 김일성을 위해 모든 것을 다하였다는 김정일 어린시절의 효행에 대한 이야기 속에서 가장 쉽게 찾아볼 수 있다.

이러한 것들은 비록 김정일의 덕성을 강조시키는 우상화의 일환이기도 하고, 김정일의 효행을 모델로 하여 자신의 부모를 섬기는 어떤 개인의 특정한 家族次元의 孝보다는 國家家族의 次元에서의 孝, 즉 忠誠心으로 이끌어내기 위한 政治敎育의 한 방안이기도 하다. 그러나 가정의 질서를 유지해 주는 기본으로서 부모에 대한 자녀의 도리인 孝가 무척 강조되고 있다는 사실은 쉽게 간과할 수 없다.

> 위대한 원수님을 인생의 어버이로 모시고 믿고 따르며 원수님을 위하여 모든 것을 다 바쳐 투쟁하는 것은……위대한 원수님께서는 전사들을 끝없이 사랑하시고 한품에 안아 희망의 길을 내세워주시고 길

---

17) 박성희, 위의 논문, p.199.

우에서 빛내여 나가도록 손잡아 이끌어 주시며……(공산주의 도덕 3
학년 p.35)

우리 인민은 경애하는 수령 김일성 대원수님을 민족 재생의 은인
으로 자애로운 어버이로 하늘같이 떠받들고 모셔왔습니다. 그러던 우
리인민이 1994년 7월 8일, 뜻밖에도 경애하는 대원수님을 잃는 절통
한 슬픔을 당하게 되었습니다.(공산주의 도덕 3학년 p.50)

그것은 자기 부모를 잃은 것보다도 더 가슴 아파하고 절통해하는
사람들의 모습 그대로였습니다.(공산주의 도덕 3학년 p.51)

사랑에는 부모의 사랑, 처자의 사랑, 친구의 사랑 등 여러 가지 사
랑이 있지만 가장 귀중하고 값높은 사랑은 동지적 사랑이다.(공산주
의 도덕 4학년 p.25)

사람들은 부모의 사랑 속에 어린시절을 보낸다. 어린시절에 가장 소
중한 사랑은 아버지, 어머니의 사랑이며 이 시기에는 그 어떤 사랑도
부모의 사랑을 대신하지 못한다. 그래서 어려서 부모의 사랑을 받지 못
한 사람은 유년시절이 없다고까지 한다.(공산주의 도덕 4학년 p.25)

오늘 우리 사회에서 수령과 인민의 관계는 령도자와 전사의 관계
를 넘어서 어버이와 자식의 관계로 되었습니다. 수령을 어버이로 모
신 우리 인민은 령도자와 하나의 생각, 하나의 호흡, 하나의 행동으로
이어져 있습니다. 그래서 수령과 인민과의 관계는 끊을래야 끊을 수
없고 뗄래야 뗄 수 없는 친혈육의 관계로, 하나의 대가정의 관계로
되었습니다.(공산주의 도덕 3학년 p.52)

또 친구의 사랑이 없으면 사람은 고독하여 살기 어렵다는 말도 있다.
그러나 가장 큰 사랑은 동지적 사랑이다.(공산주의 도덕 4학년 p.26)

② 자　애

　사회주의가 표방하는 남녀평등과 여성해방에도 불구하고, 가정에 있어서의 아버지와 남편에 대한 언급은 거의 없는 반면에, 어머니와 아내의 역할만을 두드러지게 강조하고 있다. 특히 과거 전통적인 여성상인 자식에게 헌신하는 어머니 상이 강조되고 있다. 이러한 어머니와 아내의 대표적인 상으로는 김정일의 어머니인 김정숙이 가장 많이 등장하고 있다.

　김정숙은 모든 정성을 다해 김일성의 혁명사업을 도운 아내로 나타나고 있다. 물론 이러한 가정의 윤리규범이 가족의 범위를 넘어선 보다 넓은 국가 차원으로 확대되어 정치성이 강조되고 있기도 하다.[18]

　즉, 일반 개개인의 가정은 혈연을 중시하는 전통적인 家族 共同體라기보다는 국가의 혁명과업을 완수하는 同志的 結合體로 간주되어, 가족 구성원 간의 관계를 보다 넓은 사회활동과 연관시킴으로써 개개인의 가족이 아닌 지도자에 대한 의무를 강조하고 있다. 慈愛와 父道의 대표적인 모델도 김일성 一家이며, 김일성 사후에는 김정일의 慈愛性格이 많이 나타나고 있다. 이는 교과서의 출판시점이 김일성 사후이기 때문에 김정일 체제 공고화의 성격이 강하다고 보인다. 또한 김일성의 死亡內容이 교과서 내용에 실려 있다는 것은 어느 나라에서도 찾아볼 수 없는 특징이며, 이것은 하나의 家族 國家的 특성을 그대로 보여주는 한 예라고 할 수 있다.

　　사회주의 대가정의 어버이는 경애하는 대원수님이시고 위대한 원수님이시며 우리들 모두는 대원수님과 원수님의 아들 딸들입니다.(공산주의 도덕 3학년 p.50)

---

18) 박성희, 위의 논문, p.202.

위대한 령도자 김정일 원수님은 경애하는 김일성 대원수님의 사상을 그대로 한 몸에 받아 안으시고 대원수님의 위업을 고스란히 이어 나가십니다.(공산주의 도덕 3학년 p.51)

이것은 우리와 대가정이 령도자와 인민, 인민과 령도자가 한집안 사람들처럼 멀어질래야 멀어질 수 없이 하나로 이어진 화목한 대가정이라는 것을 그대로 보여주는 것이었습니다.(공산주의 도덕 3학년 p.51)

사람에 대한 사랑은 바로 자식에 대한 어머님의 사랑처럼 그 어떤 대가도 없으며 성심성의를 다하여 진실로 돕는 것이다.(공산주의 도덕 4학년 p.22)

사랑을 떠나서 아름다운 인간과 행복에 대하여 말할수 없다. 그래서 사람은 누구나 사랑에 대하여 자주 말하고 사랑을 받는 것을 무한한 행복으로 사랑을 주는 것을 최대의 긍지로 여긴다.(공산주의 도덕 4학년 p.20)

어머니들은 추우면 추울세라 더우면 더울세라 자식들을 극진히 돌보며 그들이 잘되기를 바란다. 자식을 위해서라면 하늘의 별이라도 따오려는 것이 자식에 대한 어머니의 사랑이다. 하지만 어머니들은 자식들에게서 어떤 대가를 바라지 않으며 오직 자신을 바치기만 한다.(공산주의 도덕 4학년 p.22)

V. 남북한 중등 도덕교과서에 나타난 국가관

國家觀은 국가 및 지도자관, 국민의 도리와 의무, 애국심, 충성심, 통일의식 등 국가적 차원의 가치덕목에 따라 구분하였다. 즉 개인과 국가 간의 관계에서 발생되는 국가생활의 윤리를 다루었다. 국가 현실과 발전은 자체의 존속을 전제로 한다. 이러한 전제는 교육을 통해 보다 많은 생명력을 다지게 된다. 따라서 도덕과의 國家的 意義는 국민으로서의 역할 수행, 국가에 대한 忠誠과 一體感을 조성하는 體制存續의 역할이라고 할 수 있다. 또한 도덕과는 未來를 對備하는 次元에서의 역할을 해야 한다. 우리의 미래는 민족통일의 달성과 풍요로운 삶을 지향하는 것이다. 이러한 미래 지향의 도덕과 교육은 지속적으로 추진해 나가야 할 것으로 보인다.

따라서 도덕과는 국민의 자발적인 國家에 대한 忠誠을 유지하는 일과 함께 청소년 시기에 能動的이며 積極的인 삶의 자세를 涵養하는 敎育이여야 한다. 본 장은 국가관의 형성과 가치덕목을 알아보고, 이것이 남북 중등 도덕교과서에서는 어떤 내용으로 기술되고 있으며, 간접적으로 남북한의 차이점은 무엇인지 분석하고자 한다.

1. 국가관의 형성과 가치덕목

1) 국가관의 개념 및 형성

인간이 共同體를 이룩하는 데는 2가지 기본요소를 들 수 있는데 하나는 공동체가 자연과 역사와 유기적 결합을 갖는 것이고, 다른 하나는 공동체가 권력을 지닌 인간의 의식적인 합성체가 되는 것이다. 인간은 필연적으로 한 공동체의 성원이므로 공동체를 유지하려 노력하게 되며 여기에서 자주성이 나타난다. 共同體의 維持[1]는 첫째, 인간의 정의감으로 자기의 욕구를 초월하는 극기이고 둘째, 국가나 민족의 큰 이익을 위해 가족 중심의 자기의식을 지양하는 것이고 셋째, 공통된 언어·지역성·민족성·운명 등 전통적이고 역사적인 인간의 공동체의식을 중시하는 관습이며 넷째, 경쟁과 이해관계의 투쟁을 가능한 억제하고 公共善을 향한 열망을 갖는 길이다. 개인의 행위나 의지는 삶의 형태로 본래 주어진 것이므로 사회생활에 의해 개인은 추상화되고 개성이 형성된다.

國家(state)라는 단어는 물질세계의 현실과 구별되는 어떤 知的 行爲에서 나온 것은 아니다. 이것은 인류 역사과정에서 政治共同體로서 社會政治의 樣相이 다양했기 때문이다.

국가개념은 본래 정치적 행위 설명이기보다 그것을 도와주는 방법을 찾는 개념이다.[2] 국가전통과 관련지어 국가와 국가이념을 융

---

1) 정호용, "자기의식의 사회적 발전", 서울대학교 국민윤리교육과, 「사회와 사상 제8집」(1987), p.222.

2) 위의 논문, p.229.

합시킬 수는 없으며 국가가 국민의 신념으로 이룩된다고 해서 國家
理念 自體와 國家機構(state apparatus)를 혼동해서는 안 된다. 國
家는 한 사회의 政治現實에 대한 經驗樣相을 나타내는 精神的 範疇
요, 國家理念은 집단이 유념하고 그들의 이익이 관련되어, 어떤 행
위의지를 어떻게 決定者와 公共에게 설득력 있게 하느냐 하는 형태
이다.3)

　　個人이 國家意識을 갖는 계기는4) 첫째, 전통적 충성심(tradi-
tionalloyalties), 둘째, 튼튼한 국가기구(sound institutions), 셋째, 자
유에 대한 사랑(love of loyalties), 넷째, 애국심(patriotism) 등으로
본다. 개인은 폭력을 억제시키고 권력을 한정하여 충성심을 보호하
는 조직이 있을 수 있는 한, 그 규모와 모습이 어떻든 우선 國家라
는 이름에서 自己意識을 발전시킨다.

　　대체로 우리는 國家共同體 속에서 개인의 존재방식을 찾는 것이
일반화되어 있다. 국가는 모든 개인의 관심 총체이며, 사회의 도덕
적 생활을 보호하는 방패이자 문명의 보호자이며 문명의 역사라고
할 수 있다. 결국 국가는 모든 개인의지의 공동체이며, 의지와 행위
를 통해서 개성이 나타나는 집합체이다. 또한 국가는 정신적 도구
로서 합법적 주체이며, 자기의식으로 하여금 합법행위와 사실적 행
위를 전개하도록 하고 있다.

　　合法行爲는 공적인 권위를 갖춘 권력으로서 公的 側面에서의 自
發性과 대립된다. 사실적인 행위는 물리적인 힘을 행사하는 특권을
가지고 있으며 이것은 국가의 행위 주체 역할보다 객체 역할로 보

---

3) Carnoy, M. *The state & political Theory*(Princeton Univ. Press, New
　　Jersey, 1984), p.3.
4) 정호용, 앞의 논문, p.230.

는 것이다. 국가의 양심적인 주관적 세계와 사회현실의 객관적 세계가 대립하는 가운데 국가의식이 균형을 얻게 된다.5) 國家는 理性에 의한 合法的主體로 道德的 性格과 公共的 性格을 가졌다고 볼 수 있다.

국가를 설명할 때 人間과 國家의 關係를 中心으로 國家를 설명하는 경우가 많다. 한 예로 '국가는 인간의 삶의 터전이다', '개인은 국가로부터 행복을 보장받는다' 등의 표현이 바로 그것이다. 우리는 국가를 통하여 행복, 인권, 자유를 얻을 수 있고, 또한 국가의 발전과 번영에 의해 우리의 삶을 더욱 확실히 영위할 수 있다. 그래서 인간이 私的 自我로서 자기실현을 할 수 있는 가장 강력한 영향력과 지배력을 가진 생활배경을 이루고 있는 제도 중 인간과 가장 깊은 관계를 가진 제도적 사회는 국가다. 국가는 가장 강력한 권력기구로서, 그것이 발하는 명령에 의하여 모든 개인의 생황이나 사회활동이 통제되기도 한다.6)

2) 국가관을 형성하는 가치덕목

國家란 국가의 구성원들에게 조국이자 마음의 고향이며 사랑과 충성의 대상이다. 따라서 국가의 발전이 곧 개인의 성장과 직결되고 국가의 부는 개인적 부의 원천이며, 개인의 지위는 자기 조국의 국제적 지위에 따라 결정되는 운명공동체이다. 개인은 국가생활을 통해 자유와 권리가 향유되며, 자신의 안정된 삶을 유지하고, 욕구

---

5) Carnoy, op.cit., p.13.
6) 김명, 「국가학」(서울: 박영사, 1995), p.41.

와 목표를 추구할 수 있다. 하지만 국가는 개인의 욕구와 목표를 효율적으로 실현시킬 수 있는 가장 강력하고 포괄적이며 제도적, 강제적인 조직체로서의 사회적 성격을 갖는다.

국가의 최고목표는 民主福祉國家의 建設과 個個人의 自我實現에 있고, 최고의 이념은 人間尊重에 있다고 할 수 있다. 이러한 이념과 목표를 이루기 위해 국가를 이루는 초석은 개개인들의 국가관이 얼마나 뚜렷하게 정립이 되어 튼튼한 뿌리의 역할을 해주느냐가 가장 중요한 관건이라 할 수 있다. 남북한은 분단 이후 자유민주주의 체제와 공산주의 체제하의 사회화 과정을 거치면서 서로 다른 史觀을 갖게 되었다.[7]

남한 사회에서는 자유민주주의 이념에 따라 국민의 자유를 최대한 보장하려는 가운데 기본적으로 시장원리에 입각한 자본주의적 사회변화가 진행되어온 데 비하여, 북한에서는 사회주의 이념에 따라 모든 산업을 국유화하고, 강력한 중앙통제방식에 입각한 사회주의적 사회변화가 추진되었다. 따라서 분단 반세기가 넘는 동안에 진행된 남북한의 사회변동은 외견상으로는 다 같이 급속한 공업화와 도시화 등으로 특징지어지는 것이기는 하지만, 그 내용에 있어서는 이념, 전략, 결과 등에 있어서 異質化 樣相을 드러내고 있다. 이에 따른 생활관행의 변화 양상 역시 남북한 사이에서 현격한 차이가 나타나게 되었다.[8]

북한은 국가를 '계급의 이익에 맞게 사회의 모든 성원들을 통일적으로 조직하고 관리하며, 정치적 지배권을 행사하는 일정한 계급

---

7) 이서행, "남북 이질화현상과 극복방안", 도산아카데미연구원, 「도산학술논총 제6집」(1998), p.164.

8) 위의 논문. p.162.

의 권력 기관'이라고 정의하였고, 김일성은 '국가는 독재 기능을 수행하는 권력 기관'이라고 말하고 있다.9)

북한에게 있어 국가 목적은 이론적으로 착취 현상을 자신의 사회에서, 그리고 나아가서 국제적으로 제거해야 한다는 것이다. 현실적으로 이를 위해 북한 내에서는 사회주의 제도를 정착·실현시키고, 한국 사회에서는 사회주의 혁명이 일어나도록 직접·간접적으로 참여해야 하며, 국제적으로는 사회주의 혁명을 위해 소위 제국주의 국가들과 싸워야 하는 전략을 세워 놓고 있다. 이러한 목적을 가진 북한은 자신을 '勞動階級의 국가, 프롤레타리아 독재 국가, 당이 영도하는 국가'라고 표현하며 사회주의 체제를 고수하여야 하고 대외적으로는 국가의 자주성이 유지되고 있다고 주장한다.

남북한의 국가관에 대한 차이점은 북한을 중심으로 살펴보면 다음과 같다.10)

첫째, 국가의 개념을 계급적 이해관계로 정의하고 있어 주권 행사가 배타적이다. 둘째, 국가의 기원과 발전을 계급 관계로만 보기 때문에 주민들의 정치적 권리와 의견을 무시하고 있다. 셋째, 국가의 기본 목적이 주민들의 복지보다 사회주의에 반대하는 자들에 대한 계급투쟁이다. 넷째, 인민의 개념이 계급적으로 정권과 체제 반대자들을 배제하고 있다. 다섯째, 정치권력의 행사가 당과 수령에 의한 독재이다. 여섯째, 대내적으로 정치권력 투쟁을 할 수가 없고 대외적으로만 허용되나 이것은 구체적으로 사회주의 혁명을 위한 투쟁일 뿐이다. 일곱째, 국가제도로서 사회주의 제도라고 하는 것은 정치적으로 일당 독재, 경제적으로 국가에 의한 소유·계획·경

---

9) 위의 논문, p.165.
10) 위의 논문, p.166.

영을 의미한다. 여덟째, 국가의 중요한 역할이 국가 주도로 사회주의를 건설하는 것뿐만 아니라 개인의 사생활까지 통제·감시하며 강제적으로 국민을 배치하여 활용한다.

우리는 단일민족 국가이므로 國家生活과 民族生活 영역을 굳이 분리할 필요가 없으며, 하나의 틀 속에서 다루어도 무방할 것이다. 한 민족이 생명력을 잃지 않고 민족정신을 유지하고 계승할 수 있는 것은 일반적으로 國家라는 것을 이루어 삶의 터전을 삼고 있기 때문이다. 그리고 국가의 안정된 발전은 국민들의 國家에 대한 擴散된 支持와 忠誠心 및 國家 正體性이 확립되어 있을 때 가능하다.11) 그러나 우리 국민들은 반세기가 넘게 이질적인 남북한의 극심한 대립으로 분단의 고통을 겪고 있고, 또한 서구문화의 급격한 유입과 산업화 과정을 거치면서 민족문화의 주체성 상실이라는 문제에 봉착해 있다. 본 절에서는 국가 도덕의식을 국가에 대한 충성심, 애국심, 국민의 도리, 지도자관, 민족 정체성, 통일의식 등의 측면에서 알아보고자 한다.

2. 남한 국가관 단원의 주요 내용 및 가치범주

1) 국가관 단원의 주요 내용

남한 중학교 '도덕' 국가관 단원은 2학년 3개 단원, 3학년 5개 단원으로 구성되어 있다. 국가관 단원은 교과서 단원 내용과 주요 덕

---

11) 정세구, 「국민윤리교육론」(서울: 교육과학사, 1982), pp.12-13.

목을 중심으로 하여 선정하였다. 남한 국가관 단원의 특징은 인간관, 사회관 단원에 비해 분량이 적은 편이다. 이유는 남한의 도덕교육은 집단 중심의 도덕교육이 아니라 자유민주주의의 이념에 기초한 個人尊重 中心의 道德敎育이기 때문이다. 또 다른 특징은 남한의 국가관의 가치덕목은 直接的 記述보다는 間接的 記述을 통하여 교과 내용을 전개하고 있다. 국가관 단원의 주요 내용을 보면 다음과 같다.

(1) 남한의 중학교 도덕 2학년 국가관 관련 내용분석을 살펴보면 〈표 V-1〉과 같다.

〈표 V-1〉 남한 중 2 도덕 국가관 관련 내용분석

단원	단원명	단원 내용	주요 덕목	가치의 매개
Ⅳ. 민족통일문제와 북한의 현실(국가와 민족생활)	1. 민족분단의 원인과 과정	통일의 주역이 될 학생들에게 민족분단의 원인과 과정 그리고 분단으로 인한 남북한의 갈등상황을 통해, 역사적 교훈과 올바른 통일의 길은 무엇인지 알려주고자 하였다.	애국심, 통일의식	이산가족
	2. 북한의 현실	같은 민족구성원으로서 북한주민을 객관적으로 인식하기 위해 북한의 정치, 경제, 사회, 문화 및 교육을 사실대로 기술하고 있으며, 민족동질성 회복을 위한 길은 무엇인지 생각하게 하고 있다.	애국심, 충성심, 지도자관	북한여행기, 풍속, 종교
	3. 남북한의 통일정책	남북한 통일정책에 대한 이해를 통하여 통일을 위하여 필요한 자세는 무엇이며, 또한 거시적으로 국가적 차원에서 인식해볼 수 있도록 설명하고 있다.	통일의식	정책자료, 통일방안

분석 자료: 남한 중학교 도덕 2학년(교육부, 1992).

(2) 남한 중 3 도덕 국가관 관련 내용분석을 살펴보면 〈표 Ⅴ
-2 〉과 같다.

<표 Ⅴ-2> 남한 중 3 도덕 국가관 관련 내용분석

단원	단원명	단원 내용	주요 덕목	가치의 매개
Ⅲ. 민주사회와 도덕 (사회생활)	4. 인물학습	정약용과 프랭클린을 통하여 민주시민으로서의 바람직한 태도와 자세를 이해하고, 실천할 수 있는 자세를 인식하도록 기술하고 있다.	반성, 근면, 지도자관	정약용, 프랭클린
Ⅳ. 민족의통일과 한국의 미래(국가와 민족생활)	1. 민족공동체의 번영	과거 역사 속에서 민족의 수난기와 분열기를 극복했던 우리 민족은 지속적으로 한민족공동체를 이루고 있었으며, 더 나은 발전을 위해 해야 할 당면과제와 해결방안은 무엇인지 설명하고 있다.	의무, 애국심, 공동체의식, 충성심	선조, 그룬트비
Ⅳ. 민족의통일과 한국의 미래(국가와 민족생활)	2. 통일국가의 실현	통일의 당위성을 현실적인 차원에서 진지하게 논의 하고 있다. 즉 통일은 무조건적 통일이 아니며 다른 나라의 통일교훈을 통해 통일의 현실성과 통일 이후를 설명하고 있다.	통일의식, 민족의식	학생, 통일전망대
	3. 세계 속의 한국인	달라진 국제사회 속에서 한국인의 위상을 알고, 세계와 협력하는 한국인상을 학생들에게 숙지시켜, 우리의 미래를 만들어 나갈 자랑스러운 한국인이 되기 위해 노력해야 할 것이 무엇인지 살펴보고 있다.	국민의 도리, 애국심	유대인
	4. 인물학습	이순신과 쑨원의 생애를 통해 학생들이 민족과 나라를 위해 가져야 할 태도는 무엇인가를 설명하고 있다.	애국심, 충성심	이순신, 쑨원

분석 자료: 남한 중학교 도덕 3학년(교육부, 1992).

2) 국가관 가치범주의 교과서 내용

국가적 차원의 가치는 개인과 국가 간의 관계에서 발생되는 국가생활의 윤리를 다루었다. 그리고 남한의 도덕교과서에 나타난 '국가·민족생활' 영역에서는 민족성, 국가애, 민족애, 남북 분단과 통일, 세계 속의 한국인 등의 덕목이나 가치문제들을 다루고 있다.[12) 본 연구에서는 지도자관, 국민의 도리, 민족애, 애국애족, 세계 속의 한국인, 통일의식, 충성심 등을 주로 살펴보았다.

(1) 지도자관

한국의 지도자관에 대한 언급은 거의 없다고 해도 과언이 아니다. 단지 1학년 중학교 도덕교과서에 국가원수에 대한 경의를 표함으로써 예의를 표하고 있다. 민주주의 사회에서 指導者觀을 교과서에서 直接的인 表現으로 展開한다는 것은 거의 찾아볼 수가 없다. 한국은 건국수립 이후 매번 정통성시비에 휘말리면서 뚜렷한 지도자나 지도자관에 대한 언급이 없다.

따라서 한국의 지도자관에 대해서는 명쾌하면서도 명료하게 나올 수가 없는 것이다. 단지 간접적인 방식으로 정책지향과 행정부 정책, 통일부 정책방식 혹은 외교정책과 방향으로 제시되었을 뿐이다. 반면에 북한과 같은 공산주의 국가는 일인지배 체제 중심의 정치사회화를 강조하기 때문에 확고하면서도 명쾌한 지도자관을 산출할 수가 있다. 간접적인 지도자관에 대한 교과서 전개를 보면 다음과 같다.

> 1994년 김일성의 죽음으로 남북한 정상회담은 이루어지지 못하였으며……(중학교 3학년 p.253)

---

12) 교육부, 「중학교 도덕과 교육과정 해설」(1992), pp.81-83. 이하는 교육부(d)라 한다.

우리나라는 이러한 흐름을 타고 1990년에는 소련과 국교를 맺고, 1992년에는 중국과 국교를 맺어 이들 나라들과 적대관계에서 협력관계로 들어섰다.(중학교 2학년 p.256)

7.4남북공동성명(1972), 수해물자인수(1984), 남북 사이의 화해와 불가침 및 교류협력에 관한 합의서(1991) 등이 남북한 사이에 이루어진 대화와 합의의 산물이다.(중학교 3학년 p.253)

(2) 국민의 도리

국민들이 지녀야 할 나라사랑과 겨레사랑의 첫걸음이자 결실은 국민의 도리를 다하는 것이라는 것이라고 강조하고 있다. 말보다는 행동실천을 강조하고, 國旗, 國歌, 國花를 강조하고, 남이 보이지 않는 곳에서도 자신의 일을 묵묵히 하는 국민이 참다운 국민임을 강조하고 있다. 또한 개인보다는 사회 국가적 차원, 즉 大義的 次元에서 강조하는 측면이 강하다고 할 수 있다. 특히 사대주의적 풍조의 경계, 집단이기주의의 경계, 개인주의의 경계, 그리고 민주적 참여의식도 민주사회에서는 하나의 국민의 도리라고 강조하고 있다.

외국문물에 대한 맹목적 사대주의로 인해 우리 국어의 중요성과 우수성에 대한 경시와 망각이 보편화되어서는 곤란하다. ……외국어 어휘공부에만 열심인 모습에는 분명히 문제가 있다.(중학교 3학년 p.274)

민주적인 절차와 생활화, 시민들의 올바른 민주시민의식이 요구된다.(중학교 3학년 p.232)

정치안정을 위해 개인이나 집단이기주의를 앞세워서는 안 되며 합

리적이고 미래지향적인 차원에서 해결할 수 있어야 한다.(중학교 3학
년 p.232.)

만일 우리 모두가 어려운 환경 속에서 자기 개인의 이익을 얻는
데만 급급했다면 오늘날의 경제발전은 이룰 수 없을 것이다.(중학교
3학년 p.220)

(3) 민족애

우리 한민족은 이 땅에서 이룩한 물질적 유산인 文化, 歷史, 言
語, 血緣, 地緣의 기초적 바탕과 정신적인 民族意識으로 결합된 민
족이다. 우리는 단일민족 국가이므로 민족과 국가의 상관성은 거의
일치하기 때문에 民族愛와 國家愛는 비슷한 특징을 갖고 있기도 하
다. 우리는 국수적이고·배타적이 아닌 세계 보편적 민족주의에 입
각한 민족애를 지향하고 있다. 남한 교과서는 민족애를 우리민족
수난 시기에 나타난 傳統的인 次元에서 기술하고 있으며, 현대적인
시각은 민주주의의 기본원리인 大義的 次元에서 기술하고 있다.

민족문화의 계승과 발전은 공동체의식을 유지하게 하는 중요한 요
소이다.(중학교 3학년 p.221)

우리의 근 현대사 나타난 선각자들은 개화사상, 동학사상, 위정척
사사상 등으로 민족의식을 정립하였다.(중학교 3학년 p.225)

당시에 잘살기 운동으로서 근면·자조·협동의 정신을 내걸고 추
진된 새마을 운동이 하나의 국민정신운동으로서 그것을 뒷받침 하였
다고 할 수 있다.(중학교 3학년 p.230)

우리 모두에게는 공동체의 번영을 위해 대의를 존중하는 자세가
요구된다.(중학교 3학년 p.232)

우리 민족은 나라가 위급한 상황에서 외세의 침략에 맞서 나라를
지켜 왔다. 민족과 나라사랑의 숭고한 뜻을 품은 의병들이 각지에서
일어나 적군과 대항하여 혁혁한 전공을 세웠다.(중학교 3학년 p.224)

(4) 애국애족

나라와 겨레에 대한 사랑을 愛國愛族이라 한다. 이는 자신을 나
라와 겨레의 한 구성원으로서 생각하고 그것을 자랑스럽게 여기는
것이다. 어떤 결정이나 판단을 내릴 때 개인이나 집단의 이익에 앞
서 나라와 겨레를 먼저 생각하고 또 실천에 옮기는 사람을 우리는
愛國人이라고 한다. 역사의 긴 발자취를 거슬러 올라가다 보면 우
리 선조들의 애국애족의 모습을 많이 보게 되며, 우리가 지금 존재
하고 있는 이유도 선조들의 애국애족 정신의 결과라고 할 수 있다.
또한 현대적인 시각에서는 우리나라의 세계위상과 견주어 교과서는
기술하고 있다.

우리는 학교에서 우리고장 및 국가와 민족에 대한 사랑과 봉사의
생활을 배운다.(중학교 2학년 p.116)

조선 말기 우리는 일제한테 수난의 시기도 있었지만 민족의 줄기
찬 항쟁으로 광복을 맞이하게 되었다.(중학교 3학년 p.218)

한국은 다른 나라들로부터 유력한 경쟁자인 동시에 협력의 대상으
로 인정받고 있다. 한국의 위상이 높아지면서 국제사회에서 한국이
차지하는 역할이 커지고 책임도 커지고 있다.(중학교 3학년 p.272)

이러한 사상을 바탕으로 도산은 한평생을 민족에 대한 교육과 조국의 독립을 위해 바쳤다.(중학교 3학년 p.63)

(5) 통일의식

우리가 이룩하고자 하는 통일은 평화적이고 민족의 동질성을 회복하기 위한 실질적인 통일임을 학생들에게 인식시키고 있다. 이와 더불어 평화통일의지와 통일정책을 학생들에게 인지시켜 통일은 단순한 국토적 통일이 아닌, 진정한 통합임을 학생들 스스로 알게 하는 데 목적을 두고 교과 내용을 전개하고 있다. 또한 남북한이 통일의 당위성과, 통일의 의미를 이해하기에 앞서, 남북한의 분단과정을 알게 하고 있다. 특히 통일에 있어 중요한 것은 민족 성원으로서 남북한 주민들의 전반적인 삶의 양식에 있어 동질성이 증대될 수 있도록 하는 일이 중요하며, 통일 이후 남북통합을 위해서 해야 할 일이 무엇인가 학생들에게 깨닫도록 전개하고 있다.

통일은 우리민족이 존재하는 한 결코 포기할 수 없는 민족의 지상과제임에 틀림없다.(중학교 3학년 p.241)

남북한이 통일을 해야 하는 이유는 우리 겨레가 반세기 동안의 분단으로 인해 겪어야 했던 아픔을 씻고 자유롭고 평화로우며 번영하는 조국을 만들어 나가야 하기 때문이다.(중학교 2학년 p.252)

겨레의 통일을 위해서 우리 각자가 해야 할 일 또한 중요하다.(중학교 2학년 p.274)

그 후 민족의 줄기찬 항쟁은 계속되었으며 이와 같은 노력에 힘입어 광복을 맞이하게 되었다. 그럼에도 불구하고 우리민족은 남과 북으로 갈라져 또 다른 아픔을 맛보게 되었다.(중학교 3학년 p.218)

우리는 분단으로 인한 남북한의 문화적 이질화를 극복하고 바람직한 문화공동체를 형성하여야 하는 과제를 안고 있다.(중학교 3학년 p.236)

결국 통일을 이루려는 민족의지가 통일한국의 실현을 결정하는 관건이 될 수 있음을 국민 모두가 자각하여야 할 것이다.(중학교 3학년 p.257)

(6) 충성심

忠誠心은 집단, 기관, 대의, 이상 등과 같은 자아 이외의 어떤 것에 대한 밀착심이며 그 감정은 자신의 충성 대상에게 유리하게 행동하고, 오랫동안 道德的, 情緒的, 物質的 犧牲을 强要당하는 條件下에서도, 支持를 계속하게 만드는 것이라고 할 수 있다. 한국은 민주주의 국가이기 때문에 직접적으로 충성심을 유도하기는 대단히 어렵다. 또한 한국의 현 사회는 지역이기주의와 집단이기주의, 개인주의가 팽배한 관계로 공동체의 형성과 유지의 측면에서 그리고 이것에 대한 警覺心의 次元에서 서술되고 있고, 또한 체제 지지를 위한 민주시민적 측면에서도 전개되고 있다.

세계화를 외치는 것도 중요하지만 지나친 서구 일변도의 맹목적인 문화종속은 절대로 있어서는 안 된다.(중학교 3학년 p.274)

마을 앞길이 더러워져도 자기의 것이 아니기 때문에 청소하는 사람도 없다. 이러한 일이 지나치면 무관심으로 되고 사회의 결속력이 약해질 수밖에 없다.(중학교 3학년 p.166)

　　반만년의 역사 속에서 우리 민족은 온갖 어려움을 극복하고 우리의 땅과 문화, 그리고 정신을 굳건히 유지하면서 우리의 공동체를 유지 발전시켜 왔다.(중학교 2학년 p.226)

　　우리가 당면하고 있는 또 하나의 사회적 도덕문제는 집단 이기주의이다. 전체의 이익을 고려하기보다는 자신이 속한 집단의 이익만 먼저 생각하기 쉽다. 우리는 왜 집단이기주의를 경계해야 하는가?.(중학교 2학년 p.188)

3. 북한 국가관 단원의 주요 내용 및 가치범주

1) 국가관 단원의 주요 내용

　　북한 고등중학교 '공산주의 도덕' 국가관 단원은 3학년 12개 단원, 4학년 7개 단원으로 구성되어 있다. 국가관 단원의 설정은 교과서 단원 내용과 주요 덕목을 중심으로 하여 선정하였다. 북한 국가관 단원의 특징은 교과서 전체 내용이 국가관의 내용을 담고 있다 해도 과언이 아닐 정도로 많은 분량이라고 할 수 있다.

　　주요 내용은 革命思想, 主體思想, 階級主義, 革命的 同志愛를 강조하면서 또한 자유주의 사상과 부르죠아적 사상을 대단히 경계하는 내용을 담고 있다. 국가관 단원의 주요 내용을 보면 다음과 같다.

(1) 북한 고등중학 공산주의 도덕 3학년 국가관 관련 내용분석
     을 살펴보면 〈표 Ⅴ-3〉과 같다.

〈표 Ⅴ-3〉 북한 고등중학교 공산주의 도덕3학년 국가관 관련 내용분석

단원(과)	단원명	단원 내용	주요덕목	가치의 매개
1	마음의 기둥	마음의 정신적 기둥은 김일성이라고 강조한다. 항일 투쟁혁명과 모든 일은 김일성을 정신적 지주로 생각하면서 실행한다고 기술하고 있다.	지도 자관	김일성
2	사회주의는 승리한다.	인민중심의 사회, 집단 중심의 사회인 북한의 우리식사회주의는 모든 것의 최고이며, 사회역사발전에 있어도 반드시 승리한다고 기술하고 있다.	자주성	김정일
8	계급적 립장을 지키려면	지주, 자본가의 착취적 본성을 잊지 말고, 그들을 미워하고, 계급적 입장을 지켜서 자본주의를 타도해야 한다고 강조한다. 사회주의 사회를 건설하기 위해서는 계급의식을 고취해야 한다는 내용을 또한 담고 있다.	의무 (투쟁)	김정일
10	자유주의는 위험한 사상	자유주의는 자기개인의 이익만을 생각하고, 조직생활과 규율을 잊고 멋대로 하는 것이기 때문에 경계해야 하며, 일상생활에서도 자유주의 습성을 경계해야 한다는 내용을 기술하고 있다.	자유주의사상	김정일
12	김광철 영웅	김광철의 희생적인 삶을 통해 혁명성을 강조하고 있으며, 혁명가들은 동지를 아끼고 사랑하며 자기 삶의 한 부분으로 여긴다는 내용으로 희생정신을 철저히 강조하고 있다.	혁명 의식	김정일, 김광철
13	온세상이 우러르는 위대한불	위대한 사상가요, 영도자요, 군사지략가요, 이론가인 김정일의 령도성을 높이 강조하고 있다. 위대한 지도자라는 김정일에게로의 충성심을 고양하기 위한 내용을 기술하고 있다.	지도 자관	김정일
14	전사의 자세	김정일 전사로서의 충성성 앙양의 자세 즉 몸과 마음을 바쳐 열성적인 전사로서, 김정일에게 충성을 다짐하는 내용이다. 교과서의 편찬시점과 맥을 같이하면서 후계체제를 위한 정치사상교육을 시키는 내용이다.	지도 자관	김정일
21	충성의 참다운 귀감	수령을 잘받들고 잘모시고, 뜻에 따라 배우는 길이 참다운 혁명가의 길이라고 강조한다. 김일성의 넓은 아량과 김정일의 효심을 소개하는 내용을 담고 있다.	충성	김일성, 김정일
22	일심단결	일심단결은 수령을 중심으로 해야 하며, 전체인민이 한마음으로 단결할 것을 강조한다. 수령에게 효와 충성으로 은덕에 보답하자는 내용이다.	충성	김정일
23	짓밟힌 인생	남조선과 미제를 비판하면서 북한은 우월한 사회주의 국가라고 찬양하고 있다. 남한은 경제 상황이 어렵다고 왜곡 기술하면서 북한체제의 우월성을 나타내고 있다.	계급 의식	김정일, 복남이네집
25	하나밖에 없는 조국을 위하여	리수복이라는 가치 매개를 통하여 조국을 위하여 희생봉사할 것을 강조하고 있다. 미제, 일본, 한국을 비판하면서 북한체제를 찬양하고 있다.	희생 (봉사)	김일성, 리수복
27	그날은 오리라	민족분단의 원인과 고통 그리고 통일의 의지를 말하고 있다. 통일은 민족최대의 과업이라고 주장하면서 감정적 접근으로 교과서를 전개하고 있다.	통일 의식	김정일

분석 자료: 북한 고등중학교 공산주의 도덕3학년(평양: 교육도서출판, 1995).

(2) 북한 고등중학교 4학년 공산주의 도덕 국가관 관련 내용분석을 살펴보면 〈표 V-4〉과 같다.

〈표 V-4〉 북한 고등중학 공산주의 도덕4학년 국가관 관련 내용분석

단원	단원명	단원 내용	주요 덕목	가치의 매개
3장	3절 동지애는 가장 귀중한 사랑	사랑의 여러 종류를 말하면서 동지적 사랑이 가장 소중하다고 강조한다. 혁명적 동지애는 수령의 사상으로 결합된 사람들이다. 혁명적 동지애는 수령을 높이 모시고, 수령의 사상과 령도를 실현하기 위하여, 투쟁에 나선 높은 사람이라고 정의하면서 혁명성을 강조하고 있다.	애국심	류경남, 김정일
3장	3장 4절 혁명적 의리란	의리란 은혜와 사랑을 준데 대하여 잊지 않고 그에 보답하는 인간의 미덕이라고 정의한다. 혁명적 의리에서 가장 숭고한 의리는 김정일의 은혜를 순간도 잊지 않고 그에게 모든 것을 다바쳐 보답하는 것이라고 기술하면서 충성심을 김정일로 전이시키고 있다.	충성심	김정일
3장	5절 혁명적 의리를 지키려면	혁명적 의리란 수령의 은덕에 보답하는 것이다. 즉 김일성의 뜻을 받들어 나가는 김정일에 대한 의리를 지키는 것이다. 항상 김씨 부자의 은덕을 잊지 않고 보답하는 것이며, 이것을 후계체제로 귀결시키고 있다.	충성심	김정일, 이인모, 박호준
4장	2절 사회제도에 따라 달라지는 로동	로동이란 인간생활에 필요한 것을 만들어 내는 활동이다. 이것은 사람들에게 고상한 도덕품성을 갖게 한다는 것이다. 사회제도에 따라 로동의 성격이 달라지며, 로동의 결과에 따라 자기의 것을 소유할 수 없는 자본주의를 비판하고 사회주의 사회를 옹호하고 있다.	계급 의식	김정일
6장	6장 사회주의법과 공산주의 도덕 1절 우리나라 사회주의 법은 가장 우월한 법	사회주의 법은 근로인민을 위한 법이며 착취계급의 법과 사회주의 국가의 법으로 크게 구분한다. 북한의 사회주의 법은 근로인민의 이익을 옹호하고, 보호하는 참된 법으로 북한 사회주의 법의 우월성을 찬양하고 있다.	법이념	김정일
6장	2절 우리 사회주의법의 구성체계와 내용	북한 사회주의 법의 종류, 즉 어린이보육교양법, 인민보건법, 사회주의 로동법, 토지법 등 다양한 여러 법규를 만들어 주신 김일성의 능력을 찬양하고 있다. 법의 다양한 구성체계와 내용을 간략히 소개하고 있다.	법규범, 법체계	김정일
6장	3절 사회주의법과 공산주의 도덕의 형성과정	법과 도덕은 모두 인민을 위한 법이기 때문에 법을 잘 지키는 것은 도덕을 잘 지키는 것이라고 강조한다. 사회주의법과 도덕의 상관성을 설명하고, 법을 근거로 하여 고등학교 졸업자에게 인민군대에 복무할 것을 권유하고 있다. 또한 법과 규정을 잘 지키는 것은 학생들의 신성한 의무라고 강조하고 있다.	국민의 도리	김정일

분석 자료: 북한 고등중학교 공산주의 도덕 4학년(평양: 교육도서출판, 1995).

2) 국가관 가치범주의 교과서 내용

나라 없는 설움 속에서 비참한 생활을 영위하였던 과거 우리 민족의 수난사를 유별나게 부각시키는 북한에서는 국가가 최고 존재가치로서 한 민족이 생존하고 번영하기 위해서는 없어서는 안 될 가장 중요한 것으로 강조하고 있다. 이러한 인식 아래 국가 없이 국민이 행복할 수 없다는 國家優先의 原則을 내세우고 있다. 북한은 국가에 대한 애착과 지지도를 높여 국가와 국민 간의 一體感을 형성하기 위하여 국가적인 노력을 기울여 왔다.[13] 또한 反美日, 反帝國主義 등에 대한 강한 불신감을 자주 비판하고, 이들에 대해서도 강한 거부감을 갖도록 교육하고 있다. 국가관의 가치범주인 지도자관, 국가관, 애국심, 계급의식, 충성심, 통일의식, 법 교육의 가치들을 살펴보면 다음과 같다.

(1) 지도자관

김일성과 김정일은 천품을 타고난 지도자로서 인격, 지식, 지도력 등 지도자로서의 모든 조건을 완벽하게 갖춘 가장 理想的인 存在로 偶像化되어, 그들에 대한 無限한 尊敬과 함께 忠誠心을 誘導하고 있다. 김일성은 적과 원수들의 압박 속에서 고생을 하던 인민에게 나라를 찾아 땅을 나누어주고, 인민의 행복을 위해 한 평생을 바쳐온 모든 인민의 은인으로 숭배되고 있다. 반면에 김정일은 아버지 김일성을 언제나 지극한 정성과 충성으로 높이 받드는 효자로서,

---

13) 박성희, 앞의 논문, p.205.

198

아버지의 뜻을 받들어 혁명의 代를 굳건히 이어갈 수 있는 찬란한 미래의 희망이요, 태양으로 묘사함으로써 김정일의 權力世襲을 직·간접적으로 정당화하고 있다.

또한 김일성과 김정일의 지도자로서의 역량은 그들과 인민들 간의 감정적 유대를 통하여 더욱 찬양되고 있다. 김일성과 김정일은 정치적 권위에 따른 일반적인 지도자보다 항상 인민의 곁에서 국민의 이야기를 귀담아 듣고 그들의 생활을 돌보아 인민들이 아무런 근심 걱정 없이 행복하게 살 수 있도록 해주는 인민의 保護者로 받들어지고 있다. 그들은 인민, 특히 학생들에게 세심한 배려와 도움을 주는 仁者한 존재일 뿐만 아니라 자상한 指導者로 자주 부각되고 있다.14) 또한 학생들은 김씨 부자의 은덕에 어떻게 보답할 것인가를 교과서에서 제시하고 있다.

> 사회주의 정치지도자는 능력도 있어야 하지만 무엇보다도 인민을 끊임없이 사랑하는 숭고한 덕성을 지녀야 한다.(공산주의 도덕 4학년 p.52)

> 경애하는 김일성 대원수님은 80평생 인민을 위하여 하루도 편히 쉬지 못하고 크나큰 덕을 베푸신 인민의 자애로운 어버이시다.(공산주의 도덕 4학년 p.53)

> 이처럼 경애하는 대원수님에 대한 절대적인 믿음을 가졌기에 그는 대원수님의 교시를 가장 정당한 것으로 믿고 끝까지 관철하였습니다.(공산주의 도덕 3학년 p.3)

> 인민대중중심의 우리식 사회주의는 경애하는 대원수님께서 80평생 온갖 노고를 바치시여 마련해주시고 가꾸어주신 것이며 위대한 원수

---

14) 위의 논문, p.207.

님께서는 대원수님의 뜻을 받드시여 꽃피우신 사회주의입니다. 우리의 사회주의에는 인민들의 피와 땀이 스며 있습니다.(공산주의 도덕 3학년 p.6)

우리나라에 인민대중중심의 참다운 사회주의제도를 세워주시고 이끄시어 세계의 모든 나라들에 사회주의를 어떻게 건설하고 발전시키는가하는 모범을 보여주고 계십니다.(공산주의 도덕 3학년 p.32)

위대한 원수님은 이처럼 온 세상 사람들이 우러르는 사상리론의 위인이십니다.(공산주의 도덕 3학년 p.33)

수령은 전사를 끊임없이 사랑하고 온갖 배려를 다 들려주며 전사는 수많은 인생의 어버이를 높이 신뢰하고 충성으로 받들어 나갑니다.(공산주의 도덕 3학년 p.35)

천만사람을 한품에 안으시는 넓고 넓은 도량과 포용력으로 인민을 믿고 안으시어 사람들에게 최상의 기쁨과 행복, 희망과 미래를 안겨주시는 것이 위대한 원수님의 숭고한 덕성이다.(공산주의 도덕 4학년 p.54)

(2) 국가관

사회주의제도의 우월성을 강조하여 국가에 대한 소속감과 국민으로서의 자부심을 키워주기 위한 노력이 많이 엿보이고 있다. 북한은 이 세상에서 가장 아름답고 살기 좋은 지상낙원으로, 세계인민들이 제일 부러워하는 사회주의 모범의 나라로 묘사되고 있다.

북한은 제국주의와 자본주의 사회의 구조적 모순과 부패상 등 부정적인 측면을 강하게 부각시킴으로써 체제의 우월성을 상대적으로 더욱 높게 평가하고 있다. 또한 미국과 일본제국주의의 야수적 만행, 지주의 가혹한 착취 행위, 남한 정부의 반동적인 행위 등에 대해 강한 반감과 비난을 나타낸다.

또한 북한은 美帝國主義들과 南韓政府를 반인민적이고 반동적인 행위라고 비판하고 있다. 특히 남한은 자본주의의 금전만능주의로 인한 社會病弊와 人間性 喪失이 만연한 썩고 병든 암흑사회로 강하게 부각하고 있다. 이러한 否定的인 樣相은 북한의 사회주의 체제가 봉건식민지, 노예제도를 비롯하여 제국주의와 자본주의 제도에 만연한 불평등, 부정부패, 가난, 구조적 모순 등 否定的인 現象을 극복한 가장 理想的인 體制임을 강조하고 있다.(고 교과서는 전개하고 있다.)

'오늘 남조선인민들은 미제의 식민지통치로 말미암아 군사파쑈독재가 살판치고 기아와 빈궁이 휩쓰는 인간 생지옥에서 헤매고 있습니다.'(공산주의 도덕 3학년 p.56)

지금 남조선에는 700만이 넘는 실업자가 홍수처럼 밀려다니고 있습니다. 많은 사람들이 일자리를 알선해준다는 직업안내소 앞에 줄을 지어서서 기다리지만 일자리는 좀처럼 차례지지 않습니다. 수많은 공장들이 련이어 문을 닫고 있는 형편에서 일자리를 가진 사람도 언제 쫓겨날지 모르며 대학을 졸업한 사람들도 식당접대부나 부자집 심부름꾼 자리가 차례지면 다행으로 여기고 있습니다.(공산주의 도덕 3학년 p.58)

사회주의 사회에서는 로동에 의하여 만들어진 재부가 모든 사람들에게 골고루 분배된다. 자본주의 사회가 부익부 빈익빈의 몹쓸 사회라면 사회주의 사회는 모두가 고르게 잘사는 인민의 낙원이다.(공산주의 도덕 4학년 p.38)

법이란 국가가 만들어내고 국가권력에 의하여 의무적으로 지켜지는 행동규범, 행동준칙을 말한다.(공산주의 도덕 4학년 p.56)

국가는 법주권을 쥔 계급의 리익을 실현하는데 이바지할 수 있도록 여려가지 법을 만들어 놓는다.(공산주의 도덕 4학년 p.56)

우리나라 사회주의 법은 근로인민의 의사를 충분히 반영하고 있으며 그들의 리익을 철저히 옹호하고 있다.(공산주의 도덕 4학년 p.57)

법을 잘 지켜야 온 사회에 혁명적 생활기풍을 철저히 세우고 사회주의제도를 공고발전 시켜 나갈 수 있다.(공산주의 도덕 4학년 p.63)

우리사회에서는 로동자, 농민을 비롯한 근로인민대중이 나라의 주인으로 되고 있으며 국가가 그들의 생활을 책임을 지고 돌보아 줍니다.(공산주의 도덕 3학년 p.5)

수정주의에 물들면 멀쩡하던 사람도……부끄러움을 모르며 알콜과 마약에 중독되어 미친 사람처럼 아무행동이나 거리낌없이 하게 됩니다.(공산주의 도덕 3학년 p.43)

(3) 애국심

북한 주민은 훌륭한 指導者와 體制 속에서 행복한 생활을 누리기 때문에 自負心과 矜持를 가져야 하며, 이에 따라 國家의 存立과 發展에 貢獻할 것을 要求하고 있다. 북한은 국가나 지도자의 정치적 권위에 대한 무조건적인 존경과 복종이 요구되며, 또한 보다 현실적인 차원에서 국가와 지도자가 국민들에게 베푼 사랑과 배려에 대해,

보답 차원에서 자발적인 충성과 애국을 다할 것을 요구하고 있다.

교과서 속의 거의 모든 등장인물들은 김일성과 김정일을 모시고 사는 자체를 자신들의 커다란 행복으로 생각하고, 그들을 위해 헌신적으로 봉사하는 것을 인생의 목표로 삼고 있다. 또한 김일성과 김정일을 위해, 그들에게 기쁨만을 주기 위해 끊임없이 노력하고 있다.

국민으로서 갖추어야 할 가장 기본적인 소양으로 무엇보다도 먼저 階級教養이 가장 강조되고 있다.[15] 계급교양에 있어서는 무엇보다도 지주, 일본과 미국제국주의, 자본가 등을 적 또는 원수로 간주하고, 그들의 만행과 잔인성을 철저히 폭로하여, 그들에 대해 불타는 憎惡心과 復讐心을 갖도록 하고 있다. 그리고 비타협적인 혁명성의 원칙하에 혁명을 위해서는 어떠한 형태의 수단과 방법도 가리지 않고, 적들과 계속 치열한 투쟁을 할 것을 강조하고 있다.

> '하나는 전체를 위하여 전체는 하나를 위하여'라는 공산주의적 구호를 들고 투쟁하는 우리사회에서는 고운 사람은 조국과 인민을 위하여 성실히 일하는 사람이라고 말씀하시었다.(공산주의 도덕 3학년 p.48)

> 우리 나라에서 로동계급은 일자리 걱정을 전혀 모른다. 우리 나라에서 근로자들은 사회주의 헌법과 로동법의 혜택으로 모두가 자기 희망과 능력에 따라 안정된 일자리를 가지고 자신과 사회와 집단을 위하여 일한다.(공산주의 도덕 4학년 p.38.)

> 혁명적 동지는 수령의 사상으로 결합된 사람들이며 수령을 높이 모시고 수령의 사상과 령도를 실현하기 위하여 투쟁에 나선 사람이다.(공산주의 도덕 4학년 p.27)

---

15) 위의 논문, p.209.

항일혁명투사들은 지난날 경애하는 대원수님을 모시고 혁명하는 길에는 승리와 영광만이 있다는 굳은 신념을 깊이 간직하고 인간의 상상을 초월하는 난관과 시련 앞에서도 비관을 몰랐으며 언제나 생활을 락천적으로 누리고 승리의 날을 앞당기기 위하여 용감히 싸웠습니다.(공산주의 도덕 3학년 p.9)

(4) 계급의식

북한은 革命의 主體勢力인 勞動者階級만이 프롤레타리아 독재를 실현·발전시킬 수 있다고 말한다. 북한의 교육은 노동자 계급을 제외한 모든 계급에 대해 증오심과 적개심을 갖게 하며, 資本主義 社會의 敎育은 지주, 자본가 등 착취계급의 이해관계에 따라 근로인민대중을 착취와 억압에 순종하는 노예로 만드는 철두철미한 反動的 敎育이라고 매도하고 있다. 결국 노동계급이 실시하는 사회주의적 교육만이 인간을 올바로 키워낼 수 있는 진정한 교육으로 간주하고 있다.

북한은 '우리식 사회주의'는 반드시 오게 되며 이를 위해서는 철저한 계급의식을 지녀야 한다고 강조한다. 또한 自由主義 思想과 修正主義 사상을 철저히 警戒하고, 人民들은 主人이라는 意識을 지녀야 한다고 强調하고 있다. 계급의식을 제고시키는 가장 효율적인 방식은 역시 對象比較를 통해서 이루어지고 있다고 할 수 있다. 勤勞意識과 勤勞人民의 主體意識이 주를 이루고 있다고 할 수 있다.

착취사회가 무너지고 사회주의사회가 서면 낡은 생활양식은 장차 새로운 생활양식으로 바뀌어집니다.(공산주의 도덕 3학년 p.16)

204

어느 사회에서나 사람이 살아가는데 필요한 물건을 만드는 사람은 근로인민이다. 그러므로 물건의 주인은 마땅히 근로인민대중이 되어야 한다.(공산주의 도덕 4학년 p.37)

청년학생들은 지주 자본가의 착취적 본성을 잊지 말아야 하며 그들을 미워하고 착취계급을 반대하여 견결히 투쟁할 각오를 가져야 합니다. 우리는 로동자, 농민을 비롯한 근로인민의 아들입니다.(공산주의 도덕 3학년 p.18)

자유주의는 자기 개인의 리익만을 생각하면서 조직생활과 규율을 싫어하고 제멋대로 행동하려는 사상입니다. 사람들에게 자유주의 사상이 있으면 조직과 집단의 규율을 존중하지 않고 제멋대로 행동하기 때문에 무질서와 혼란을 일으키게 됩니다.(공산주의 도덕 3학년 p.23)

지구상에는 온갖 악한 짓을 하는 적들이 많습니다. 그런놈들은 바로 미제와 일본군국주의를 비롯한 제국주의자들입니다.(공산주의 도덕 3학년 p.33)

(5) 충성심

북한의 忠誠心은 集團과 組織에 대한 一體感이며 결국에는 김일성, 김정일에 대한 忠誠心으로 귀결될 수밖에 없다. 결국 김 부자에 대한 충성심은 이제까지 먹고 살게 한 것에 대한, 즉 은혜에 대한 보은의 성격이 강하다고 믿고 있으며,[16] 이것은 공산주의 혁명가의

---

16) 비교 시점을 현재로 보지 않고 과거로 보기 때문에 충성심을 유발할 수 있는 것이다. 즉 현재 대단히 어려운 형편이지만 일제나 전후기 때는 현재보다 더욱 어려웠다는 것을 강조하고 있는 것이다.

기본적인 덕목 중의 하나라고 설명되고 있다. 충성심에 대한 유도는 '有機體的 家族國家觀'에서 잘 나타나고 있다. '인민대중이 동지적으로 굳게 결합된 사회주의는 수령을 어버이로 모시고 온 사회가 수령의 혁명사상에 기초하여 화목하고 단합된 하나의 대가정을 이루고 있는 사회'라고 말하고 있다.[17] 즉 수령은 두뇌나 심장의 역할을 하는 인간의 핵심적 유기체이며 바로 아버지와 같다고 할 수 있다.

혁명적 의리에는 조직과 집단에 대한 의리, 혁명동지에 대한 의리가 있으며 또한 보다 숭고한 수령에 대한 의리가 있다.(공산주의 도덕 4학년 p.29)

혁명적 의리에서 가장 숭고한 의리는 위대한 수령 김일성대원수님과 수령님의 유훈을 받들어 나가서는 위대한 영도자 김정일 원수님의 사랑과 은혜를 순간도 잊지 않으며 언제 어디서나 모든 것을 다 바쳐 그에 보답하는 것이다.(공산주의 도덕 4학년 p.30)

사람들은 혁명적 의리를 지닐 때 경애하는 수령님의 유훈대로 위대한 원수님께 충성과 효성을 다하는 참다운 충신, 효자로 될 수 있으며 참다운 공산주의 혁명가로 될 수 있다.(공산주의 도덕 4학년 p.30)

혁명적 의리를 지키는데서 가장 중요한 것은 경애하는 수령님의 생전의 뜻을 받들어 나가시는 위대한 원수님에 대한 의리를 지키는 것이다.(공산주의 도덕 4학년 p.31)

---

17) 윤정수, "사회주의의 본질적 특성에 대한 주체적 이해", 「철학연구」 (1993. 1), p.35.

(6) 통일의식

　북한은 통일을 하기 위해서 3大革命 力量强化를 강조한다. 궁극적으로는 反帝國的인 美帝를 韓半島에서 몰아내야 한다고 强調하고 있다. 따라서 증오의 대상도 反帝, 反美, 反日이 된다. 통일은 외세에 의존하지 말아야 하며, 또한 북한사람을 이해하고 아끼는 마음이 있어야 한다는 것이다.[18) 결국 統一意識이란 韓半島의 共産化를 이루기 위한 政治敎育意識이라고 할 수 있다. 북한은 인민대중이 주인이 되기 위해서는 계급해방, 민족해방 등의 투쟁의식을 전개해야 한다고 주장한다. 북한은 평화적 통일방식이라고 주장하는 聯邦制, 분단의 책임 등을 교과서에 기술하고 있으며, 또한 통일은 역사발전 법칙에 의하여 이루어지기 때문에 우리식 사회주의는 반드시 승리한다고 교과서는 기술하고 있다.

　　한나절이면 이 나라 지경 그 어디에도 가 닿을 수 있는 지척에 살면서 혈육이 서로 만날 수 없고 편지 한 장 나누지 못하는 우리인민의 불행과 고통은 참으로 통탄하여 마지않는 최대의 비극입니다.(공산주의 도덕 3학년 p.69)

　　조국통일은 이러한 원칙에 따라 연방제식으로 해야 합니다. ……서로 싸우지 않고 나라를 통일하는 길은 오직 두 제도를 그대로 두고 통일하는 길밖에 없으며 그러자면 연방제를 실시해야 하는 것입니다.(공산주의 도덕 3학년 p.70)

　　조국을 통일하는 것은 한시도 미룰 수 없는 민족최대의 과업입니

---

18) 송경헌, "북한의 실상과 사회과 교육의 과제", 한국사회과 교육학회, 「사회과교육 제26호」(1993), p.354.

다.(공산주의 도덕 3학년 p.68)

민족의 분열로 하여 젊은 시절에 헤어진 우리의 수많은 아버지, 어머니들이 머리에 흰서리가 내리도록 서로 만나지 못하고 있으며 아들의 첫돐상을 차려주고 떠났던 아버지가 그 아들이 다 자라 쉰 고개에 오르도록 만나지 못하고 있습니다.(공산주의 도덕 3학년 p.69)

사회주의 위업은 인민대중의 자주성을 실현하기 위한 정당한 위업이며 인류가 사회주의에로 나아가는 것을 막을 수 없는 력사발전의 법칙입니다. 인류가 사회주의로 나아가는 것은 움직일 수 없는 력사발전법칙입니다.(공산주의 도덕 3학년 p.4)

(7) 법교육

法에 관한 學習[19]은 독자적인 법지식의 학습이 주목적이 되는 것이 아니라, 政治思想敎育의 일부로써 共産主義 革命을 위한 政治的 手段으로 利用한다. 결국 법교육은 계급혁명의 효율적 달성을 위한 학습이라고 할 수 있으며 또한 공산주의 혁명사상을 각 개인들에게 무장시키기 위하여 공산주의적 인간으로 만들기 위한 교육이라고 할 수 있다.

북한의 한 법학자는 사회주의 사회에서의 법은 무엇보다 먼저 수령의 혁명사상의 구현인 黨政策의 한 표현 형식일 뿐이라고 단언하고 있는 것이다.[20]

---

19) 김병찬, "북한의 사회과 시사교육", 한국사회과교육연구회, 「사회과교육 제26호」, 1993, pp.242-247.
20) 심형일, 「주체의 법리론」(평양: 사회과학출판사, 1987), p.212.

이로써 북한에서의 법·정치교육의 효과는 김일성 주체사상을 구현한 노동당정책을 주민생활의 일거수일투족에 이르기까지 침투시키고, 김일성·김정일 세습독재 권력체제를 공고화시키는 데 궁극적인 목적을 두고 있는 것이다.

1992년 북한의 사회주의 헌법은 노동계급 국가인 사회주의 국가의 출현과 더불어 태어난 새로운 형태의 법이라고 강조하며, 노동계급을 비롯한 근로인민대중의 이익과 요구에 맞게 만들어진 법이라고 강조하고 있다.[21]

> 인민이 주인으로 된 나라들에는 인민들의 자유를 보장하기 위한 법질서도 있고 도덕도 있으며 조직과 집단생활에서 지켜야 할 이러저러한 규범도 있는 것입니다.(공산주의 도덕 3학년 p.24)

> 사회주의 법은 근로인민대중을 위한 법입니다.(공산주의 도덕 4학년 p.56)

> 세상사람들은 우리나라 사회주의 법을 가리켜 사회주의법의 본보기라고 말하고 있다. 조선민주주의인민공화국 사회주의 법은 가장 인민적인 법이다. 국가는 착취와 압박에서 해방되어 국가와 사회의 주인으로 된 로동자, 농민, 근로 인텔리의 리익을 옹호하며 보호한다.(공산주의 도덕 4학년 p.57)

> 수령님께서는 법제정 사업이 가지는 중요성을 깊이 통찰하시고 우리국가의 기본법인 사회주의헌법에는 공민의 기본권리와 의무가 밝혀져 있다.(공산주의 도덕 4학년 p.58)

---

21) 위의 책, p.12.

사회주의사회에서 법과 도덕은 다같이 인민의 리익을 담고 있다. 법 또한 인민의 법이고 도덕도 인민의 도덕이다. 그러므로 법을 잘 지키는 것은 곧 도덕을 잘 지키는 것으로 된다. 우리나라 고등중학교 졸업생들이 한결같이 인민군대에 복구할 것을 탄원시키고 있다. 이것은 우리나라 법에 밝혀져 있는 공민은 조국을 보위하여야 한다는 규정을 지키는 행동인 것이다.(공산주의 도덕 4학년 p.62)

국가의 법과 규정을 철저히 지키는 것은 학생들의 신성한 의무이다.(공산주의 도덕 4학년 p.62)

Ⅵ. 남북한 중등 도덕교과서에 나타난 사회관

사람은 삶의 주체이면서 삶을 통해서 스스로를 형성한다. 즉 사람은 역사적이고 사회구조와 연관된 삶이다.

價値體系 혹은 價値觀이란 행동의 기준이 되는 요소이다. 모든 사람이 사회적으로 통용되는 올바른 가치관을 지녀야 사회생활에서 조화를 이룰 수 있고, 사회발전도 기약될 수 있다. 사회 성원들에게 특히, 미래의 청소년들에게 가치체계를 습득하도록 교육하는 것은 사회의 존속과 발전을 위해 매우 중요하다. 따라서 인간의 삶은 집단과의 관계 속에서 고찰되어야 한다.

그러나 오늘날 開放體制인 民主社會와 閉鎖體制인 共産社會의 社會는 근본적인 차이를 지니고 있다. 民主社會에서의 社會化는 全體社會化 過程의 一部로 비교적 자연스럽게 進行되는 데 반해, 共産社會에서는 共産社會建設과 이에 부응하는 人間改造라는 명확한 목적하에 意圖的으로, 持續的으로 社會化가 進行되었다.

본 장은 사회관의 형성 및 가치덕목에 따라 남북한 교과서는 어떻게 구성되어 있으며, 차이점은 무엇인지를 간접적인 내용비교로 살펴보고자 한다.

1. 사회관의 형성과 가치덕목

1) 사회관의 개념 및 형성

社會觀은 社會를 바라보는 觀點을 말한다. 사회관에 대한 관점은 시대, 학자에 따라 다르지만, 사회 속에서 여러 인간상은 사회상과 상호 이해의 관계를 가지고 있으며, 인간관 역시 사회관과의 밀접한 관계를 가지고 있다고 할 수 있다.

社會라는 용어는 모든 社會現象 또는 社會的 事實을 포함하며, 모든 人間의 集合體를 가리키거나 혹은 각 集團의 基礎를 이루고 있는 全體 모임을 가리킨다.

아리스토텔레스의 말처럼 인간은 사회적인 동물이다. 따라서 인간은 서로에게 도움을 주고받으며 또한 영향을 주어, 서로의 행동에 대한 방향 길잡이의 역할도 하게 된다. 사회학적인 의미에서 '사회적인 것'은 인간의 태도 속에서 또는 인간의 여러 관계 속에서 놓이게 되는 것이며, 한 사람의 태도가 적어도 다른 사람의 태도에 직접, 간접으로 영향을 미친다는 전제에서 출발하고 있다. 즉 어떤 개인은 타인이 자기에 대하여 어떠한 기대를 하고 있는가를 고려하게 된다. 따라서 그는 그 태도를 방향 제시적으로 작용하여 여러 개인들의 기대에 상응하면서 조정하게 되는 것이다. 價値가 文化的, 社會的 맥락 속에서 定型化되었을 때 價値는 이미 態度의 性格을 가질 수 있고, 또 態度에 대한 方向設定의 根據가 될 수 있는 것이다.

의식 있는 인간의 의도적 행동은 사회의 현상유지와 기능에 관계되어 있다. 사회질서의 과거와 현재, 그리고 미래에 대한 적극적 판단을 내리고, 그것의 의미를 체험하고 정당화하여, 강화하려는 행동은 그것 자체로서 값어치가 있다고 할 수 있다. 이것은 사회가 지닌 文化的 指向性을 의미 있게 받아들이고, 이어 보려는 재생산적 인간 행동으로 사회행위자의 중요한 특성이라고 할 수 있다.[1]

人間의 行爲樣式은 一定한 社會에 所屬하는 사람들에게 共通된 樣式이므로 社會的이라고 할 수 있다. 그러므로 행위의 양식은 특정인에 소속하는 것이 아니고 사회에 소속하는 것이다. 즉 人間的 行爲樣式의 기저에는 個人이 있는 것이 아니고, 社會가 있는 것이다. 이와 같이 사회성을 구유한 행위의 양식에 따라 모든 사람이 생활하고 있다는 의미에서 인간은 근본적으로 사회적인 존재이며,[2] 또한 사회는 상호작용 내지 상호 교섭하여 작용하는 共同所屬의 意識 내지 意慾에 의하여 결합된 하나의 精神的 統一體라고도 할 수 있다. 인간이 사회적 존재인 한 인간은 사회의 유지발전에 대해 또 하나의 구속력을 가질 수밖에 없다. 동일 사회 내의 모든 사회 성원으로 하여금 그 사회의 일반적인 양식에 참여시키는 과정을 총괄하여 '社會的 同化'라고도 하는데, 이 동화의 과정에는 두 가지가 있다. 그중 하나는 사회 성원이 의식적 무의식적으로 자진하여 일반 양식을 채택하는 적극적 과정이며, 즉 이 과정을 追適應化의 과정이라 할 수 있다. 또 하나는 일반 양식을 배반하여 그로부터 일탈하려는 것을 강제구속으로 말미암아 부득이 일반 양식을 채택하는 消極的 과정이다. 그리하여 이 두 과정을 통해서 樣式 내지 文化의 一般性이 支持, 强化되며 社會의 統一과 秩序가 維持・發展되

---

1) 박영신, "사회학 이론과 현실세계", 박영신 외, 「사회학연구」(서울: 대영사, 1984), p.16.
2) 변시민, 「사회학」(서울: 박영사, 1984), p.112.

는 것이다. 이처럼 인간은 사회에 대해 구성원으로서 가치를 수용
하고 인식하여 원만한 사회생활을 할 수 있게끔 사회관을 형성시키
는 것이다.

인간은 생활공동체의 구성원으로서 질서 및 규범 제도 안에서 생
활하고 자아실현을 완성하게 된다. 인간은 사회와 더불어 출생하고
발전하는 사회적 존재이다. 우리가 살고 있는 사회의 테두리는 실
제로 많은 공통적인 특성을 포함하고 있으며 그중에서도 인간의 사
회성은 인간의 전체적인 특성을 포괄적으로 나타내주고 있다.[3]

2) 사회관을 형성하는 가치덕목

인간은 태어나면서부터 사회 속으로 들어오고 그 속에서 살아가
야 한다고 한다. 즉 나만이 있는 사회가 아니라 너를 존중하고 너
와 함께 우리가 다 함께 사는 공동체 속의 생활을 하며, 의미 있고
보람 있게 살도록 운명적으로 태어났다.

이데올로기의 관점에서 볼 때 資本主義는 개인의 원리만을 강조
하고, 社會主義는 사회의 안녕만을 강조하여 양측은 個人과 社會間
에 對立이나 葛藤을 초래하였다. 따라서 자본주의와 사회주의는 어
느 쪽에 의한 다른 한쪽의 압도를 넘어서서 양자간의 상호 관계를
전제로 하는 사회이론을 형성해야 한다.

社會化의 개념에 의하면 인간성이라는 것은 사회적인 환경 안에
서 사회적인 상호작용과 상호 행동에 의해 이루어지는 것이다. 그
러므로 사회화의 과정이 바로 사람됨의 과정이다. 이와 같이 만약

---

3) 김명, 「국가학」(서울: 박영사, 1995), p.39.

인간이 사회화의 과정을 거쳐서 인간이 되는 것이라면 인간은 사회를 떠나서는 존재할 수가 없다. 인간은 처음부터 본질적으로 사회적인 존재이다.

인간은 사회의 공동체 속에서 그 본질이 규정되어야 한다는 전제를 제시하게 되었다. 결국 인간의 이성과 도덕적인 양심마저도 사회 문화적인 기반과 그 한계에서 형성된다고 할 수 있다. 이러한 관점에 시사를 받은 부버(Martin Buber)는 그의 哲學的 人間學의 기본사상을 다음과 같이 표현했다.4) "人間實存의 基本的인 事實은 人間이 人間과 함께 있다는 것이다." 社會와 個人의 이러한 不可分의 그리고 本質的인 聯關關係가 곧 人間의 存在方式이라고 할 수 있다. 이러한 방식을 통해서만 인간존재가 성립된다.

인간은 참으로 다른 인간들과의 유대에 있어서만 안정을 누린다. '나'는 언제나 정신적으로 연결된 '너'를 필요로 한다. 이것은 인간이 본질적으로 사회적인 존재이기 때문이다. 그리고 이것은 인간이 국가사회 안에서만 인간다운 의미 있는 삶을 살 수 있다는 것을 증명하는 것이다.

민주주의의 기본이념은 人間의 尊嚴性에 대한 信念과 最善我의 實現에 있기 때문이다. 이러한 민주주의의 이념을 구현할 수 있는 민주사회는 인간의 능력을 믿고 개성을 존중하는 다원사회이며, 자율적 활동이 존중되는 지성우위의 사회이며, 과학적 실험을 통한 창의적 문제 해결을 존중하는 사회이며, 협의와 협동을 중시하고 공공의 복지를 실현하고자 하는 사회이며, 법이 다스리는 사회이고 진보사회이자 개방사회이다.5)

---

4) 한국국민윤리학회, 「인간사회와 윤리」(형설출판사, 1994), p.54.

5) 오천석, 「민주주의의 참된 모습」(서울: 현대교육총서출판사, 1968),

216

또한 民主社會는 어느 특정인의 의견이나 능력을 믿기보다 만인의 의견과 능력을 다 같이 존중하고 믿는다. 따라서 다양한 의견이 있을 수 있고, 또 이를 허용하고 장려한다. 全體主義的 獨裁社會에서는 다양한 의견이란 없고 하나의 의견만이 존중되고 강요된다.

민주주의는 개인의 존엄성과 능력을 믿는 정신적 터전 위에 세워질 수 있는 것이기 때문에 민주주의의 발전은 개인의 인성과 태도에 크게 의존한다. 따라서 민주주의의 중요한 특성으로는 독립심, 자율적 태도, 타인에 대한 존경심, 이견에 대한 존중, 타협과 협동심, 실험적 태도, 개방성, 사회적 책임감 등을 들 수 있다.[6] 이 중 가장 중요한 특성은 獨立性과 自律性이다. 이 두 가지는 개인이 자기에게 의의 있는 일을 스스로 알고 그 일을 자력으로 해결하려 하며, 스스로 결정하려는 의욕과 자신을 의미한다.

그동안 남한의 경제성장 위주의 사회정책은 계급의식을 조장시켰으며, 산업화 과정에서 일어난 물질적 요구와 개인의 성취 사이의 간격이 큰 문제로 대두되었다. 우리의 農村家族主義, 集合主義, 權威主義, 安定主義를 支配的인 意識이라고 한다면, 산업화된 도시인에게는 個人主義, 沒人情主義, 形式主義가 두드러지게 나타나고 있다. 그렇다고 도시인도 농촌문화에 남아 있는 완전한 전통문화 의식을 버린 것은 아니다.[7] 남한은 아직도 가족적 분위기, 인간적 이해 등을 통한 사회적 연대를 중시하는 전통성이 있기도 하며, 개인적 경쟁과 같은 즉, 개인 사유재산의 축적을 성공의 척도로 삼는 근대성을 갖기도 한다. 그래서 남한의 市民意識에는 傳統性과 近代

---

pp.89-109.

6) 국민윤리학회, 「사상과 윤리」(서울: 형설출판사, 1991), p.205.

7) 김영모, 「한국사회학」(서울: 법문사, 1974), p.150.

性의 混合性을 지니고 있음을 특징으로 한다.

공산주의 국가는 사회주의 혁명을 위해서 사회개조와 함께 인간 의식의 개조까지 수행하는 것을 목표로 한다. 따라서 북한 사회에서는 당원과 주민들에게 공산주의적 새 인간, 즉 김일성 주체사상에 의해 主體的 人間이 될 것을 요구해 오고 있다. 뿐만 아니라 일반 주민에게도 혁명전통 교양 사업을 통해 '김일성식 주체 인간'이 되도록 思想改造 및 人間改造 노력을 해왔다. 이렇게 하여 의도적으로 형성된 北韓住民의 社會的 性格은 主體思想에 의해 造型되는 劃一的·集團主義的 性格으로 形成되었다.[8]

북한은 온 사회의 혁명화·노동계급화를 추진하기 위해 주민의 일상생활을 사회주의적 행동 준칙을 지키는 이른바 '社會主義的 生活樣式'을 확립하기 위한 원칙으로 '하나는 전체를 위하여 전체는 하나를 위하여'라는 集團主義的 生活原則을 견지하며, 민족적 형식에 사회주의적 내용을 담아 창조할 것을 강조한다.[9]

이상에서 살펴본 바와 같이 南韓에서는 傳統的인 價値文化 위에 個人主義와 物質主義가 支配的인 반면에, 北韓에서는 革命文化와 김일성 偶像化로 인한 集團主義와 革命 全體主義가 支配的이다.

일반적으로 사회화는 그 사회의 행동 양식과 규범을 전수시킴으로써 체제 유지 기능을 수행하게 되는데, 개인은 가정, 사회 집단 및 동료 집단, 직업생활, 여가생활 등 다양한 제도적 장치를 통해 자기의 개인적 목표를 추구하게 된다.[10]

이러한 사회의식과 사회가치관 즉 사회적 가치덕목을 도덕교과서

---

8) 이서행, "남북이질화 현상과 극복방안", 도산아카데미연구원, 「도산학술논총 제6집」(1998), p.170.
9) 「정치사전」(평양: 사회과학출판사, 1973), p.585.
10) 이서행, 앞의 논문(1998), p.172.

에서 살펴보면 공중도덕, 공익, 봉사, 협동, 규칙준수, 관용, 공동 선, 사회 정의 등의 내용 요소 등이 포함될 수 있다.

2. 남한 사회관 단원의 주요 내용과 가치범주

1) 사회관 단원의 주요 내용

남한 중학교 '도덕' 사회관 단원은 2학년 4개 단원, 3학년 3개 단원으로 구성되어 있다. 사회관 단원의 설정은 교과서 단원 내용과 주요 덕목을 중심으로 하여 선정하였다. 남한 사회관 단원의 특징은 민주시민으로서의 기본적인 태도, 조화로운 이웃생활, 현대사회에 직면한 가치갈등 문제를 해결하기 위한 기본적인 가치덕목들로 구성되어 있다. 즉 南韓 社會觀의 基本 觀點은 共同體의 構成員으로서 지녀야 할 價値德目을 강조한 것이라고 볼 수 있다. 특히 민주주의의 다양성으로 인하여 개인주의와 이기주의를 해결할 수 있는 기본가치를 중요시하였다. 사회관 단원의 주요 내용을 보면 다음과 같다.

(1) 남한 중학교 도덕 2학년 사회관 관련 내용분석을 살펴보면
〈표 Ⅵ-1〉와 같다.

〈표 Ⅵ-1〉 남한 중 2 도덕 사회관 관련 내용분석

단원	단원명	단원 내용	주요덕목	가치의 매개
Ⅱ. 가정·이웃· 학교생활과 도덕문제 (가정·이웃 ·학교생활)	2. 이웃생활과 도덕문제	이웃관계의 변화 즉 과거, 현대, 외국의 이웃관계를 설명하면서, 이웃간의 도덕문제와 해결책을 제시하여 좋은 이웃관계의 형성 방법을 제시하고 있다.	협동, 상부상조, 개인주의, 사랑, 봉사	현주, 갑돌이, 노인이야기, 현주, 영훈
Ⅲ. 현대사회와 도덕문제 (사회생활)	1. 현대사회와 환경문제	환경문제의 등장, 발생원인과 문제점, 인간의 무관심과 환경문제, 인간의 생존과 환경 등을 다루면서 우리의 환경문제는 인간의 삶에 깊숙이 침투하고 있지만 인간은 의식을 하지 못하거나, 무관심하여 이제는 생존권의 문제로 부각되고 있다. 환경보호를 통한 우리의 태도 변화를 가져와야 한다고 설명하고 있다.	책임, 공익	하영이, 중소기업인
Ⅲ. 현대사회와 도덕문제 (사회생활)	3. 사회적 도덕문제의 등장과 해결	사회적 도덕문제의 등장 배경과 종류, 현상 등에 대해 취할 수 있는 해결방안을 제시하고 있다. 현대사회는 연대의식과 공동체의식이 미약해지고 있으며, 사회적 도덕문제의 해결을 위해서는 위의 두 가지 의식이 필요하다는 것을 설명하고 있다.	질서, 양보, 공익, 근검, 절약, 공동체의식	영철, 기업인, 영식, 학생, 김 사장
	4. 인물학습	개인과 사회 간의 갈등을 해결하는 방법을 이하응과 노벨의 삶을 통해 알아보고자 하였다.	공익, 양심	이하응, 노벨

분석 자료: 남한 중학교 도덕 2학년(교육부, 1992).

(2) 남한의 중학교 도덕 3학년 사회관 관련 내용분석을 살펴보
면 〈표 Ⅵ-2〉과 같다.

〈표 Ⅵ-2〉 남한 중 3 도덕 사회관 관련 내용분석

단원	단원명	단원 내용	주요덕목	가치의 매개
Ⅱ. 가정 · 이웃 · 학교생활의 보람(가정 · 이 웃 · 학교생활)	2. 조화로운 이웃생활	예절이 인간생활에 필요한 이유와 의미, 근본정신, 정신과 형식의 관계, 예절의 다양성과 가변성 등 예절 전반에 대해서 다루고 있다. 또한 조화로운 이웃관계를 맺기 위해 상부상조의 중요성을 예를 들어 설명하고 있다.	예절, 감은, 협동, 인격존중	조상, 동이열전
Ⅲ. 민주사회와 도덕 (사회생활)	1. 민주사회와 인간존중	민주사회의 기본이념, 인간존중의 의미와 사상, 인간존중의 실천 등을 다루면서 올바른 민주시민의 자세는 궁극적으로 인간존중의 정신임을 강조하고 있다. 또한 이러한 의미와 정신을 동서양 및 한국의 전통 속에서 찾아보고, 올바른 인간존중의 실천 방향은 무엇인지 설명하고 있다.	자율, 책임, 공동선	건백서, 영국, 4대성인
	2. 민주적 태도와 생활양식	자발적인 참여, 책임과 준법정신, 경쟁과 협력, 올바른 의사결정 등은 민주시민의 기본자세이며, 민주주의는 제도와 함께 시민들의 생각과 행동이 중요하다는 것을 설명하고 있다.	봉사, 참여, 책임, 준법, 주인의식, 규칙,	청년, 학생

분석 자료: 남한 중학교 도덕 3학년(교육부, 1992).

2) 사회관 가치범주의 교과서 내용

사회관에서는 사회의 일원으로서 원만한 인간관계를 형성하고 적
극적인 사회생활을 영위하는 데 필요한 덕목을 다루었다.

도덕교육은 학생들이 한 개인으로서 자신을 바로 세우는 데 필요
한 도덕적 태도와 덕성을 기르고, 사회의 공동체적 삶을 원만히 영

위하는 데 필요한 건전한 가치 체제와 바람직한 인간관계 수립을 위해 필요한 도덕적 조건들을 습득할 수 있도록 적절한 학습과 경험의 기회를 제공하고 있다. 또한 도덕교육은 그들이 순조로운 자아실현의 과정을 성숙시켜 갈 수 있도록 목표를 설정하고 추구할 수 있게끔 교육하는 것이다. 본 연구는 寬容, 感恩, 사랑, 協同, 主人意識, 共同體, 公益, 民主的 多元價値, 規則遵守, 禮節, 經濟倫理를 중심으로 살펴보았다.

(1) 관 용

寬容은 인간존중의 정신을 바탕으로 하는 것이다. 다른 사람의 잘못을 너그럽게 용서하거나 또는 자신과 의견을 달리하는 사람들까지도 너그럽게 받아들인다는 뜻까지 포함된다. 자신과 다른 의견을 받아들이는 것은, 다른 사람을 자신과 동등한 사람으로서 존중할 때 가능하기 때문에, 똑같은 인간으로서 잘못을 저지를 수 있고, 다른 사람의 의견도 똑같이 존중되어야 하는 것이라고 교과서는 전개하고 있다. 또한 관용의 자세는 오늘날 개인 간, 개인과 집단 간, 집단 간 가치갈등을 해결할 수 있는 민주적 사고방식의 하나이며 또한 획일화된 잣대로 인해 생기는 문제점을 사랑으로 보완하는 것도 관용이라고 교과서는 제시하고 있다.

> 갈등을 해결하기 위해서는 무엇보다도 상대방의 입장을 생각해보는 易地思之의 마음자세가 필요하다.(중학교 2학년 p.34)

> 나와 다른 가치를 가지고 생활해 온 사람이 있다 해도 공공의 이익을 해치지 않는 한 관용의 자세로 너그럽게 받아들일 수 있어야 한

다.(중학교 2학년 p.35)

관용은 너 나 할 것 없이 우리 모두가 잘못 생각할 가능성이 있는 있다는 것을 인정하고 서로 도와가며 잘못된 의견을 고쳐 나가려는 태도이다.(중학교 3학년 p.50)

관용은 무조건 잘못을 덮어두려는 의미가 아니라 잘못을 저지른 사람에 대해서 우리가 가져야 할 태도를 말하는 것이다.(중학교 3학년 p.50)

현대사회에서 인간의 정을 느끼게 할 수 있는 것이 관용이다.(중학교 3학년 p.49)

(2) 감　은

효의 기본이기도 한 感恩의 정서는 우리나라에서 전통적으로 숭상되고 함양된 미덕이었으나, 근래에는 야박하고 근시안적인 풍조에 밀려서 옛 모습을 잃어가고 있다. 인간은 어느 시대에나 누군가의 은혜를 입으며 살게 마련이지만 특히 현대에는 모든 사람들이 서로 혜택을 입고 살아간다. 의도적인 호의에서 베풀어진 혜택만을 은혜라고 생각해서는 안 된다. 왜냐하면 모든 사람은 여러 사람의 봉사와 은혜를 입으며 살고 있기 때문이다. 즉 현대인은 간접적으로 모두 도움을 주고받으며 살아가기 때문에 感恩의 자세는 더욱 중요하다. 교과서는 보답하고자 하는 마음씨가 널리 보급되면, 사회의 모습은 크게 밝아질 것이며 보다 인간다운 사회가 될 것이라고 기술하고 있다.

보다 인간적인 사회를 만들기 위해서는 다른 사람의 도움이나 은혜에 감사하는 마음 즉 감은의 미덕을 갖추는 것이 매우 중요하다.

(중학교 3학년 p.53)

　　우리 사회와 국가가 나에게 어떤 의미를 지니고 있는지를 잘 생각해
보아야 한다. 사실 우리가 누리는 많은 혜택은 조상들과 여러 분야에서
일하고 있는 다른 사람들의 노고에 의한 것이다.(중학교 3학년 p.55)

　　오늘날의 사회에서는 각자에게 주어진 역할과 기능을 통해 그 호
의가 서로 의식하지 못하는 가운데 다른 사람에게 전달되는 경우가
많다.(중학교 3학년 p.22)

(3) 사　랑

　　사람이 다른 동물보다 특별히 뛰어난 것은 마음속에 사랑을 가지
고 있기 때문이다. 자기이익, 자기욕심을 채우려는 세상을 따뜻하고
명랑한 세상이 되는 것은 이웃을 사랑하고 보살펴주는 마음 때문이
다. 사랑은 대가를 바라지 아니하고, 베풀고 용서하며, 아껴주는 마
음이다. 사랑이 있는 사회는 행복한 사회이다. 이 세상이 아름다울
수 있는 것은 아낌없이 자신을 내어놓는 사랑하는 마음을 가진 사
람들이 존재하기 때문일 것이다. 인간의 가장 기초적인 마음의 태
도는 사랑이며, 부모의 사랑은 근원적인 것이라고 할 수 있다. 사랑
은 사람 사이에만 있는 것이 아니라 자연과 사물에도 적용되는 것
이라고 전개하고 있다. 즉 사랑은 모든 것을 포유하는 大義的인 뜻
으로 교과서는 설명하고 있다.

　　동물에 대한 사랑은 사람들 간의 관계에도 영향을 미친다. 동물을
거칠게 대하는 것은 인간의 마음이 거칠고 그렇게 행동하기 때문이
다.(중학교 3학년 p.58)

우리 인간들 사이에서만 사랑과 도덕이 필요한 것이 아니라 인간과 환경 사이에도 사랑과 도덕은 필요한 것이 아닐까?(중학교 2학년 p.156)

자연을 사랑으로 대하고 생각한다는 것은 도덕적으로 훌륭한 인격체만이 할 수 있다.(중학교 3학년 p.59)

엄부자모(嚴父慈母)라는 말이 있듯이 부모가 자녀를 가르치는 데 있어 그 역할이 달라야 한다는 것을 말한다. 즉 아버지는 엄격해야 하고 어머니는 자애스러워야 한다.(중학교 3학년 p.75)

(4) 협 동

우리는 한 세상을 혼자의 힘만으로는 살아갈 수 없다. 그래서 사람을 사회적 동물이라고 하듯이, 남과 어울려 살기 위해서는 協同의 정신이 필요하다. 사회는 서로 도우며 살아가는 것이므로 건전한 사회를 만들기 위한 교육은 남과 더불어 사는 지혜, 남과 힘을 모으는 지혜를 가르쳐주는 것이다. 교과서에서 과거 우리는 상부상조의 훌륭한 전통을 가지고 있었기 때문에, 현대인의 부족한 점을 서로 보완할 수 있는 정신이 바로 협동이라고 기술하고 있다.

각 개인은……서로 부족한 점에 대해서 도움을 주고받을 수 있기 때문이다.(중학교 2학년 p.21)

우리 조상들은 이웃간의 돈독한 정을 가리켜 '이웃사촌'이라는 말로 표현했다.(중학교 2학년 p.98)

우리 조상들은 계, 두레, 품앗이, 향약 등을 통하여 이웃과 함께 어려움을 극복하고……(중학교 2학년 p.100)

사람은 다른 사람과 관계를 맺고 살아야 한다. 우리는 언제나 이웃과 긴밀한 관계를 맺고 있는 것이다.(중학교 3학년 p.104)

우리들의 일상생활에서는 경쟁해야 할 부분보다 협력해야 할 부분이 많다.(중학교 3학년 p.178)

(5) 주인의식

모든 인간들은 소유했을 때 확고한 主人意識을 가지며, 소유하지 않을 때는 무관심하거나 방관자적 입장을 취한다. 이것은 올바른 민주시민의 자세가 아니라고 교과서는 강조한다. 인간이 확고한 주인의식을 가지지 못할 때, 공동체는 유지될 수 없다. 모든 共同體는 能動的이며 積極的인 主人을 必要로 한다. 민주사회에서 요구되는 주인정신은 자유와 자율, 책임을 지닌 사람이다. 이것이 올바른 민주시민의식이라고 교과서는 제시하고 있다.

올바른 민주시민의식으로는 먼저 내가 바로 이 사회의 주인이라는 생각을 들 수 있다.(중학교 3학년 p.165)

세계를 향한 넓은 시야와 열린 자세 민족과 국가를 향한 불타는 가슴을 서로 조화시켜 나아갈 때 비로소 우리는 새 시대의 주역으로 성장할 수 있는 것이다.(중학교 3학년 p.276)

민주주의 제도도 잘 만들어져야 하지만 그 제도를 잘 이끌어갈 사람들이 올바른 민주시민의식을 지닐 때 더욱 발전하게 된다.(중학교

3학년 p.165)

민주사회에서 시민은 사회의 주인으로서 여러 가지 크고 작은 일들을 책임 있게 결정하지 않으면 안 된다.(중학교 3학년 p.179)

(6) 공동체

共同體란 동질성을 가진 사람들이 공동생활권을 형성한 상태를 말한다. 즉 공동체란 구성원들 간에 동질적인 信念體系와 價値觀을 공유하고, 직접적이며 다면적인 인간관계가 이루어지며, 相互接觸이 互惠的인 관계로 연결되는 集團이라고 정의할 수 있다.[11] 공동체는 공유된 상징, 가치들과 감정뿐만 아니라 공리적 유대와 강압적 유대에 의해서 결속되고 있다. 그러나 현대사회는 지나친 개인이기주의와 지역이기주의로 인하여 오히려 공동체의 顚倒現象이 발생하고 있다는 것을 제시하면서, 특히 현대사회의 도덕문제 해결에 있어서 大義的 姿勢, 寬容과 妥協, 對話의 姿勢가 필요하다고 교과서는 제시하고 있다.

모르는 사람끼리 살다 보면 쓰레기를 쓰레기통에 넣지 않고 아무데나 버린다거나 다른 사람에게 손해를 끼치고 뺑소니를 치는 얌체형의 사람도 있게 마련이다.(중학교 2학년 p.110)

환경에 대한 우리들의 이기심과 무관심의 측면을 볼 수 있다.(중학교 2학년 p.156)

---

11) 김종림, "남북한 통일을 위한 민족 공동체 형성이론", 「한민족 공동체 통일방안의 이론 기초와 정책방」(서울: 국토통일원, 1990), p.61.

사회적 도덕문제는 구성원들의 공동체의식과 연대의식의 바탕 위에서 해결될 수 있을 것이다. 사회 구성원들이 사회 전체의 이익을 위해 정해진 규율과 질서에 합의해야 한다. 사회 전체의 이익을 위해서 개인이나 집단이 주장하는 이익을 양보하거나 관용으로 대하는 태도를 가져야 할 때도 있다.(중학교 2학년 p.186)

(7) 공 익

사회는 개인과 집단이 공존을 이루고 있다. 크게는 국가, 사회로부터 작게는 개인에 이르기까지 서로 얽혀 있으며, 개인생활과 사회생활이 구분이 가지 않을 정도로 복잡하게 이루어져 있다. 지나친 개인주의 즉 私益만 앞세우며 共益에는 무관심한 현대사회는 결국 갈등만이 존재하고 있다는 것을 교과서는 암시하면서, 共同善의 원리가 작용해야 된다고 말하고 있다. 共益에 대한 교과서의 전개 관점은 첫째, 밝은 사회는 남을 위해 배려하고 나누어 가지는 마음의 자세이며 둘째, 자신의 것을 조금씩 희생하는 것, 셋째, 공익의 가장 큰 원리는 정의와 사랑이라고 말한다. 또한 집단이기주의자들의 주장을 경계하는 覺醒的 측면을 기술하고 있다.

오히려 그는 자신도 장애인이고 어려운 형편이면서 자신보다 더 어려운 장애인을 돕고자 한다.(중학교 2학년 p.17)
유명한 의사인 김 선생은 국내에서 충분한 수입이 보장되는 일자리가 있는데도……중국 연변으로 가겠다고 하였다.(중학교 2학년 p.23)

각 가정이나 개인들은 마을의 공동선을 위하여 노력하였다.(중학교 2학년 p.198)

공동체가 잘 유지되고 발전하기 위해서는 정의와 사랑을 바탕으로 공동선을 추구해야 한다.(중학교 2학년 p.200)

기업과 기업인의 사회적 책임은 사회 전반에 걸쳐 중대한 영향을 끼친다는 데 있다.(중학교 3학년 p.206)

노벨 생애는 자신의 이익을 위한 일이 의도적이건 아니건 전체 사회목적에 해로운 결과를 가져올 때에 어떠한 자세를 가져야 하는지를 보여준다.(중학교 2학년 p.208)

그러한 행동이 타인에게 불쾌감을 주거나 피해를 준다고 생각해 보자 이때도 자신의 입장만 고집할 것인가?(중학교 3학년 p.5)

개인이나 집단의 이익을 초월하여 세계 또는 국가공동체의 공동선을 위해 다 같이 참여하고 협력하여야 할 과제인 것이다.(중학교 3학년 p.163)

(8) 민주적 다원가치(民主的 多元價値)

민주주의는 가치의 절대성을 부정한다. 그것은 어떤 가치도 인정되어야 한다는 뜻이다. 그래서 민주주의 사회에서는 소수의 의견도 가치 있고 다수의 의견도 가치 있는 것으로 받아들인다. 민주주의 사회는 모든 것이 공존할 수 있는 다원주의 사회로서, 장점은 바로 이 개방성에 있는 것이다. 민주주의는 자유와 개방성만 있는 것이 아니라 그에 따른 책임의식이 존재함을 각성시키고, 참다운 민주주의는 자발성과 적극적이고 능동적인 참여정신, 인간존중, 예의의 중시 등을 강조함으로써 민주시민의 기본적인 자세를 교과서에 제시하고 있다.

자유롭게 생각하고 표현하며 자유롭게 종교를 믿고 자유롭게 정당을 결성하며……이러한 사회에서 주민들은 사회질서를 지키며 가치 있는 일에 자발적으로 참여한다.(중학교 3학년 p.147)

그러므로 우리는 사회의 여러 가지 일에 능동적이고 적극적으로 참여하고 협조해야 한다.(중학교 3학년 p.168)

인간존중은 우리 인간에 대해 최고의 가치를 나타내는 말이다.(중학교 3학년 p.149)

예절은 인간이 더불어 잘 살아가기 위한 사람과 사람 사이의 약속이며 질서인 것이다.(중학교 3학년 p.90)

(9) 규칙준수

어느 사회, 집단에서도 지켜야만 할 사항이 있다. 이것은 자율적이면서도 강제성을 띠는 규칙이 있어야만 그 집단은 존립할 수 있기 때문이다. 規則遵守는 어떠한 집단이 문제에 봉착했을 때 쉽게 문제를 해결할 수 있는 기준이나 근거를 마련해 준다. 즉 갈등사태를 해결하는 하나의 방법론이라고 할 수 있다. 이것은 참다운 민주시민이 지녀야 할 가장 기본적인 자세라는 것을 교과서는 담고 있다.

사회의 규범이나 규칙을 존중하고 대화를 통해 합리적인 해결책을 찾도록 노력해야 한다.(중학교 2학년 p.38)

힘이 세다고 하여 규칙을 지키지 않는다면 힘이 약한 아이들만이 언제나 손해를 보게 되지.(중학교 2학년 p.128)

학교는 규칙적인 생활을 요구한다.(중학교 3학년 p.113)

이를 위해서 경쟁에 참가하는 사람들이나 집단은 같은 조건에서 같은 원칙을 준수하고 경쟁에 참여하는 기회도 균등하게 보장되어야 한다.(중학교 3학년 p.175)

개인 간 집단 간의 합의에 의하여 이루어진 약속은 아무리 사소한 일이라도 반드시 준수되어야 한다.(중학교 3학년 p.170)

다른 사람의 삶을 존중하면서 사회 전체의 공익을 위해 지켜야 할 기본적인 규범이 공중도덕이다.(중학교 2학년 p.187)

(10) 예 절

예절이란 사람이 사회생활을 해 나가면서 지켜야 할 마음이나 행동의 도리이다. 우리나라는 예로부터 '東方禮義之國'이라 하여 예의를 숭상하는 나라라고 일컬어져 왔다. 또 그런 생활을 해 왔다. 웃어른을 존경하고 극진히 모시며, 이웃끼리 서로 돕고 다정하게 지내 왔다. 이러한 예절의 근본정신은 三綱五倫의 윤리정신에서 비롯되는 인간존중의 마음씨라고 할 수 있다. 이는 오늘날에도 우리들이 반드시 지켜야 하는 기본적인 사람 간의 태도이다. 다만 시대가 변화하고 환경이 변화함에 따라, 내용은 유지하되 형식은 변화 발전시켜야 한다고 교과서는 기술하면서 '家庭儀禮準則'을 예로 들어 설명하고 있다.

우리 조상들은 윗사람, 아랫사람을 막론하고 사람들을 대할 때에는 항상 예절로써 대하는 것을 중요하게 여겼다.(중학교 3학년 p.94)

관혼상제는 사람이면 반드시 통과하는 통과의례라고도 한다.(중학교 3학년 p.97)

가정의례준칙의 표본은 예절의 허례허식을 방지하면서 예절생활의 표본을 만들자는 데 목적이 있다.(중학교 3학년 p.104)

(11) 복지윤리

인간은 누구나 잘 살기를 원하고 풍요로운 삶을 살기를 원한다. 경제발전의 결과라고 볼 수 있는 복지국가의 혜택을 누리기 위하여 우리들은 기본적인 경제윤리를 지녀야 하며, 이러한 의식은 진정한 복지사회를 이룬다고 교과서는 제시하고 있다. 인간존중, 협동, 불우 이웃 돕기, 복지증진 등이 저절로 이루어지는 것은 아니다. 공동체의식과 인간애, 정부의 노력과 국민 한사람 한사람의 사고의식이 중요하다고 말하고 있다. 특히 현대의 물질만능주의와 외국의 사대주의적 경향에 경각심을 주기 위하여, 합리적인 소비자의 실용정신, 절약정신, 국산품 애용정신, 주체의식을 강조하는 내용을 교과서는 제시하고 있다.

복지사회란 모든 사람들이 행복한 삶을 누릴 수 있는 사회, 모두가 인간답게 살 수 있도록 보장해 주는 사회로서……(중학교 3학년 p.178)

복지사회는 평등과 자유가 중시된다.(중학교 3학년 p.178)

복지사회는 공동체의식과 인간애가 존중된다.(중학교 3학년 p.189)

올바른 경제윤리를 확립하는 데는 정부차원의 노력에서부터 시민

한사람 한사람에 이르기까지의 이해와 협력이 필요하다.(중학교 3학년 p.200)

합리적인 소비자는 실용주의 정신에 기초하여 상품에 대한 정확한 정보를 얻고자 하며 자율적으로 선택하고 결정한다.(중학교 3학년 p.204)

국산품을 외면하고 우리 농촌과 기업을 약화시키는 것은 문화종속과 경제식민의 불행한 결과를 초래하고 만다는 사실을 분명히 알아야 한다.(중학교 3학년 p.205)

3. 북한 사회관 단원의 주요 내용과 가치범주

1) 사회관 단원의 주요 내용

북한 고등중학교 '공산주의 도덕' 사회관 단원은 3학년 8개 단원, 4학년 8개 단원으로 구성되어 있다. 사회관 단원의 설정은 교과서 단원 내용과 주요 덕목을 중심으로 하여 선정하였다. 북한 사회관 단원의 특징은 모든 교과서의 내용이 집단주의 정신과 공산주의적 도덕품성을 대단히 강조하는 내용을 담고 있다. 북한 교과서에 나와 있는 가치덕목은 남한 교과서에서도 비슷한 가치덕목들을 발견할 수 있다. 사회관 단원의 주요 내용을 보면 다음과 같다.

(1) 북한 고등중학교 3학년 공산주의 도덕 사회관 관련 내용분석을 살펴보면 〈표 Ⅵ-3〉과 같다.

〈표 Ⅵ-3〉 북한 고등중학교 공산주의 도덕 3학년 사회관 관련 내용분석

단원 (과)	단원명	단원 내용	주요 덕목	가치의 매개
5	전화예절	전화통화시는 지위의 높낮이에 관계없이, 친절하고 겸손하게 통화를 해야 한다. 전화 통화시의 예절을 아주 자세하고 상세하게 표현하고 있어 남한교과서와 비슷한 측면을 보이고 있다.	예의 (예절)	김정일
6	일을 창발적으로	혁명과업을 수행하는데는 끊임없는 혁신을 일으켜 창의적으로 일을 해야 하며, 또한 일이 주어졌을 때는 주인정신을 가지고 창의적으로 해야 한다는 것을 강조하고 있다.	책임	김일성
11	동지를 위해 바치는 생	김정숙이 혁명동지들을 위해 헌신적 뒤바라지를 하는 예화를 통하여 동지를 위해 희생하는 삶이 가장 가치 있는 삶이라고 강조한다. 궁극적으로 김정숙의 활동을 찬양한 내용이다.	희생 봉사	김정일, 김정숙
15	인정미	참다운 공산주의 혁명가는 인정미를 지녀야 하며 이것은 사람들이 따르는 따뜻한 마음이다. 결국 공산주의의 도덕적 품성을 강조하고 있다.	인정미	김정일
16	동방례의지국의 자랑	'동방예의지국'이라는 단어를 사용하면서 인사예절, 식사예절 등 다양한 예절을 설명한다. 결국 이러한 예절의 귀결점은 김정일에게 흠모심, 존경심을 가지고 충성심을 다 바쳐야 한다는 내용을 전개하고 있다.	예의	김정일
18	동지들! 이 총을 받아주!	항일유격대원들의 혁명활동을 통해 협동을 통한 애국애를 강조하면서 투쟁의식과 정신을 배워야 한다는 것을 강조하고 있다.	협동	김일성, 혁명투사
24	남녀간의 애정	남녀간의 애정도 동지적 관계로 이루어져야 하며, 상호호칭도 예절을 갖추어야 하며, 서로에 맞는 예절을 지켜 비도덕적인 행동도 하지 말아야 한다고 강조한다. 이것이 참다운 공산주의적 도덕기풍이라고 설명하고 있다.	예절	김정일
26	단결의 힘	미·일제국주의를 몰아내야 한다고 주장하면서 특히 한국의 팀스피리트훈련에 자극을 받아 북한을 준전시상태로 선포하여 인민들의 단결심과 충성심을 강조하고 있다.	협동	김정일

분석 자료: 북한 고등중학교 공산주의 도덕 3학년 (평양: 교육도서출판, 1995).

234

(2) 북한 고등중학교 4학년 공산주의 도덕 사회관 관련 내용분
석을 살펴보면 〈표 Ⅵ-4〉과 같다.

〈표 Ⅵ-4〉 북한 고등중학교 공산주의 도덕4학년 사회관 관련 내용분석

단원	단원명	단원 내용	주요 덕목	가치의 매개
1장 1절	예절을 지키자	예절은 인간 됨됨이를 나타내며, 사람사이의 정을 두터이 하기 때문에 대단히 중요하다. 동지들 간에도 예절을 잘 지키자는 내용을 담고 있다.	예의	김정일
2절	대상과 정황에 맞게	예절을 대상과 상황에 맞게 행해야 한다. 인사, 말씨, 웃사람과 아래사람간, 도서관, 강연회나 회의장소 등 예절의 형식과 내용을 아주 상세히 기술하고 있다.	예의	김정일
3장	2절 혁명적 동지애	사상과 뜻을 같이하고 그것을 위해 함께 투쟁하는 사람을 가리켜 동지라고 정의하면서 특히 혁명적동지가 될 것을 강하게 기술하고 있다. 즉 서로 사랑하며 조국과 인민을 위해, 당과 혁명을 위해 모든 것을 바쳐야 참다운 혁명적 동지라고 기술하고 있다.	동지애, 사랑	김정일
4장	4장 사회 공동 생활도덕 1절 공중도덕	공중도덕을 잘 지켜야 건전하고 화목한 사회적 분위기를 세울 수 있고 또한 공중도덕을 잘 지키면 사회주의 제도의 우월성도 높이 발양된다는 것이다. 차례와 순서, 공공시설물 애호, 언행 등에 대해 자세히 기술하고 있다.	공중 도덕	김정일
4장	3절 로동에 대한 공산주의적 태도	로동에 대한 공산주의적 태도는 사회와 집단을 기본으로 하여 로동을 사랑하는 것이다. 학생들은 미래 노동의 주인으로서 로동에 대한 공산주의적 태도를 높이 발휘하여 로동의 참된 주인으로 책임과 역량을 발휘하자는 내용을 담고 있다.	공익 (집단 주의)	김정일
4장	5절 휴식과 오락도 건전하게	혁명과업 수행을 위해서 휴식과 오락도 건전해야 하며, 사람사이에 화목과 단결, 예의를 지켜야 한다. 또한 휴식과 오락을 나이에 맞게 해야 하며, 로동에 지장을 주어서는 안 된다는 것을 강조하여 로동의 나쁜 습성을 경계해야 한다고 기술하고 있다.	협동, 예의,	김일성
5장	5장 공산주의적 도덕품성 1절 도덕규범과 도덕품성	공산주의적 인간은 양심에 의한 도덕적 규범을 반복적으로 행한다. 도덕품성과 도덕규범은 불가분의 관계를 가지고 있으며, 도덕적 품성을 지닌 사람은 공산주의적 인간으로 사회에 많은 기여를 한다는 것이다.	도덕	김정일, 김동수
5장	3절 숭고한 덕성	덕성은 남에게 베품을 주는 공산주의적 덕성이며, 사회주의 정치지도자는 능력도 있어야 하지만 인민을 사랑하는 숭고한 덕성을 지녀야 한다고 강조한다. 결국은 김정일의 덕을 찬양하는 내용으로 귀결시킨다. 김정일의 덕성을 상세히 기술하면서 지도자관의 자질을 부각시키고 있다.	인정, 사랑	김정일

분석 자료: 북한 고등중학교 공산주의 도덕 4학년(평양: 교육도서출판, 1995).

2) 사회관 가치범주의 교과서 내용

북한은 공식적 조직이 지배하는 통제된 사회로서 集團主義 原則에 준거하여 전 사회를 一元的으로 조직화하고 있다. 따라서 북한의 인민들은 당의 방침에 따라 조직의 구성원들에게 당의 정치, 사회적 지향에 대한 복종만이 최고의 가치로 인정한다.

북한 사회에 있어서의 모든 사상적 기초는 주지하다시피 主體思想이다. 주체사상이란 북한에서 발간된 '주체사상 총서'에 의하면 '사람이 모든 것의 주인이며, 모든 것을 결정한다. 모든 것을 사람을 중심으로 생각하고, 사람을 위하여 복무하게 하는 사람 중심의 세계관'이라고 말한다. 이는 또한 '혁명과 건설의 주인은 인민대중이며, 혁명과 건설을 추동하는 힘도 인민대중에게 있다는 사상'으로 설명되기도 한다.12) 즉 사람 중심의 철학이며 인민대중에 의한, 인민대중을 위한 철학 사상이라고 말한다.

결국 북한 사회의 도덕원리도 궁극적으로는 주체사상에서 도출될 수밖에 없다. 인간 중심의 주체사상 즉, 人間의 本質을 自主性과 創造性, 意識性을 지닌 존재로 이해하고 있음에도 그 핵은 궁극적으로 首領觀으로 요약되고 있다.13) 수령은 인민대중의 의사와 이익의 최고 체현자이고, 최고 대표자이며, 혁명의 최고 영도자인 까닭에 당과 수령에 대한 충실성이야말로 주체사상의 핵심이며, 이는 북한의 수령인 김일성과 김정일에 대한 개인적인 충성으로 비약되고 있다. 이것이 바로 북한 도덕원리라고 할 수 있다.

---

12) 「주체사상의 원리」(평양: 사회과학출판사, 1989), p.15.

13) 이서행, 「북한 주체사상의 본질과 실체」(서울: 한국자유총연맹, 1989), pp.67-68.

이러한 관점은 '社會政治的 生命體論'에서도 가장 잘 나타나고 있다. "사람은 육체적 생명과 함께 사회정치적 생명을 가진다"라는 이론으로 전자보다는 후자를 더 강조하는 사회집단의 중요성을 강조하고 있다.[14) 한편 남한 사회에서는 정치체제가 사회의 도덕규범을 형성하거나 유지하는 데 소극적, 간접적으로 접근하는 데 비해, 북한 사회에서는 적극적이고 직접적인 방법으로 접근하고 있다.

북한 사회적 차원에서의 가치지향은 엄격한 조직생활이 모든 생활의 기간을 이루고 있으며, 대부분 생활과 활동은 조직화되고 집단화되어 단체의 조직생활을 중심으로 이루어진다. 그러므로 북한 사회에서 個人은 獨立된 하나의 個體로서가 아니라 自身이 所屬되어 있는 集團이나 社會의 한 成員으로서 살아가게 되며, 개개인의 생활가치는 개인의 안녕이나 안일이 아닌 집단과 사회를 위하여 얼마나 이바지하는가에 의해 평가된다. 이러한 조직사회에 통합되어 사회성원으로서 원만한 사회생활을 영위하기 위해 개인이 갖추어야 할 기본적 가치덕목들을 살펴보면, 共産主義 道德, 協同, 集團主義, 公衆道德, 責任感, 同僚愛, 禮節, 犧牲과 奉仕 등이 강조되고 있다.

(1) 공산주의 도덕

共産主義 道德은 자기희생을 감수하는 집단주의 정신, 생산과 건설에 기꺼이 참여하는 노동애호정신과 근검절약 정신, 공산주의 승리에 대한 신념 등의 내용을 담고 있다. 또한 사회주의적 생활양식에 필요한 공산주의적 도덕규범의 의미를 바르게 알고, 이를 실천하

---

14) 김병빈, 「북한 최고인민회의 자료집 제3집 제4기 제4차 회의」(서울: 국토통일원, 1988), p.265.

여 공산주의적 인간사상, 도덕적 풍모를 갖춘 혁명인재를 기르고자 함을 담고 있다. 전체적인 내용의 측면은 모든 학생들이 낡은 도덕관념과 생활인습을 철저히 없애고, 즉 부르죠아적인 사고방식과 생활양식을 경계하고, 공산주의 도덕규범을 자각적으로 지키며, 사회주의 생활양식에 맞게 행동하도록 하고자 함을 목적으로 하고 있다.

공산주의적 덕성은 사람을 세상에서 가장 귀중한 존재로 여기고 사람을 위하여 모든 것을 정성을 다하는 품성이다.(공산주의 도덕 4학년 p.52)

혁명과업을 수행하는데서 끊임없는 혁신을 일으키자면 일을 창발적으로 해야 합니다. 일을 창발적으로 한다는 것은 새롭게 한다는 것입니다.(공산주의 도덕 3학년 p.14)

우리는 인정미를 지님으로써 참다운 공산주의혁명가의 고상한 도덕풍토를 훌륭히 키워나가야 합니다. 인정미는 인간에 대한 뜨거운 사랑의 정을 가지고 다른 사람을 대하여 함께 나눔을 아는 미덕입니다.(공산주의 도덕 3학년 p.37)

공산주의 교양에서 중요한 것은 모든 근로자들이 공산주의적 도덕품성을 소유하도록 하는 것입니다.(공산주의 도덕 4학년 p.47)

우리는 자신을 아름다운 도덕품성을 지닌 공산주의적 인간으로 튼튼히 준비해나감으로써 우리사회를 더욱 아름답고 결합된 사회로 만드는데 적극 이바지하여야 한다.(공산주의 도덕 4학년 p.49)

정의로운 사람이란 모든 문제를 편견과 사심 없이 공정하게 대할 줄 아는 공명정대하고 성실한 사람입니다.(공산주의 도덕 4학년 p.49)

날라리도 막아야 한다. 날라리는 부르죠아 생활양식이다.(공산주의 도덕 4학년 p.45)

(2) 협 동

북한 사회에서도 協同은 기본적인 사회의 덕목으로 자리잡은 지 오래이다. 어느 사회에서나 협동과 단결이 있으며 특히 북한체제는 개인의 이익보다는 집단의 이익을 더 귀중히 여기는 집단주의 정신이 강조되고 있다. 외형적, 물질적 부족으로 인한 협동, 수령을 중심으로 단결해야 한다는 협동, 사상적 해이를 경계해야 하는 측면에서의 협동을 강조하고 있다.

이제는 때가 되었다. 이 두 자루를 밑천으로 삼아 독립행군을 시작해보자. 지금은 이 두 자루가 전부이지만 이것이 새끼를 치고 또 쳐서 200자루, 2000자루를 생각해 보라(공산주의 도덕 3학년 p.44)

단결은 인민들의 힘을 수십 수백 배로 증대시켜 그 어떤 강대한 적도 쳐부실 수 있게 하는 필승불패의 무기입니다.(공산주의 도덕 3학년 p.66)

우리의 일심단결은 가장 위대한 수령을 중심으로 한 단결입니다. 우리의 일심단결은 무엇보다도 수령을 중심으로 전체 인민이 사상 의지적으로 굳게 결합된 단결입니다.(공산주의 도덕 3학년 p.55)

우리는 사회주의 조국의 륭성발전을 위한 힘의 원천인 우리의 일심단결을 더욱 강화하기 위하여 모든 것을 다하여야 합니다.(공산주의 도덕 3학년 p.56)

(3) 집단주의

북한 사회의 집단주의 원칙은 憲法的으로 規定되어 있다. 북한 헌법 제63조는 "조선민주주의 인민 공화국에서 公民의 權利와 義務는 '하나는 전체를 위하여, 전체는 하나를 위하여'라는 집단주의 원칙에 기초한다."라고 규정하고 있으며, 제82조는 "집단주의는 사회주의 생활의 기초이다. 공민은 조직과 집단을 귀중히 여기며 사회와 인민을 위하여 몸바쳐 일하는 기풍을 높이 발휘하여야 한다."고 명기하고 있다. 북한이 공민의 기본 권리와 의무에 관해 규정함에 있어 '집단주의 원칙'을 천명한 것을 북한 헌법의 중요한 특색이라고 지적할 수 있다.

이러한 북한의 집단주의는 최근 주체사상에서 파생된 '사회 정치적 생명체론'에 의해 더욱더 강화되고 있다.

하나와 전체, 개인과 집단에서 누구의 리익을 기본으로 하는가에 따라 공산주의적 태도인가 아닌가 하는 것이 갈라진다. 로동에 대한 공산주의적 태도는 사회와 집단의 리익을 기본으로 하는 태도이다. (공산주의 도덕 4학년 p.40)

옳은 일이란 곧 사회와 집단, 조국과 인민을 위한 일입니다.(공산주의 도덕 3학년 p.9)

로동의 창조물을 아끼고 사랑하는 것이 사회와 집단의 리익을 기본으로 하여 발휘될 때 참다운 것으로 된다. 자기 개인의 리익을 기본으로 하여 로동의 창조물을 아끼고 사랑하는 것은 로동에 대한 공산주의적 태도와 인민에 없다.(공산주의 도덕 4학년 p.41)

영웅들은 자기 개인의 리익과 명예를 위하여 로력적 위훈을 세운 것이 아니다. 그들은 한결같이 사회와 집단의 리익을 먼저 생각하고 그를 위해 온갖 노력을 다한 사람들이다.(공산주의 도덕 4학년 p.43.)

공명정대하고 성실한 인간은 개인의 리익보다 인민대중의 리익을 더 소중히 여기며 인민의 입장에서 모든 것을 처리하는 인간이다.(공산주의 도덕 4학년 p.51)

(4) 공중도덕

낯선 사람들 간에 지켜야 할 윤리를 市民倫理라 할 때, 시민윤리가 구체적인 日常生活 속에서 나타난 것이 公衆道德이다. 공중도덕은 남한의 가치덕목과 같은 의미를 지니고도 있으며, 또한 엄밀하게 분석하면 공중도덕은 북한에서 사회주의제도와 관련지어 설명되는 이중적 특징을 담고 있다. 특히 전체주의적 특성인 統制의 성격을 많이 담고 있으며, 공공장소에서의 도덕, 법규칙 준수, 공공시설물 애호정신, 차례와 순서 등을 기술하고 있다.

공중도덕을 잘 지켜야 건전하고 화목한 사회적 분위기를 세울 수 있고 서로 돕고 이끄는 사회주의제도의 우월성을 높이 발양시킬 수 있습니다.(공산주의 도덕 4학년 p.34)

사람들이 공중도덕을 잘 지켜야 건전하고 화목한 사회적 분위기를 세울 수 있다.(공산주의 도덕 4학년 p.34)

도덕품성은 도덕규범을 반복하여 지키는 과정에 형성된다.(공산주의 도덕 4학년 p.47)

법도 하나의 행동규범이지만 법을 도덕규범이라고 하지 않는 것은 법이 량심에 의하여 자각적으로 지켜지는 행동규범이 아니라 외적인 강요나 통제에 의하여 지켜지는 행동규범이기 때문이다.(공산주의 도덕 4학년 p.47)

우리 인민은 남의 물건을 탐내거나 훔치는 것을 큰 죄악으로 여겼으며 비열한 것으로 여겼습니다.(공산주의 도덕 3학년 p.41)

공공장소에서는 문화시설, 편의봉사시설, 교통수단 등을 리용하는 규율을 철저히 지켜 그것을 늘 애호하고 보호하여야 한다.(공산주의 도덕 4학년 p.36)

공공장소에서는 차례와 순서를 엄격히 지켜야 한다.(공산주의 도덕 4학년 p.36)

(5) 책임감

責任感은 자신에게 주어진 임무는 어떠한 희생, 자신의 생명까지도 감수하면서 반드시 완수한다는 투철한 사명감으로써 영웅적인 용맹성, 자기희생과 헌신, 조직성, 규율성 등이 밑받침되고 있다. 주인다운 태도 그리고 이에 따른 책임성, 그리고 자기결정성 등을 나타내고 있고, 개인적 책임과 아울러 집단적 책임도 중요시하고 있으나 집단, 체제에 대한 책임성이 더욱 중요시되는 측면이 있다. 특히 혁명활동 시의 책임감은 대단히 중요시되고 있다.

로동에 대한 공산주의적 태도는 로동의 주인으로서 사회와 집단의 리익을 기본으로 하여 로동에 대하는 태도이다.(공산주의 도덕 4학년 p.39)

그 어떤 임무를 받았을 때 바로 내가 이 일의 주인이라는 것을 알면 사람은 그 누구에게도 의지하지 않고 자기의 머리와 힘을 발동합니다.(공산주의 도덕 4학년 p.15)

로동을 자기 일로 여기는 사람은 모든 일을 책임적으로 하지만 남을 우한 일로 여기는 사람은 무책임하게 한다.(공산주의 도덕 4학년 p.39)

(6) 동료애

인간관계의 초점이 個人에 의한 것이 아니라 集團에 의해 형성되는 단면을 나타내주고 있다. 同僚愛가 나타나고 있는 많은 이야기 속에서의 친구관계는 자발적인 선택에 의해 임의적으로 이루어진 관계가 아닌 단체의 조직생활을 매체로 한 공식적인 關係로서 規格化되어 있다. 이에 주된 친구관계는 개인문제나 우정문제 등을 함께 나누는 정감어린 교제가 아닌 그들이 수행하고 있는 활동, 즉 業務 指向的인 내용이 중심이 되어 이루어지고 있다. 그러므로 친구는 혁명과 건설에 동참하는 동료로 묘사되고 있다. 특히 가장 이상적인 친구는 항상 사회적으로 승인되고 규격화된 특정한 행동규범만을 실행하여 모든 사람이 본받을 수 있는 규범적인 존재, 즉 주로 김일성, 김정일로 기술되고 있다.

청렴결백한 사람은 사람들과 쉽게 어울리고 친숙해지며 존경을 받습니다. 그러나 생활이 깨끗치 못한 사람은 다른 사람들에게 곁을 주지 않습니다.(공산주의 도덕 3학년 p.21)

위대한 령도자 김정일 원수님께서는 다음과 같이 말씀하시었습니다.

〈남녀간의 관계는 참다운 사랑에 기초하여 이루어져야 하며 서로 인격을 존중하고 서로 믿고 진심으로 도와주는 동지적 관계로 되어야 합니다.〉(공산주의 도덕 3학년 p.60)

혁명적 동지애는 동지들이 혁명의 전개시 서로 아끼고 도와주는 사랑이다.(공산주의 도덕 4학년 p.23)

동지애는 자기 혈육들을 뜨겁게 사랑하면서도 조직과 집단을 위하여 자신의 모든 것, 필요하다면 생명도 서슴없이 바치는 가장 뜨겁고 열렬한 사랑이다.(공산주의 도덕 4학년 p.24)

동지는 혁명을 같이하고 조국과 인민을 위하여 당과 혁명을 위하여 모든 것을 다 바치는 사람이다.(공산주의 도덕 4학년 p.25)

이처럼 혁명적 동지애는 영생하는 삶을 주는 사랑인 것으로 하여 그 어떤 사랑보다도 귀중하고 값높은 사랑으로 된다.(공산주의 도덕 4학년 p.26)

의리는 대가를 따지며 갚는 신세갚음이 아니라 사랑과 은혜에 모든 것을 다하여 보답하는 것이다. 의리는 좋고 착한 일을 하는데 도움을 주거나 잘되기를 바래서 주는 사랑과 은혜에 대한 보답입니다.(공산주의 도덕 4학년 p.29)

리복수 영웅은 조국을 위해 몸바치는 것보다 고귀한 생명, 위대한 행복은 없다는 것을 보여준 우리 시대 청년의 본보기입니다.(공산주의 도덕 3학년 p.63)

244

(7) 예 절

同僚愛와 함께 의례적인 측면인 禮節이 대인관계에서 상당히 중시되고 있다. 올바른 언어 사용법과 인사법 등과 같은 일상생활 예법이 강조되면서 언제, 어디서나 예절을 지킬 것을 요구하고 있다. 특히 연장자에 대한 예절을 강조하여 항상 웃어른을 존경하고 공경할 것을 당부하고 있다.

이외에 사회생활의 중요한 규범으로는 자신이 살고 있는 고장이나 사회 또한 자신이 속하여 있는 조직이나 공동체를 위한 공익에의 봉사를 비롯하여, 개인의 이익을 위한 경쟁보다는 전체의 이익을 위한 협동, 남이 자신을 알아주지 않는다고 불쾌하게 생각하지 않음으로써 무슨 일에서나 자신을 내세우지 않고 항상 낮추는 겸손 등 공동생활의 영위를 위한 협조적인 덕목들이 강조되고 있다. 이러한 가치덕목에 비추어 사회생활에 있어서는 책임감, 동료애, 공익봉사, 협동 등 집단주의적 가치지향의 규범이 매우 중요한 목표적·표준적 가치로 강조되어 있다. 이러한 집단주의적 가치들은 청소년들을 미리 정해진 사회 전체의 목표에 맞게 조직화하여 전체 사회의 과제를 해결하는 데 한몫을 담당할 수 있는 인간으로 형성하는 데 중점을 두고 있다. 이 예절의 궁극적인 지향점은 체제지향점이며 가정과 학교, 일상생활에서 예절을 지킴으로써 당에 복종하고 수령에 존경하도록 하는 것이 최종목적이자 지향점이라고 할 수 있다.

전화는 지위가 높은 사람, 낮은 사람 할 것 없이 건방지게 해서는 안됩니다. 전화는 서로 상대방을 보지 못하고 말하는 것이기 때문에 겸손하게 하여야 합니다.(공산주의 도덕 3학년 p.9)

우리 나라는 오래 전부터 해 솟은 맑은 아침의 나라라는 자랑과 함께 동방례의지국이라는 자랑을 가지고 있습니다. 우리인민들 속에는 웃사람을 존경하고 아랫사람을 사랑하며 도와주는 아름다운 기풍이 지배하며……(공산주의 도덕 3학년 p.40)

남녀간의 례절을 잘 지켜나가자면 또한 남자와 녀자의 서로 다른 특성에 맞게 말과 행동을 잘해야 합니다.(공산주의 도덕 3학년 p.61)

녀학생들이 남학생앞에서 례절을 잘 지키는 것이 중요합니다.(공산주의 도덕 3학년 p.61)

우리는 모두가 남녀간의 례절을 지키는 데서도 참다운 공산주의적 도덕생활기풍이 차넘치게 하여야 합니다.(공산주의 도덕 3학년 p.62)

인간의 존엄과 권리가 이처럼 귀중하기 때문에 사람들은 자신의 존엄과 권리가 침해당하는 것은 허용하지 않는다.(공산주의 도덕 4학년 p.50)

예절은 인간의 됨됨이를 나타낼 뿐만 아니라 사람들 사이의 정을 두터이 하고 동지적 단합을 이룩하는데 중요하다(공산주의 도덕 4학년 p.17)

청소년들이 사회주의적 생활양식과 집단주의적 생활규범을 모범적으로 지키며 부모와 웃사람을 존경하고 동무들과 아래 사람들을 사랑하며 언제 어디서나 예절바르게 행동하도록 하여야 합니다.(공산주의 도덕 4학년 p.18)

학생들을 대상과 상황에 맞게 예절을 지킴으로써 언제 어디서나 예절바르게 행동하여야 합니다.(공산주의 도덕 4학년 p.20)

246

(8) 희생과 봉사

혁명적 동지를 소중히 아끼고 귀중히 여기는 것이 공산주의자들이 가져야 할 중요한 도덕적 품성 중의 하나로 犧牲과 奉仕 또한 집단주의 기본원칙 중의 하나라고 볼 수 있다. 희생과 봉사의 모델 전형이 김정숙으로 묘사되고 있으며, 개인의 양심과 본성에 의한 것이라기보다는 집단과 체제지향의 희생과 봉사로 기술되어 있다.

> 혁명동지를 위해 바친 생은 가장 고귀하고 값 높은 생이며 그것은 동지들의 심장 속에 영생합니다.(공산주의 도덕 3학년 p.25)

> 김광철 영웅은 동지적 사랑을 가장 숭고한 높이에서 실천행동으로 보여준 참다운 혁명전사입니다. ……두 대원을 양손으로 밀어 부치면서 수류탄을 가슴으로 덮었습니다.(공산주의 도덕 3학년 p.28)

> 존경하는 김정숙 어머님께서는 민생단으로 몰린 동지들을 굶겨서는 안된다는 그 한가지 생각뿐이었습니다.(공산주의 도덕 3학년 p.26)

> 동지를 위해 바치는 생은 조직과 집단을 위해 바치는 가장 값높은 희생입니다.(공산주의 도덕 3학년 p.27)

(9) 환경교육

북한 환경교육 실태를 살펴보면 일반적으로[15] 環境敎育 內容은

---

15) 최석진, "북한의 환경문제와 환경교육", 한국사회과교육연구회, 「사회과교육 제26호」(1993), p.77.

주로 자연 보존, 삼림 자원 보존, 물오염 방지, 폐기물 처리 방안 등을 다루고 있지만, 주로 "자력갱생"의 원칙을 강조한다. 국가적 투자의 기대를 버리고 스스로 해결하도록 요구하고 있다. 본 분석 대상 교과서에서는 이런 내용들은 기술되고 있지는 않다. 즉 교육적, 생존적 측면의 환경의식보다는 김 부자의 찬양성을 묘사하기 위한 한 부분으로 기술되고 있다.

위대한 원수님께서는 일군들에게 경애하는 대원수님께서는 금강산의 아름다운 경치를 유지하기 위해 수많은 지하자원이 묻혀있다는 보고를 받으시고도 광산을 개발하지 못하게 하시었다고 하시었습니다. 그러시면서 무연탄 보이라재가 금강산의 경치에 손상을 주고있다고 걱정하시었습니다.(공산주의 도덕 3학년 p.53)

Ⅶ. 남북한 중등 도덕교과서 종합 비교

　본 장은 앞의 장에서 고찰한 남북한 교과서의 내용을 종합적으로 분석하였다. 즉 남북한 교과서는 인간관, 국가관, 사회관의 가치덕목에 따라 어떤 의도와 취지로 이루어졌으며, 그리고 이것들의 궁극적인 지향점은 무엇인지 전체적인 차원에서 비교를 시도하였다.

　남한은 民主主義라는 이데올로기적 가치에 의해 個人의 自律性과 多樣性을 존중하는 個人尊重의 道德敎育을 실시하여 왔고, 북한은 社會主義 이데올로기라는 가치에 의해 개인 중심보다는 全體主義的인 次元에서 이루어지는 集團中心의 道德敎育을 실시하여 왔다. 이러한 큰 틀에서 이루어진 남북한 도덕교육은 각각 어떤 측면에서 장점과 단점을 가지고 있는지 본 장에서 다루고자 하였다.

1. 인간관의 비교

　인간관의 비교는 크게 民主主義 人間 對 全體主義 人間, 能動的 人間 對 受動的 人間, 自由主義 家族觀 對 集團主義 家族觀의 관점에서 시도하였다. 본 절은 위의 세 가지 측면에서 남북한 비교를 시도하면서 교과서에 나와 있는 내용을 직접 인용하여 비교를 진행하였다.

1) 민주주의 인간 대 전체주의 인간

(1) 남북 교과서에 나타난 이데올로기적 가치

남북한은 각기 다른 이데올로기에 의하여 모든 체계를 지배하고 있기 때문에 價値觀에 대해서도 많은 차이를 나타내고 있다. 가장 대표적인 것이 人間의 尊嚴性에 대한 것이다.

남한이 지향하고자 하는 인격적 주체는 자신이 가치 있다고 믿는 바를 따라서 행동하는 道德的 主體이다. 인간은 스스로 정한 목적과 스스로 내린 판단을 따라서 주체적으로 행동한다. 주체적으로 행동한다는 것은 인간은 자유를 가진 존재이며, 인간이 이러한 유일한 자유의 주체라는 이 사실은 우리는 인간을 존엄한 존재로서 인정하지 않을 수 없는 또 하나의 이유라고 할 수 있다.

인간의 존엄성과 가치는 바로 自我觀念에서 시작한다. 민주주의의 이념을 구현할 수 있는 민주사회는 무엇보다 인간의 존엄성을 인정하고, 자유와 평등을 실현하고자 하는 사회이다.

이러한 민주사회는 인간의 능력을 믿고, 개성 존중의 사회이며, 자율적 활동이 보장되는 사회이며, 창의적 문제 해결을 존중하는 사회이다.[1]

북한의 전체주의적 독재사회에서는 하나의 의견만이 존중되고 강요되지만, 남한 민주사회에서는 만인의 의견이 다 같이 존중된다. 민주국가에서는 한 사람이나 몇몇 사람의 의견이 그대로 법이나 명령이 되지 못하며, 어느 意見이나 公衆의 여론에 의하여 시험을 거쳐야 한다. 다시 말해서 개인의 의견은 토의와 협의에 의하여 옳고 그름이

---

1) 오천석, 「민주주의의 참된 모습」(현대교육총서출판사, 1968), pp.89-109.

가려지고 옳은 의견만이 많은 사람의 지지를 받게 되며, 이러한 옳은 의견이 국민의 의사로서 집약되어 정책적으로 받아들여지게 된다.[2]

民主社會는 多元社會이므로 모든 問題에 대한 意見은 이러한 原則으로 適用되고 있다. 이러한 내용의 基底에는 人間尊重의 精神이 담겨 있다. 이런 측면을 남한 교과서에는 다음과 같이 기술하고 있다. "사회 구성원들이 사회 전체의 이익을 위하여 정해진 규율과 질서에 합의해야 한다. 서로 의견이 다를 경우 원만하게 타협하지 못하면 사회는 당면문제를 해결할 수 없을 것이다."(2학년 p.186)

또한 남한 민주사회는 개인의 의사를 소중히 여기며 이들 意見이 모든 社會過程에 반영되기를 원하고 있다. 민주사회에서 개인의 의사를 존중하고 이를 최대한으로 반영하려 해도 개인이 적극적인 태도로 의견을 제시하지 못하고, 사회적 활동에 참여하기를 게을리한다면, 참된 민주사회는 건설될 수 없다. 이와 같이 민주사회의 진보와 발전은 결국 개인들의 적극적인 참여에 의하여 가능하며, 사회적 활동에 적극성을 갖는 태도는 개인생활을 위해서뿐만 아니라 사회적 발전을 위해서도 필요하다.

민주주의가 실현될 수 있는 중요한 특성으로는 여러 가지가 있지만 이 중 가장 중요한 특성은 獨立性과 自律性이라고 상술한 바 있다. 이 두 가지는 개인이 자기에게 의의 있는 일을 스스로 알고, 그 일을 자력으로 해결하려 하며, 스스로 결정하려는 의욕과 자신을 의미한다. 이러한 것은 남한의 제6차 교육과정을 통하여 추구하고자 하는 이상적 인간상인 自主的, 創意的, 道德的 韓國人 중 '自主的 人間'을 의미한다고 볼 수 있다.

자주적인 사람은 개성 있고 자율적인 사람을 의미한다. 즉 주체

---

2) 한국국민윤리학회, 「인간사회와 윤리」(서울: 형설출판사, 1994), p.50.

252

적 자아의식을 지니고 개성을 추구하면서, 자율적으로 의사를 결정하고, 권리와 책임을 균형 있게 의식하는 사람을 말한다.

主體的 自我意識은 자기 자신과 그가 속해 있는 집단, 넓게는 민족과 국가의 일원으로 자긍심을 가지며, 자기 삶의 실존적 의미를 인식하고, 다른 사람의 의사는 물론 인간의 다양한 가치와 특성을 존중하는 것을 말한다. 또한 주체적 자아의식을 바탕으로 다른 사람에게 의지하거나 모방하지 않고, 자신의 능력과 적성에 맞는 인간 특성과 진로를 스스로 추구하고, 해결하기 위하여 노력하는 자세와 능력을 말한다. 이러한 자주적인 인간을 형성시키고자 남한 교과서에서 기술하고 있는 것을 보면 다음과 같다. "사회의 맹목적인 흐름을 따르지 않고 자주적인 삶을 살기 위해서는 각자가 자기의 개성을 최대한으로 나타내면서 살아야 한다."(3학년 p.26), "바른 삶의 방식을 선택하기 위해서는 그 삶의 방식이 자신을 성숙시킬 수 있을 것인지, 여러 방식들과 균형을 유지할 수 있을 것인지 잘 살펴야 한다."(3학년 p.7).

이에 비해 북한은 革命的 首領觀에 입각해서 社會政治的 生命體 속에서 一心團結과 革命的 義理, 同志愛를 지키며 忠誠·孝誠의 倫理를 지니고 살아가는 主體型의 共産主義的 人間을 理想型의 人間으로 본다. 이 주체형의 인간은 사회정치적 생명체 안에서 자기의 임무와 역할을 인식하고, 행동할 수 있는 즉 "오직 당과 수령의 령도 밑에 혁명적 의리와 동지애로 굳게 뭉쳐 인민대중의 자주성을 실현하기 위한 공동위업에 몸바쳐 투쟁하는 사람"을 일컫는다[3]고 하면서 북한 교과서에는 다음과 같이 기술하고 있다. "혁명적 동지는 수

---

3) 김정일, "주체사상교양에서 제기되는 몇 가지 문제에 대하여", 「친애하는 지도자 김정일 동지의 문헌집」(평양: 조선로동당출판사, 1992), pp. 161-162.

령의 사상으로 결합된 사람들이며 수령을 높이 모시고 수령의 사상과 령도를 실현하기 위하여 투쟁에 나선 사람이다."(4학년 p.27).

이러한 관점에서 볼 때 南韓은 個人을 政治의 主體로 인식하며, 이들의 참여 확대와 자율성 제고를 목표로 삼고 있으며, 北韓은 階級과 集團을 통해서 政治世界를 認識하며, 社會的 價値配分의 平等性을 강조한다. 남북한은 이처럼 서로 다른 이념과 체제 구성의 원리에 기초하여, 서로 자기 측의 우월성을 고집해 왔다. 따라서 도덕교육의 측면에서 볼 때 남한의 도덕교육은 자유를 본질로 하는 자율적 도덕성을 발달시킴을 그 목적으로 한 個人尊重의 道德敎育이며, 북한은 공산주의적 새 인간 형성을 위한 集團尊重의 道德敎育이라고 할 수 있다.

결국 남한은 자율적·창의적·자주적인 자아관념을 형성시키지만, 북한은 타율적 수동적 자아관념이 형성된다고 할 수 있다. 따라서 인간존엄성에 대한 측면은 한국이 강점이 된다고 할 수 있다.

(2) 남북 교과서에 나타난 개인적 차원의 가치비교

남한의 개인존중 도덕교육은 개인의 自我實現, 幸福, 價値追求 등의 가치를 내포하고 있다고 할 수 있다. 이것들은 목적을 추구하는 존재로서의 인간이 자신은 어떤 사람이며, 무엇이 되고자 하는가에 대한 중요한 성향이며, 또한 목표들을 확인하는 것은 自我完成의 過程에서 必須的인 것이라고 볼 수 있다. 이처럼 자신의 특성을 확인하고, 그에 알맞은 방향을 택하는 것은 한편으로는 스스로 생각하고, 선택하는 사람으로서의 일반적인 본성 즉 自律性을 행사하는 것이며, 다른 한편으로는 自我完成을 촉진하는 것이다. 이것은 남한 도덕교육에서 개인적 차원의 강점이라 할 수 있으며, 남한교과서에 나타나고 있는 것을 예를 들면 다음과 같다. "적극적으로 삶을 개척하는 자세를 가져야 한다. 그렇기 때문에 우리는 삶을 개척해야 한다."(3학년 p.12)

또한 남한 교과서에서의 '자아실현', '행복과 고난 극복', '가치교육', '절제', '반성과 성찰', '인격' 등과 같은 개인적 차원의 가치는 개인의 발전과 만족, 인격적 성숙을 공통으로 담고 있다. 남한의 교과서 예를 들면 다음과 같다. "성공적인 직업생활을 위해서는 무엇보다도 성실하고 적극적인 자세가 요구된다."(3학년 p.202), "생물학적, 환경적 제약에도 불구하고 자신의 의지와 노력에 의하여 충분히 올바른 인성을 확립시켜야 한다."(3학년 p.129)

반면 북한은 '노동', '여가', '덕성', '절약' 등의 개인적 가치는 個人보다는 集團의 관점에 모든 것이 맞추어져 있다. 즉 개인적 덕성이 공산주의적 덕성으로, 개인적 차원의 절약이 집단적 차원의 절약으로 남한과 차이를 나타내고 있다. 또한 '노동'의 의미에서도 남한은 노동이 자신의 직업이나 생계 그리고 자아실현을 위한 노동이지만, 북한은 학생들의 의무노동에서 볼 수 있는 것처럼 强壓的인 動員形態의 全體主義 國家 特性 중의 하나로 변질되었다. 북한 교과서에 나타나고 있는 노동을 예를 들면 다음과 같다. "일하기를 좋아하고 공동로동에 성실히 참가하여 조국과 인민을 위하여 로동으로 일생을 바칠 각오가 되어 있는 사람이야말로 가장 참된 인간, 공산주의자이다."(4학년 p.42)

학생 개개인을 自律的인 決定의 主體가 되도록 교육시켜야 한다는 점에서 보면 개인존중의 개념은 교육에서 추구될 만한 가치를 지닌 것이다. 그러나 개인존중의 도덕교육은 共同體的 삶에 뿌리를 둔 連帶感과 道德的 合意의 基盤을 喪失하게 하는 약점을 갖기도 한다. 남한의 도덕교육이 개인의 발전과 안녕을 강조하는 면은 개인의 창의성과 자율성을 준다는 점에서는 강점이나, 지나친 개인주의와 이기주의의 부작용을 낳고 있다는 점에서는 약점이라 할 수 있다. 이는 산업화, 서구화의 영향으로 더욱 가속화되어 오히려 심각한 수준에 이르렀다.

그러나 북한은 이러한 남한의 個人尊重의 原理에 반하여 集團主義 原則에 근거하고 있다. 즉 그들은 사회주의는 집단주의를 본질로 하고 있으며, 사회주의의 우월성과 생활력의 원천도 다름 아닌 집단주의에 있다는 것이다.

북한은 집단주의를 구현한 사회주의 사회는 인간의 존엄과 가치가 최대한으로 보장되고, 그 어떠한 사회악도 없는 가장 안정되고 우월한 사회라고 주장한다. 이러한 집단존중의 교육은 한 사회의 공동체를 강조한다는 측면에서는 나름대로의 의의를 갖고 있기도 하다. 특히 자유주의와 자본주의를 표방하고 있는 남한 사회에서는 사회 전체의 이익과 집단적인 공동체보다는 개인의 능력과 이익을 강조함으로써 지나친 이기주의의 부작용이 나타나고 있다는 점을 감안하면 사회주의 사회가 갖고 있는 집단주의도 相對的인 觀點에서 보면 장점도 될 수도 있다. 그러나 사회주의 사회는 사회 전체를 우선시하고 있기 때문에 個人의 自發性과 創意性을 무시하게 된다는 문제점을 안고 있다. 이것이 북한 도덕교육의 약점이라 할 수 있다. 즉 전체주의, 집단주의 성향의 공산주의 사회이기 때문에 한 개인의 발전과 안녕보다는 集團과 國家를 우위에 두는 集團優位論的 體制를 띠고 있다. 따라서 북한은 개인은 없고 집단과 국가만 존재한다고 볼 수 있다.

북한의 개인적 차원의 가치덕목인 '덕성', '절약', '여가'도 개인 중심의 속성보다는 집단 중심의 속성이며, 개인의 행복이 국가 사회의 행복이 아니라 오히려 그 역이 현실로 작용하고 있는 아이러니한 현상이 발생하고 있다. 북한 교과서에 나타나고 있는 예를 보면 다음과 같다. "참다운 덕성은 공산주의적 덕성이다."(4학년 p.52).

한편 개인적 차원의 덕목 중 하나인 '여가'도 남북한이 공통으로 중시하고 있음을 나타내고 있다. 그러나 意圖나 指向的인 측면에서 남북한 차이점을 볼 때, 남한은 삶의 여유와 다음을 준비하는 정신적·육체적 휴식기라면, 북한은 '여가'에서도 공산주의 도덕정신과 혁명의식을 나타내고 있어 큰 차이점을 나타내고 있다. 북한 교과서에 나와 있는 예는 다음과 같다. "휴식과 오락을 건전하게 하는 데서 중요한 것은 무엇보다 혁명과업을 더 잘 수행하는 데 도움이 되게 하는 것이다."(4학년 p.44)

2) 능동적 인간 대 수동적 인간

(1) 도덕교육의 개인적 측면과 공동체적 측면

도덕교육의 내용은 개인적 측면에서는 각자가 자신의 삶의 목적을 설정하고, 추구하며, 실현해 나가는 데 도움을 주고, 사회적으로는 공동체에 도덕적 질서를 확립하고 이를 통하여 구성원들이 사회적 공동과제를 바람직하게 해결할 수 있도록 개발되고 있다.[4]

자유주의 측면에서 볼 때 '個人'에 대한 개념은 개인의 자유를 지나치게 독립적이고 고립적인 것으로 파악함으로써 미리 그 한계를 설정하고 있다. 뿐만 아니라 개인주의의 지나친 확대는 도덕적

---

[4] 이석호, 「도덕·가치교육의 교수모형」(서울: 교육과학사, 1992), p.158.

기준이 상대적이어서 책임감을 부과할 수 없게 만들어 道德的 懷疑論과 道德的 相對主義論에 빠지게 만든다.

그러므로 개인존중의 도덕교육은 개인의 자율성을 최대로 신장시키면서, 한편으로는 이러한 개인의 자율성 발달과 행복이 사회적 공동체나 국가발전과 상호 조화를 이룰 수 있는 교육적 노력이 필요하다. 이때 필요한 것이 價値敎育이라고 할 수 있다. 이런 관점을 남한의 교과서에서는 다음과 같이 기술하고 있다. "자기가 속한 공동체에서 책임을 다하고 헌신적으로 봉사할 때 그 공동체는 발전하게 된다. 궁극적으로는 자신에게도 이익이 돌아오고 존경도 받게 된다."(2학년 p.196)

민주사회는 개인의 자유를 전제로 하며, 다양한 가치관을 인정하며, 자율성과 다양성을 허용하고 장려하는 특징의 사회이다. 이런 남한 사회의 특징은 能動的 人間, 自律的 人間을 목표로 하고 있다고 볼 수 있다. 북한처럼 집단과 전체적 평등만을 강조하는 사회에는 자연히 劃一的이고 單一한 價値觀만을 지향하므로 결국 獨裁社會의 政治構造를 초래하게 된다. 따라서 남한의 사회는 다양한 종교와 문화·정치·경제 구조와 활동을 인정하고 있는 데 비하여 북한은 공산당 일당 독재를 목표로 하여 김일성의 主體思想만을 강요하고 있다. 이는 남북한의 가치구조의 차이 때문이라고 할 수 있다. 결국 북한의 수동적 인간을 형성시키는 가장 큰 원인(특징)은 一元論的 絶對主義인 主體思想과 集團主義 思想이라고 할 수 있다.

북한은 김일성의 사상체계가 북한 사회의 유일한 사회이념으로 적용됨으로써 김일성의 교시를 궁극적인 행동지침으로 제공하여 이를 따르고 실천할 것을 강조하고 있다. 본보기의 대표적인 역할모형 역시 김일성과 그의 이념을 추종하는 극소수에 제한되어 있고 또한 하나로 통일된 역할과 속성만을 추구하도록 강요하고 있다. 인간의 활동이나 성격의 평가는 이러한 규격화되고 획일적으로 제시된 기준에 의하여 이루어지고 있다.

이에 따라, 북한 청소년들의 의식과 행동은 생활 전반에 걸쳐서 규정되어 있는 표준적인 규칙에 따라 劃一化, 規範化되어 매우 단순하고 경직되게 나타나고 있다고 볼 수 있다. 따라서 교과서에서 제시하고 있는 人間型은 受動的 人間이라고 단정 지을 수 있다. 물론 규범적·대표적·표준적 모델은 김일성 가계이며 북한 교과서는 이런 모델 기준을 다음과 같이 표현하고 있다.

"위대한 원수님을 인생의 어버이로 모시고 믿고 따르며 원수님을 위하여 모든 것을 다 바쳐 투쟁하는 것은……위대한 원수님께서는 전사들을 끝없이 사랑하시고 한품에 안아 희망의 길을 내세워주시고 길우에서 빛내여 나가도록 손잡아 이끌어 주시며……"(3학년 p.35).

도덕교육은 개인존중 중심의 관점과 아울러 공동체의 규율과 집단에 대한 애착심도 함께 고려되어야 한다고 상술한 바 있다. 즉, 모든 개인이 자기의 이익에 우선을 두는 도덕보다는 사회적 이익에 더 우선권을 두어 결정을 하게 될 때 서로를 신뢰하게 되어 결국 모든 사람에게 혜택이 돌아가는 사회적 질서가 만들어질 것이다. 이런 관점을 남한의 교과서는 다음과 같이 제시하고 있다. "경제활동에서 사회질서의 바탕이 되는 도덕과 양심에 어긋나는 행동을 하면 결국 자신이 피해를 입게 되는 것이다."(3학년 p.197)

(2) 남북 교과서에 나타난 가치 비교

상술한 바와 같이 남한의 도덕교육은 個人的 立場과 共同體的 立

場을 統合하는 방향으로 나아가고 있다고 할 수 있다. 그러나 북한은 극단적 集團主義 敎育 原則에 따라 집단과 사회, 국가에 대한 봉사, 헌신, 희생의 정신을 강조하고 있다. 집단주의 교육은 개인이 소속하고 있는 조직에 대하여 연대의식을 지니게 하는 共同體敎育으로서 의미가 될 수 있지만, 북한은 너무나도 철저하게 집단주의 원리를 교육활동에 적용하고 있기 때문에 無條件的인 服從心과 受動的인 意識을 형성하는 한계를 안고 있다. 즉 受動的 人間만을 養成한다고 할 수 있다. 집단주의의 단적인 표현을 교과서에서 보면 다음과 같다. "옳은 일이란 곧 사회와 집단, 조국과 인민을 위한 일입니다."(3학년 p.9).

교과서에서 나타나고 있는 韓國의 共同體意識은 우선 민주시민으로서의 자질능력 함양 및 자세와 태도, 주인의식, 책임의식, 공익 우선의 정신, 민주적 다원가치의 존중, 규칙의 존중으로 구성된다고 할 수 있다. 그러나 한국의 현실은 너무 지나친 서구화, 산업화의 경향으로 개인주의, 지역 및 집단 이기주의의 현상이 너무 심화되어 共同體意識과 連帶性이 瓦解되는 현상을 맞고 있다. 이러한 否定的인 共同體意識은 지나친 能動的 人間養成에 起因한 것이라고 볼 수도 있다.

공동체의식은 하나의 갈등현상을 해결하여 주는 제시적 방도가 될 수 있지만, 한국의 사회는 지나친 공동체의식으로 인하여 갈등을 더욱 부채질하여 오히려 顚倒現象이 나타나고 있다. 따라서 남한은 북한의 집단주의를, 북한은 남한의 개인 중심의 정신을 서로 수용 보완하는 제3의 統合的 共同體意識 涵養敎育이 필요하다 할 수 있다.

과거 한국 사회는 농경 위주의 사회였기 때문에 계, 두레, 향약, 품앗이 등 전통적인 상부상조 정신이 강하여 공동체의식 형성에 대해 무리가 없었으나, 현대에서는 간접적인 상부상조의 정신으로 도움을 준 직접적인 실체를 확인하지 못하여, 또한 민주주의의 개방성으로 인하여, 다수의 의견존중으로 인하여, 다양성 인정의 사회로 인하여 공동체의식이 약화되고 있다. 그러나 公正과 人格尊重을 기반으로 하는 민주주의의 기본이념 및 원리는 공동체의식을 제시해 줄 수 있는 큰 줄기라고 할 수 있다. 우리 교육에서도 자기가 속한 집단과 조직에 대한 연대의식을 기르는 활동이 필요할 것이며, 국가와 사회에 대한 봉사, 헌신의 정신을 강조할 필요가 있다. 이러한 점에서 북한의 집단주의 교육원리는 남한이 공동체의식을 함양하는 원리를 개발하는 데 시사점을 줄 것이다. 그러나 북한은 체제붕괴의 가능성과 폐쇄성으로 인하여 한국의 개인존중의 원리를 수용하기는 요원한 것으로 보인다.

3) 자유주의 가족관 대 집단주의 가족관

(1) 가정의 역할과 사회화

家庭의 社會化를 통하여 인간은 사랑을 배우게 되며 비교적 쉽게 서서히 도덕적인 생활로 인도되며, 정신적·윤리적 능력의 발전 또한 이에 의존한다고 할 수 있다. 가장 중요한 사회적 덕목인 사랑과 정의, 그리고 여기서 유래되는 모든 社會的 德目들이 기본적으로 가족생활에 의해 가르쳐진다. 예로 '도우려는 것', '친절함', '인내', '사려', '공정함', '성실함' 등인데 이는 인간은 누구나 똑같은 본성과 동등한 권리를 가지고 있기 때문에 가능한 것이다. 또한 가정을 통하여 적절한 복종과 정당한 통치라는 사회적 덕목을 배우게 된다.[5] 適切한 服從은 권위에 대한 존경심에서 나오는 것으로 가족생활에서 우리는 服從이 自己卑下的 卑屈이 아니라 더 좋은 自我의 法則이라는 것을 배워야 한다. 家族 內에서의 統治는 强要가 아니라 共同體와 그 構成員들에 대한 신중한 奉仕라는 사실을 알아야 한다.

우리 사회의 청소년들은 전통적인 가치와 규범을 바탕으로 가정 내에서 行例, 年齡, 性別의 基準에 따라 사회생활에 적응하는 자세를 배운다.[6] 가정교육을 통해 모국어의 기초적인 습득, 기본적 예의범절의 습관화, 기본적 가치감각의 계발 등을 배우며 청소년들은 개인이 하나의 사회 성원이 되는 데 필요한 가치, 태도, 행동, 사고 등과 같은 여러 가지 방식을 다른 사람들과의 상호작용을 통해 습득하는 과정을 배운다.[7] 이러한 가정의 사회화 속에서 家族間의 倫理를 배우게 된다.

종합해 볼 때 家庭의 社會敎育的 機能은 가계의 계승과 욕구충족, 정서의 안정, 자녀의 사회화라고 할 수 있다.

(2) 남북 교과서에 나타난 가정적 차원의 가치 비교

① 한국의 가정적 차원의 가치

오늘날 한국의 가정은 전통적 요소와 현대적 요소의 혼합 형태이

---

5) 한국국민윤리학회(편), 「민주시민을 위한 윤리・도덕」(서울: 형설출판사, 1987), p.266.

6) 유안진, "한국전통사회의 특성과 초기사회화", 「한국인의 초기 사회화 과정연구」(성남: 정문연, 1983), pp.41-42.

7) 김정환, 「전인교육론」(서울: 배영사, 1982), pp.182-184.

며, 가족 성원들의 역할관계도 민주적인 평등관계로 전환되고 있다. 동시에 가장의 권위와 남편의 권위가 혼재하는 양상을 나타내고 있다.

화목한 가정을 추구하기 위한 양상은 대단히 民主的인 形態로 변화되었음을 나타내고 있다. 가족 구성원 모두의 책임과 역할이 중요시되었고, 부모와 자식들의 관계도 이전의 권위적인 면모는 찾아볼 수 없다. 이는 시대적 흐름과 맥락을 같이하고 있다고 보인다.

그러나 과거나 현재 가정에서 변하지 않는 교육의 모델은 역시 부모이며 가정의 기본적인 심정인 '사랑', '우애', '자애'의 모든 요소는 전통적인 측면과 같게 나타나고 있다. 가정의 안전과 행복은 나의 안전과 행복이라는 공동체의식은 시대가 변화해도 살아 있으며, 부모의 사랑이 효도보다는 아직도 큼을 알 수 있다. 또한 전통적인 부부관은 평등한 관계로 변화되었으며, 현대의 맞벌이 부부로 인하여 역할 분담과 책임에 한계성을 드러내기도 하였다.

현대가정의 가장 큰 문제점은 家族利己主義와 解體現象으로 먼저, 家族利己主義를 살펴보면 우리나라 전통사회의 특징 중의 하나가 家族主義이다.[8] 국민 대부분이 농업에 종사하며, 혈연 또는 인척의 관계가 있는 사람들끼리 같은 고장에서 뿌리를 내리고 함께 산다는 생활 조건이 가족주의를 빚어내었다. 전통사회에 있어서 농토는 엄밀한 의미에서 개인의 소유라기보다는 한 가족의 소유라는 의미가 강했고, 농사일도 가족 단위의 협동작업으로 이루어지는 것이 상례였다. 게다가 유교문화의 영향으로 혈연과 가계를 중시하는 전통이 강했으므로, '나' 한 사람을 자아로 의식하는 개인주의적 관념보다도 '우리'인 가족 전체를 自我로 의식하는 家族主義的 觀念이

---

8) 교육부, 「중학교 도덕 교사용 지도서 2학년」(1997), p.117. 이하는 교육부(b)라 한다.

우세했다. 이러한 예는 남한 교과서에도 다음과 같이 잘 나타나 있다. "조상들은 농사를 지으면서 여러 세대가 대가족을 이루어 함께 살았다."(2학년 p.76).

이러한 가족주의적 생활 태도가 근대화 이후 西洋의 個人主義와 結合되면서 결국 家族利己主義를 낳게 되었다. 가족이기주의는 가족주의를 내부적으로 하고, 외형적으로 개인주의로 장식된 형태이다. 내 가족의 안위만 생각할 뿐 이웃이나 사회 전체에는 관심을 돌리지 않거나, 나아가서 이웃까지도 경쟁상대나 적으로 생각한다. 이러한 가족이기주의는 경쟁에서 이기기 위하여 사회의 기본적인 질서를 깨뜨리고, 민주사회의 기반을 흔들어 놓았다. 가족이기주의의 전형적인 현대적 이야기는 다음과 같이 나타나 있다. "자기 자녀만을 부정한 방법으로 대학에 입학시킨 부모의 자녀에 대한 비뚤어진 사랑은 가족이기주의의 단면을 보여준다."(2학년 p.91)

이러한 가족이기주의를 벗어나기 위해서는 ① 상대방을 가족, 친척 등의 관계에 의해 대하기보다 인간으로서 존중할 것, ② 이웃 동네 등 작은 범위에서부터 서로 알고 지내는 공동체의식을 넓혀 갈 것, ③ 사회는 가족과 유기적으로 연결되어 사회 전체가 건강하지 않으면 가족의 행복도 지켜질 수 없다는 점을 이해해야 한다.[9]

둘째, 家族解體 現狀을 살펴보면, 정상적인 가족기능의 붕괴 또는 약화는 그 자체가 사회문제이기도 하지만 청소년의 비행, 범죄 등과 같은 사회문제를 야기하기도 한다. 결국 家族間의 葛藤과 行爲準據 基準의 他者化는 가정의 기능을 고립화된 개인에게로 대치되게 하고, 자신의 사회관계가 가정 밖에서 결정되게 한다.[10]

---

9) 위의 책, p.117.
10) 김영모 편, 「현대사회문제론」(서울: 한국복지정책연구소, 1981), p.125.

이러한 家族解體는 家族構成員 間의 葛藤을 惹起하여 價値와 性格障碍를 일으키는 原因이 되기도 한다. 또한 가족의 해체요인으로는 전통적인 대가족제도에서 핵가족으로의 변화, 서양문화의 영향, 조부모의 지위가 흔들려 교육적 자세를 적극적으로 갖추고 있지 못하는 것, 여성이 사회활동 혹은 직업활동에 많이 진출하여 자녀에 대한 교육적 배려를 충분히 하지 못하는 것, 여성이 천성적 교사로서 직분을 충분히 수행하지 못하고 있다는 점을 들 수 있다.[11]

전통의 가정교육은 조부모와 부모에 의하여 도덕교사의 역할이 원만히 이루어졌지만 오늘날의 위의 두 가지 현상은 한국가정교육의 가장 큰 약점으로 평가될 수 있다. 이런 단적인 예를 남한 교과서에서는 다음과 같이 표현하고 있다. "가정 내에서의 가족 성원들의 역할은 분업화되고 각자의 독립적인 생활 영역은 넓어졌다."(2학년 p.76)

② 북한의 가정적 차원의 가치

북한의 가족관계를 보면 북한 헌법 제63조에 의하면 북한의 가정은 사회주의 사회의 세포 단위로 되어 있어 혈연과 인간의 고유한 가치를 중시한 것이 아니라 그 대신 소위 '社會主義的 家族'의 개념으로 대체시킨 것이다. 또한 북한에서 주체사상의 등장과 국가권력의 의인화는 가족을 메타포로 한 有機體的 國家觀을 북한 사회에 주입시켰고 가족은 통상적인 社會의 單位로서가 아니라 社會의 細胞로 인식되기에 이르렀다.

북한에서 國家家父長制가 형성되는 과정은 김일성의 일인지배 권

---

11) 김정환, 앞의 책, pp.194-195.

력 공고화와 주체사상의 등장, 혁명적 수령관을 중심으로 한 김일성 개인 및 일가에 대한 카리스마적 우상화 및 후계자론으로 이어지는 권력의 대물림 정책으로 완성되었다고 할 수 있다. 유기체적 가족국가관은 개별 가족의 존재 근거와 기능을 가족 중심이 아니라 국가의 이익에 종속시키는 결과를 가져 왔다. 전통적 가족주의를 전체 사회로 비유해 집합주의화를 모색하고 있는 '有機體的 家族國家觀'과 '社會政治的 生命體論'에서 이것은 잘 표현되고 있다.

이 두 이론은 전반적으로 개인의 생명보다 집단의 생명을 귀중히 여기는 集團主義的 生命觀으로 집단주의를 지향하면서 수령과 인민대중을 유기적으로 연결시키고 있다. 이런 관점을 북한의 교과서는 다음과 같이 표현하고 있다. "우리 인민은 경애하는 대원수님의 유훈을 받들고 위대한 원수님께 충성과 효성을 다 바칩니다."(3학년 p.52)

남한에서처럼 家長中心의 가족관계나 효도 관념보다는 오직 그 자리에 黨과 首領만이 존재할 뿐이다. 공식적인 효의 형태는 金父子이지만 북한 교과서에서는 부모의 사랑 이야기도 실리고 있어 二重的인 모습을 나타내고 있다. 가정 이야기가 대부분으로 政治性이 매우 강하게 나타나고 있다.[12] 북한의 가정은 사회화의 기관으로서의 중요성이 약화된 것이 분명하다. 그러나 북한 가정이 정치적으로 윤색되었지만, 김일성의 일가에 대한 이야기 속에서는 가족 구성원의 역할이나 그들 간의 관계 등을 나타내는 가정의 생활윤리가 비교적 잘 나타나고 있다.

결국 일반 개개인의 가정은 혈연을 중시하는 전통적인 가족 공동체라기보다는 국가의 혁명과업을 완수하는 동지적 결합체로 간주되어 가족 구성원 간의 관계를 보다 넓은 사회활동과 연관시킴으로써

---

12) 전상인, 「북한가족정책의 변화」(서울: 민족통일연구원, 1993. 12), p.44.

개개인의 가족이 아닌 지도자에 대한 의무를 강조하고 있음을 보여 주고 있다.

그러나 북한가정의 사회화 역할이 약화되었음에도 불구하고 가족 간의 유대는 매우 강한 것이 사실이다. 북한의 일반적인 인간관계의 특성은 상당히 人情主義的이라는 점이다. 분석교과서에서 夫婦關係에 대해서는 언급이 없었지만, 父母와 子息 關係에 있어서는 血肉과 天倫의 傳統이 存續되고 있고, 兄弟姉妹間 傳統的인 關係도 잘 描寫되고 있음은,[13] 일례로 "사람들은 부모의 사랑 속에 어린 시절을 보낸다. 어린시절에 가장 소중한 사랑은 아버지, 어머니의 사랑이며 이 시기에는 그 어떤 사랑도 부모의 사랑을 대신하지 못한다. 그래서 어려서 부모의 사랑을 받지 못한 사람은 유년시절이 없다고까지 한다."(4학년 p.25)라고 제시한 것은 주목할 만한 사실이다.

혈연으로 맺어진 부모·자녀간의 관계는 후천적인 교육으로 결코 단절시킬 수 없는 가장 기본적이고 원초적인 관계이다. 따라서 아무리 集中的인 敎化도 인간의 원초적인 감정이나 관계를 완전히 뒤바꾸지는 못 한다[14]는 것을 보여주고 있다. 가정적 차원의 덕목 중 慈愛와 父道에 대한 설명은 아직도 傳統的인 屬性을 나타내고 있다고 할 수 있다.

또한 특징적인 것은 북한은 慈愛와 父道를 革命的 繼承論의 屬性에 맞추어 교과서를 전개하고 있는 특이한 특징을 내포하고 있다. 즉 김일성의 사상을 그대로 이어받아 위업을 代를 이어 나간다는 내용을 담고 있다. "위대한 령도자 김정일 원수님은 경애하는 김일

---

13) 이온죽, 「북한 사회의 체제와 생활」(서울: 법문사, 1993), pp.170-202.
14) 온만금, "북한의 정치 사회화 실태와 결과분석", 통일원, 「북한 통일연구 논문집(5)」(1992), p.61.

성 대원수님의 사상을 그대로 한 몸에 받아 안으시고 대원수님의 위업을 고스란히 이어나가십니다."(3학년 p.51). 이는 교과서 출판이 1995년인 것으로 보아 앞으로의 도덕교과 지향점은 김정일 체제의 정당성과 옹호성으로 강화될 것으로 보인다. 이는 교육과정의 편제에서도 나타나고 있는데 고등중학교 공산주의 도덕이 86년에 폐지되었다가 92년, 96년에 부활된 것을 보더라도 예측할 수 있다.

이렇듯 남과 북 양측이 기본적인 가정의 의의 및 기능, 역할에 대해서는 공통성을 보이고 있지만 남한은 너무 現代化·西歐化된 측면이, 북한은 家庭의 國家化가 가장 큰 문제라 할 수 있다.

위에서 살펴본 남북한 인간관의 특징을 종합적으로 나타내면 〈표 Ⅶ-1〉와 같다.

〈표 Ⅶ-1〉 남북한 인간관의 종합적 특징 비교

구분	남한	북한	비고
1. 민주주의 인간 對 전체주의 인간	1)특징: 민주주의에 기초한 민주적 인간. 2)장점: 자율성, 다양성, 개성, 창의성 존중. 3)단점: 지나친 개인주의와 이기주의 현상.	1)특징: 사회주의에 기초한 집단존중을 중요시함. 2)장점: 강한 공동체의식. 3)단점: 획일적 공동체주의.	북한의 집단존중의 기능은 인간의 본능을 무시하여 대단히 약점이 됨.
2. 능동적 인간 對 수동적 인간	1)특징: 개인존중의 자율적인 능동적 인간양성을 추구함. 2)단점: 개인주의, 집단적 이기주의 경향.	1)특징: 주체사상에 기초한 일원론적 절대주의로 수동적 인간양성을 추구함. 2)단점: 인간형성의 모델이 표준화되고 규격화 됨.	두 인간관의 기준은 이데올로기의 차이에 의해 판별이 됨.
3.자유주의 가족관 對 집단주의 가족관	1)특징: 전통과 현대의 가족성격이 혼합. 2)가정의 사회화 기능: 역할과 책임의 많은 변화. 3)문제점: 가족이기주의와 해체주의 현상이 심화.	1)특징: 사회주의 대가정, 유기체적 가족국가관의 성격. 2)가정의 사회화 기능: 약화됨, 자애·부도의 기능을 혁명적 계승론으로 이용함. 3)문제점: 가정의 국가화.	남한의 가정은 전통적인 가정의 기능을 대신할 기관이 많이 나타났고, 북한은 가정의 순수 기능이 대단히 약화됨.

2. 국가관 비교

국가관의 비교는 크게 民主主義 國家 對 社會主義 國家, 民主的 共同體意識 對 集團的 共同體意識, 開放國家 對 自集團 中心國家의 관점에서 시도하였다. 본 절은 위의 세 가지 측면에서 남북한 비교를 시도하면서 교과서에 나와 있는 내용을 직접 인용하며 비교를 진행하였다.

1) 민주주의 국가 대 사회주의 국가

(1) 남북한 국가관의 특징

民主主義 社會는 흔히 市民社會라고도 말한다. 民主社會의 市民은 自律性과 責任性을 토대로 형성되었다.

자유민주주의는 인간의 존엄성에 최고가치를 부여하며, 저마다의 '最善의 實現'(bestself-realization)을 이념적 목표로 삼는다. 인간이 바람직하다고 생각하고 갖기를 원하는 가치들은 대부분의 경우 目的性과 手段性을 동시에 갖는다.

오늘날 남한의 정치체제는 多當主義원칙 아래 국민의 선택에 의한 정권교체를 당연시하고 실천하는 구조를 지니고 있다.[15] 그리고 法的으로 三權分立 體制를 유지해 오고 있다. 교육은 이러한 정치적 변화 속에서 때로 정치적 영향을 받으며 정치에 이용되기도 하

---

15) 김태완 외, 앞의 책, pp.74-75.

였지만, 대체로 스스로의 순수성을 유지하는 가운데 민주주의 이념과 인간의 존엄성을 유지하는 원동력으로서 기능하여 왔다.[16] 이런 내용은 남한 교과서에서도 기술되어 있다. "인간존중은 우리 인간에 대해 최고의 가치를 나타내는 말이다. 인간존중의 가치는 누구에게나 보편적으로 인정되어야 할 가치이다."(3학년 p.149).

반면에 북한은 1980년대에 들어서서는 주체사상만을 정치, 교육 등 모든 분야에 있어서 공식 이데올로기로서 내세워 오늘에 이르고 있다. 이러한 북한의 정치이념은 다른 사회부문 전반에 지대한 영향을 미치고 있으며, 교육에 있어서도 김일성의 주체사상을 가장 잘 실천하고, 공산주의 혁명성이 가장 잘 투철한 사람을 길러내는 것을 이상으로 하고 있다. 그리고 어떠한 교육적 개혁을 하거나 교육을 실천하는 것도 주체사상에 의해서 결정되고 통제되고 있다. 이런 내용을 북한 교과서는 다음과 같이 표현하고 있다. "이처럼 경애하는 대원수님에 대한 절대적인 믿음을 가졌기에 그는 대원수님의 교시를 가장 정당한 것으로 믿고 끝까지 관철하였습니다."(3학년 p.3)

북한에서의 정치권력은 다른 사회주의 국가에서와 같이 노동당에 집중되어 있는 一黨國家體制를 유지해 오고 있는데, 특히 당의 정점인 김일성 1인이 중심이 되는 일인 지배체제를 거의 반세기 동안 유지해 왔다. 1994년 김일성의 갑작스런 사망 이후에는 그의 遺訓에 의한 정치, 근대국가 체제상 유래를 찾기 힘든 父子世襲에 의한 정치 등 다양한 사례를 연출하면서 일당 내지 일인 지배체제를 계속해 오고 있다. 따라서 1994년 7월 북한 김일성이 사망함에 따라

---

16) 조주연, 한만길, 황규호, 「남북한 교육과육과정 및 교과서 비교분석 모형 개발연구」(서울교육대학교 교육과정 연구위원회, 1995), pp.9-10.

김일성·김정일에 대한 偶像化 敎育이 더욱 강화되고 있는데 이는 김일성의 후광을 업고 있는 김정일로서는 이를 더욱 강화해야 할 필요성을 느끼고 있기 때문이다. 이러한 유훈통치는 북한 교과서에도 실려 있다. "혁명적 의리를 지키는 데서 가장 중요한 것은 경애하는 수령님의 생전의 뜻을 받들어 나가시는 위대한 원수님에 대한 의리를 지키는 것이다."(4학년 p.31).

(2) 남북 교과서에 나타난 국가관 가치덕목 비교

국가관 가치덕목들은 이상적 인간상, 지도자관, 계급의식, 민족애와 애국심을 중심으로 살펴보고자 한다.

첫째, 國家觀에 나타난 이상적 인간상을 보면, 북한에서는 국가는 개인이나 가족에 앞서는 최우선적인 가치를 지닌 집단이다. 집단주의에 대한 높은 강조는 북한에서는 집단주의적 생명관으로 응축되어 나타나고 있다. '集團主義的 生命觀'은 집단주의적으로 살며, 발전하려는 사회적 인간의 본성적 요구로, 개인의 생명보다 사회적·정치적 집단의 생명이 더 귀중하며 개인은 자기 생명의 모체인 사회 정치적 집단과 중심인 수령에게 충실해야 한다는 관점으로 규정된다.[17) 따라서 이런 관점에서 바람직한 인간상은 '主體型'의 共産主義的 人間型이라고 할 수 있다.

반면에 남한에서의 바람직한 인간형은 자유, 평등, 복지, 인간존중 등 민주주의의 여러 가지 가치들을 생활화하는 '民主市民'으로 축약할 수 있다. 교과서 예시를 보면 다음과 같다. "민주적인

---

17) 이종석, "남북한의 규범적 가치비교", 「남북한 체제비교와 통합모델 모색」(서울: 세종연구소, 1995), p.224.

절차와 생활화와 시민들의 올바른 민주시민의식이 요구된다.(3학년 p.232)", "민주사회에서 시민은 사회의 주인으로서 여러 가지 크고 작은 일들을 책임 있게 결정하지 않으면 안 된다."(3학년 p.179).

둘째, 교과서에 나타난 指導者觀에 있어서도 남북은 차이를 많이 나타낸다. 남한에서의 국가 최고지도자는 선거를 통해 대중으로부터 정기적 검증을 받게 되어 있다. 남한에서의 지도자관은 단지 지도자에 대해 경의와 예의를 표하는 간접적인 방식으로 표현하고 있을 뿐이다. 반면 북한의 공식논리는 국민이 지도자를 심판한다는 것은 원천적으로 불가능한 것이다.[18]

북한에서의 정치지도자는 모든 덕목을 두루 갖춘 완벽한 지도자로 전제되어 있고, 믿음과 사랑에 기초해서 베풀어지는 정치에 대해서 대중은 충성과 효성으로 보답하는 것이라고 말한다. 이런 관점을 교과서 내용에서 보면 다음과 같다. "우리 나라에 인민대중중심의 참다운 사회주의제도를 세워주시고 이끄시어 세계의 모든 나라들에 사회주의를 어떻게 건설하고 발전시키는가하는 모범을 보여주고 계십니다."(3학년 p.32). 또한 북한은 社會主義 憲法에 대해 많은 설명을 하면서 김일성의 영도력과 두뇌의 우수함을 찬양하고 있으며, 이 헌법은 인민을 위한 법이므로 법규칙을 준수할 것을 말하고 있다. 이런 것은 김일성 우상화의 또 다른 면이라고 할 수 있다. 사회주의 헌법은 주체사상으로 철저히 무장시키고 공산주의 교양을 강화하여, 노동계급의식과 혁명의식, 공산주의 도덕으로 철저히 무장시키는 데 목적을 두고 있다. 이러한 사회주의 헌법은 김일성이 직접 만든 것이라고 찬양하면서, 북한 지도자관을 간접적으로

---

18) 전인영, "북한의 외교정책", 최명(편), 「북한개론」(서울: 을유문화사, 1990), pp.568-569.

설명하고 있다. "수령님께서는 법제정 사업이 가지는 중요성을 깊이 통찰하시고 우리국가의 기본법인 사회주의헌법에는 공민의 기본권리와 의무가 밝혀져 있다."(4학년 p.58)

셋째, 階級意識의 價値를 보면, 북한은 공산주의 인간이 지녀야 할 기본적인 도덕성품의 하나로 주체사상에 기초해서 勤勞人民이 主人이라는 이론을 전개하고 있다. 북한은 노동계급을 사회의 어느 계급보다도 혁명성이 강하고 공산주의 미래를 대표하는 가장 선진적인 계급으로 보고, 對美·對日을 상대로 한 혁명투쟁심을 고취하여 이들에 대해 적개심을 갖도록 하여 노동계급적 관점과 김 부자에게로의 충성심을 유도하고 있다. 그리고 '자유'와 '평등'이라는 가치도 개인을 단위로 보장되는 것이 아니다. 개인에게 보장되는 自由와 平等은 오히려 혐오스러운 응징 대상이며, 개인의 사악한 이기심을 부추겨 집단의 결속력을 와해시키는 경멸스러운 상대(상태)라고 주장한다.

특히 북한은 自由主義 思想과 修正主義 思想에 대해 많은 경계를 나타내고 있다. 이는 북한 체제의 염증에 대한 반향으로 자유주의나 수정주의를 이상향으로 여길 것이라고 판단하기 때문이 아닌가 생각된다. 이런 내용은 교과서에도 잘 나타나 있다. "자유주의는 자기 개인의 리익만을 생각하면서 조직생활과 규율을 싫어하고 제멋대로 행동하려는 사상입니다. 사람들에게 자유주의 사상이 있으면 조직과 집단의 규율을 존중하지 않고 제멋대로 행동하기 때문에 무질서와 혼란을 일으키게 됩니다.(3학년 p.23)" 이런 자유주의는 한국의 個人主義 思想과 맥락을 같이하고 있다고 볼 수 있다.

한국에서의 계급의식은 전통적인 사회에서는 명확히 구분할 수 있었다. 그러나 현대는 상류층, 중산층, 하류층 등으로 크게 분류하지만 부각은 되지 않고 있다. 왜냐하면 한국은 자기의 노력에 의하여 계급이나 계급의식은 바뀔 수 있는 자본주의 국가이기 때문이다.

넷째, 統一意識의 價值를 보면, 민족분단의 고통을 양쪽이 느끼고 있음을 나타내고 있다. 남북이 똑같이 통일의 당위성을 말하면서 理性的, 感性的인 接近을 동시에 시도하고 있다. 특히 북한의 감성적 접근은 오히려 한국보다 더욱 설득력을 더해주는 면이 있다. 이것은 북한이 하나의 거대한 가족국가의 한 요소인 온정주의적 특징을 잘 나타내고 있다고 할 수 있다. 북한 교과서의 예를 보면 다음과 같다. "한나절이면 이 나라 지경 그 어디에도 가 닿을 수 있는 지척에 살면서 혈육이 서로 만날 수 없고 편지 한 장 나누지 못하는 우리 인민의 불행과 고통은 참으로 통탄하여 마지않는 최대의 비극입니다."(3학년 p.69)

또한 統一의 形態와 方法에 대한 관점은 서로 똑같이 통일국가의 이상상을 제시한다는 면에서는 未來指向的 觀點을 취하고 있다. 북한 교과서 예시는 다음과 같다. "조국통일은 3대 원칙에 따라……이러한 원칙에 따라 련방제식으로 해야 합니다."(3학년 p.70).

반면, 한국은 感性的 接近보다는 理性的 接近을 시도하고 있고 통일한국의 미래상과 통합국가의 차원에서 많은 비중을 다룸으로써 미래지향적인 시각으로, 그리고 현실적인 방법으로 접근하고 있다. 남한의 교과서 예는 이런 관점을 다음과 같이 담고 있다. "남북한이 통일을 해야 하는 이유는 우리 겨레가 반세기 동안의 분단으로 인해 겪어야 했던 아픔을 씻고, 자유롭고 평화로우며, 번영하는 조국을 만들어 나가야 하기 때문이다."(2학년 p.252).

남북한은 통일을 해야 한다는 當爲性의 意識에 대해서는 일치하고 있지만 統一意識과 方法에 대해서는 분명한 差異性을 드러내고 있다. 한국의 통일의식은 민족적 차원, 인도주의적 차원에서 전개하고 있다. 그러나 북한의 통일의식은 국가체제의 정당성과 옹호를 위해 대미·일에 대해 투쟁심을 유발시키고 혁명적 계급의식을 강화하는 순수하지 못한 측면으로 유도하고 있다. 이런 관점을 북한의 교과서는 다음과 같이 예시하고 있다. "미제와 남조선괴뢰들은 조국의 통일을 한사코 막아나서고 있습니다. 놈들은 조국통일을 위한 북과 남의 대화를 파탄시키고 대결을 격화시키면서 정세를 계속 전쟁 접경에로 이끌어 나가고 있습니다."(3학년 p.70)

2) 민주적 공동체의식 대 집단적 공동체의식

(1) 남북 공동체의식의 규범적 가치

共同體意識은 人間의 共屬性 내지 歸屬性에서 가장 중요한 의미를 찾아볼 수 있으며 社會的 統合의 根幹이라고 볼 수 있다.[19] 따라서 어떤 사회의 구성원들의 공동체의식은 그 사회가 존속하고 발전하는 데 관건이 될 뿐만 아니라 그 사회의 질서유지와 그 사회에서 살고 있는 사람들의 안녕과 윤리의식에 지대한 영향을 미친다.[20] 결국 공동체란 '우리'라는 감정을 공유하는 동질성을 가진 사람들이 공동생활권을 형성한 상태를 말한다. 남북한의 경우 공동체의 규범적 가치는 기본적으로 자본주의와 사회주의라는 대칭적인

---

[19] 이범웅, "공동체주의의 통합적 기능에 관한 복합체계론적 연구", 서울대 대학원 박사논문(1997), p.63.

[20] 진교훈, "사회공동체와 시민윤리", 한국정신문화 연구원, 「한국의 교육과 윤리 제5집」(1995. 2), pp.93-94.

가치체계 위에 세워졌다고 할 수 있다. 도식적으로 보면 남한은 자본주의적 가치관을, 북한은 사회주의적 가치관을 지녔다. 남한은 정치이념 면에서 1945년 이후 국제적 냉전구조 속에서 자유세계의 이념적 가치의 확산을 위해서 외부로부터 주어진 자유민주주의 이념을 정착시키기 위해 노력해 왔다. 1980년대에 이르기까지 自由民主主義 理念에 대한 강조에도 불구하고 실질적으로는 권위주의적 현실이 정치현실을 지배했다. 그러나 1987년 이후 權威主義的 政治體制는 점진적이고 단계적 과정을 거쳐서 점차 민주주의체제로 전환되어 왔다. 한편 1960년 이후 급속한 산업화로 인하여 계층갈등과 지역갈등, 세대갈등 등은 남한의 중요한 정치 사회적 갈등요인이 되고 있으며 이러한 것은 남한의 공동체의식의 저해요인이 되기도 하였다.

남한에서는 민주주의를 실현하기 위한 기본가치로서 개인존중과 자유와 평등의 원리가 강조되며, 사회적으로 多元主義를 보장하고 있다. 반면에, 북한의 사회주의는 다원주의를 부정하고 社會的 一元性을 강조하고 있다.[21]

따라서 남한에서의 '自由'는 국가로부터 자유로운 시민을 추구하고, 전통적인 시민적 자유에 기초하여 있다고 할 수 있다. 이러한 자유는 국민 각자가 보람 있는 삶을 영위하기 위하여 자신의 욕구에 따라 그 삶의 조건들을 선택하는 것을 뜻한다.[22] 반면 북한에서의 自由는 두 가지의 二重的 意味로 사용되고 있다.

첫째는 한국의 辭典的 意味와 동일한 의미로 쓰인다. 즉 "무엇에

---

21) 서울대학교국민윤리 1종도서연구개발위원회, 「고등학교 국민윤리」(서울: 대한교과서 주식회사, 1993), p.206.
22) 서울대학교 1종도서연구개발위원회, 위의 책, p.167.

도 얽매이지도 않고 자연과 사회의 주인으로서 자주적이며 창조적인 생활을 누리는 것입니다."(3학년 p.25)

둘째는 市民的 自由의 槪念이 아니라 대신 國家 社會와의 統一 즉 首領·黨·大衆의 統一體 속에서 누리는 자유의 개념이 제시된다. 그래서 북한에서 주장하는 사회적 인간의 참다운 자유는 개인의 욕구를 마음대로 충족시키면서 사는 個人主義的 自由에 있는 것이 아니라, 사회적 집단의 요구와 이익을 귀중히 여기면서 그에 맞게 살며 활동하는 集團主義的 自由에 있다고 북한 교과서는 표현하고 있다. "로동에 대한 공산주의적 태도는 사회와 집단의 리익을 기본으로 하는 태도이다."(4학년 p.40) 따라서 북한의 규범적 자유인 개인주의적 자유는 없다. 북한에서 참다운 자유는 集團主義的 自由이다.23)

또한 남북한 '平等'에 대해 살펴보면, 남한에서의 평등의 의미는 기회균등과 과정의 균등을 의미하며 "누구에게서 차별을 받아서는 안 된다는"(3학년 p.187)는 인격적 평등의 의미라고 할 수 있다. 북한은 이를 사전적으로 '자격, 권리, 지위, 의무에 있어서 차별 없는 것'으로 정의하고 있어 한국과 비슷한 의미로 사용됨을 알 수 있다. 그러나 이러한 평등이 실제적, 현실적인 차원에서는 의미를 달리하고 있다. 즉 공동체 내의 인간관계 속에서 혁명적 동지애를 가장 중요시하고 있다.24) 북한 교과서에서도 이를 다음과 같이 증명하고 있다. "동지애는 자기 혈육들을 뜨겁게 사랑하면서도 조직과 집단을 위하여 자신의 모든 것, 필요하다면 생명도 서슴없이 바치는 가

---

23) 리재권, "자유에 대한 주체적 리해", 「철학연구」(1992년 제1호), p.36. 이종석, "남북한의 규범적 가치비교", 「남북한 체제비교와 통합모델 모색」(서울: 세종연구소, 1995), p.220. 재인용.

24) 「조선말 대사전 2」(평양: 사회과학출판사, 1992), p.797.

장 뜨겁고 열렬한 사랑이다."(4학년 p.24).

남북한의 이러한 規範的 價値觀은 그 사회의 공식적 이데올로기 교육을 통하여 습득되기 때문에 남북한 간에 상당한 차이가 존재함은 당연하다 할 수 있다. 결국 남한에서는 사회 구성원 각자의 독립적인 삶이 상대적으로 비중 있게 강조되는 데 반해, 북한에서는 집단체의 일원으로서의 인간이 우선적으로 상정될 수밖에 없다.

(2) 남북 교과서에 나타난 공동체의식의 가치

공동체의식을 대표하는 덕목으로 남한은 '協同'의 德目을 들 수 있고, 북한은 '집단주의 정신'으로 집약할 수 있다. 남한의 교과서는 직접적·간접적 협동을 모두 설명하고 있다. 과거는 직접적인 형태의 협동을, 오늘날에는 서로의 분업으로 인한 간접적 협동을 거론하고 있다. 즉 협동의 형태가 시대에 따라 달리 변한다는 것을 말하고 있다. 반면 북한의 협동이나 상부상조의 형태는 千篇一律的이다. 당과 집단, 국가를 위한 협동의 의미이며, 생산적이고 실용적인 측면이 대단히 강하게 나타나고 있다.

북한은 사상적 협동과 집단주의 정신에 기초한 협동을 기술하면서 결국에는 국가의 발전을 위해서 체제 지향적인 협동으로 귀결이 되고 있다. 이것은 수령을 중심으로 단결해야 한다는 논리 전개를 하고 있다. 즉 북한 사회에서 개인은 하나의 개체로서의 독립된 존재라기보다는 집단 속의 한 일원으로서만 존재하며, 집단의 영속성이 개개인의 개인적 존재가치나 개인적 생활보다 우선시되고 있다. "청소년들이 사회주의적 생활양식과 집단주의적 생활규범을 모범적으로 지키며……"(4학년 p.18).

그러므로 個人性보다는 社會의 統合性, 組織中心의 共同體意識 등 集團主義 正體性을 강조하는 德目들이 강조된다고 할 수 있다. 즉 '협동', '단결', '충성', '공익봉사', '동료애', '책임감' 등과 같은 가치지향의 규범도 공산주의적 인간의 가장 중요한 가치덕목으로 매우 중요시되고 있다. 이러한 집단주의적 가치는 개인보다 집단의 이익이 우선시되면서 자기희생의 개념을 바탕으로 하고 있다. 집단주의 정신을 장기적인 관점에서 볼 때, 사회생활의 전면에 걸친 조직생활 교양의 강요는 사회적 갈등요인을 잠재적으로 축적하는 결과를 초래할 수 있다. 또한 집단주의하에서의 교육은 철저하게 정치사상적 규범이며, 정치사회화의 과정이기 때문에 교육의 자주성, 정치적 중립성을 보장할 수 없다는 데 문제가 있다.

반면 남한의 도덕교육을 공동체와 관련하여 생각해 보면 공동체에 대한 내용은 개개인의 심성과 인격을 도야하는 교육 내용을 통해 전개되어 왔다. 즉, 도덕교육은 단일한 존재로서 한 인간의 도덕성에 그 뿌리를 두고 가정, 이웃, 친족 생활과 사회생활 그리고 국가·민족생활 영역으로 환경확대 방법을 통해 실시하여 왔다.

남한의 공동체의식은 자유민주주의 이데올로기를 기반으로 하는 자유와 자율, 다양성과 다원성, 창의성 등의 관점에서 보면, 대단히 발전 指向的인 共同體를 형성한다고 할 수 있으나 지나친 개인주의와 지역이기주의 및 집단이기주의에 대해서는 오히려 공동체가 역기능적으로 작용하는 것이 약점이 되어 오히려 사회분열과 연대성을 해칠 수 있는 취약점으로 되고 있다.

共同體는 가르치는 것이다. 공동체가 건전하다면 이는 결속적인 가치체계를 부여하는 것이고, 공동체가 혼란하고 타락했다면 그 교훈은 회복되고 강화되는 것은 아니지만, 다른 방법으로 가르쳐 줄 수도 있다.

　이런 관점에서 앞으로의 남한 도덕과의 공동체 교육의 내용과 방향은[25] 첫째, 공동체 구성원의 자아의식과 정체성 확립을 강화해야 하며 둘째, 시대정신의 구현과 도덕성의 조화를 시도하여야 하며 셋째, 공동체 간의 갈등요소의 해결을 구체적으로 제시하여야 하며 넷째, 궁극적 공동체의 공동선 추구를 모색하는 것이어야 한다. 이러한 의미에서 도덕교육의 내용은 공동체구성원의 도덕적 각성이 바로 개인과 공동체적 상황을 연결시켜 주는 구성원의 역동적인 활동을 시도하는 것이어야 한다. 이러한 과정을 통해 궁극적으로 개방사회에서의 공동체를 발전시켜야 하는 것이다. 이러한 취지의 내용을 남한의 교과서는 공동체를 해치는 경우를 실례를 들어 다음과 같이 표현하고 있다. "모르는 사람끼리 살다 보면 쓰레기를 쓰레기통에 넣지 않고 아무 데나 버린다거나 다른 사람에게 손해를 끼치고 뺑소니를 치는 얌체형의 사람도 있게 마련이다."(2학년 p.110)

　반면 북한은 사회주의를 기반으로 하여 집단주의 원칙, 통제 원칙이 작용하여 개인보다 국가나 사회, 그리고 집단을 우선시하여 공동체에 대한 강한 소속감을 배가시킬 수는 있으나, 개인의 자율과 창의, 다양성을 무시하여 사회나 국가의 지속적인 발전이 되기는 상당히 어렵다는 약점을 갖고 있다. 따라서 양측은 서로 통합적인 관점에서 서로 조금씩 수용하는 收斂論的인 姿勢가 필요할 것이다.

---

25) 박찬석, "도덕과에서의 공동체 교육의 의미", 한국도덕윤리과교육학회, 「도덕·윤리과 교육 제10호」(1999), p.150.

3) 개방 국가 대 자집단 중심 국가

(1) 개방사회와 폐쇄사회의 특징

한국은 개방성의 사회로 民主的 多元價値가 존재한다. 이러한 민주적 다원가치는 개인의 자발성과 창의성, 능동성, 적극성 등을 발휘하게 하여 사회발전의 촉진 역할을 할 수 있는 큰 힘이며, 쉽게 환경 변화에 적응할 수 있는 가치라 할 수 있다.

남한의 교과서도 '세계 속의 한국인'이라는 단원에서 한국은 국제화, 세계화시대를 맞아 개방적인 체제에 살면서 국제시대에 걸맞은 위상과 역할이 증대했음을 설명하고 대외관계에 있어서 이런 관점을 다음과 같이 표현하고 있다. "1995년 11월 유엔 안전보장 이사회 상임이사국이 되었고 1996년 10월에 경제 사회 이사회의 상임이사국이 된 것도 그만큼 우리의 국력을 세계가 인정하고 있다는 증거이다."(3학년 p.271). 또한 세계는 공존의 시대이기 때문에 각국이 서로 상호 협조의 영향 아래 빠른 발전을 거듭하고 있는데 이에 세계화에 보조를 맞추지 못한다면 그 나라는 落伍의 나라로 전락하고 말 것이다.

결국 다양한 가치가 인정되는 남한 사회는 세계변화에 빠른 적응력을 나타내고 있다고 할 수 있으나 북한은 단일가치에 의해 배타적인, 독선적인 속성을 가지고 있어 세계체제에 적응하지 못하고 식량난, 경제난 등 국가 내의 문제를 세계적인 차원에서 해결해 주어야 하는 상황으로 치닫고 있다.

북한의 국가적 폐쇄성은 資本主義를 批判하고 集團主義를 擁護하면서 시작한다. 즉 自集團中心主義的 國家의 특징이라고 할 수 있다. 이것은 階級的 差別性에 입각한 '우리'와 '남' 간의 불균형적이고 극단적인 이분법적 사고를 바탕으로 '우리들끼리'라는 자집단중심주의의 특수주의적 성향이 강한 것이라고 말할 수 있다. 즉 自己集團을 가장 이상적인 집단으로 간주하여 自己集團의 觀點을 중심으로 하여 다른 집단을 비교 평가하는 것이다.[26]

북한은 자본주의는 부르죠아 개인주의에 기초하고 있으며, 이것으로 인하여 온갖 사회악이 범람하는 썩어빠진 사회라고[27] 비판한다. 공산국가의 집단주의 교육은 낡은 부르죠아적 개인주의와 이기주의의 배제, 계급 중심적 집단이익의 우선, 끊임없는 집단적 조직 생활의 경험 등이 강조되며, 공산주의 혁명완수를 위한 전제적, 필수적 요건으로서의 集團主義 敎育의 重要性이 부각된다. 따라서 북한은 자본주의를 비판하면서 자집단중심주의의 강한 특성을 나타내고 있다고 할 수 있다. 이런 내용을 북한 교과서에서는 다음과 같이 전개하고 있다. "사회주의 사회에서는 로동에 의하여 만들어진 재부가 모든 사람들에게 골고루 분배된다. 자본주의 사회가 부익부 빈익빈의 몹쓸 사회라면 사회주의 사회는 모두가 고르게 잘사는 인민의 낙원이다."(4학년 p.38)

북한 주민들은 국가를 살아 있는 인격체와는 별개의 초인격적인 실체라고 인식하여 살아 있는 사람 또는 이들의 조직과 연관시켜 생각하고 있으며, 북한 주민들에게 국가는 김일성과 당, 특히 김일성의 국가 정도로 판단하고 있다. 한 개인이 자신의 권리를 향유하려 한다면, 그 개인은 집단의 이익을 위해 개인적 희생을 기꺼이

---

26) 박성희, 앞의 논문, 참조.

27) 리현옥, "주체사상이 밝힌 집단주의의 본질과 그 발생발전의 본지로가 그 발생발전의 합법칙적 과정", 「철학연구」(평양: 과학백과사전종합출판사, 1993, 3월호), p.30.

치를 준비가 되어 있어야 하며, 집단의 이익과 개인의 이익이 상치
될 경우 당연히 양보해야 할 권리는 개인이라는 것이다.[28]

일제 통치 이후 곧바로 김일성 정권이 수립되었고 김일성의 우상
화·신격화를 통해 이러한 전통적인 국가관은 도리어 강화되었다.
김일성은 신적 존재로 부각되었고, 김일성은 북한 주민들에게 먹을
것과 입을 것 그리고 살 곳을 마련해 주었기 때문에 그가 원하는
대로 또는 그를 기쁘게 하는 길이 곧 국가를 위하는 일이라고 말하
고 있다. 이런 國家觀은 封建的 또는 閉鎖的 國家觀의 전형이라 할
수 있다.

(2) 남북 교과서에 나타나고 있는 개방적 - 폐쇄적 측면 비교

남한이나 북한은 똑같이 民族愛와 愛國愛를 다룸으로써 국가에
대한 忠誠心 提高를 위해 노력하고 있다. 양측의 입장은 역사적인
측면에서, 똑같이 過去史의 受難時代를 지나오면서도 傳統文化와
韓民族임을 내세워 민족에 대한 自矜心을 심어주고자 노력하였다.
남한은 민족의 주체성을 강조하는 가운데 세계적 조류와 조화를 이
루면서 빠른 발전을 하고 있다. 이런 측면을 남한 교과서는 다음과
같이 예시하고 있다. "이처럼 세계를 향한 넓은 시야와, 열린자세,
민족국가를 향한 가슴으로 조화시켜 나갈 때 비로소 우리는 새 시
대의 주역이……"(3학년 p.276)

그러나 북한은 주체성만을 강조한 단일사상에 의하여 배타적 민
족주의만을, 그리고 과거 지향적인 타민족 배타성만을 형성시켜 고

---

28) 이영애, "북한의 정치교육 효과성에 관한 연구", 통일원, 「북한 및 통
　　일연구 논문집(Ⅱ)」(1996), p.234.

립된 국가형태를 유지하고 있다.

북한의 교과서에서는 아직도 閉鎖的이며, 過去 指向的인 感情에 휩싸여 自民族中心主義만을 강조하고 있다. "지구상에는 온갖 악한 짓을 하는 적들이 많습니다. 그런 놈들은 바로 미제와 일본군국주의를 비롯한 제국주의자들입니다."(3학년 p.33). 국제관계에 있어서 북한과 같은 지나친 국수주의는 그 나라의 발전을 저해하고 停滯性을 가져오게 되어 결국은 국민 개개인의 생활에도 영향을 주게 된다.

개방적인 면에서 볼 때, 남한에서는 國家와 個人 간의 관계를 對立과 調和 속에서 찾으며, 공동체 속에 개인의 윤리와 국가의 윤리가 제 각각 존재한다. 그렇다고 남한에서의 윤리가 단순히 서구적 개인주의에만 기초하고 있는 것은 아니다. 남한에서 공동체의식의 한 부분에는 여전히 국가에 대한 개인의 헌신을 요구하는 규범이 자리잡고 있다. 남한 교과서의 내용을 보면 다음과 같다. "공동체가 잘 유지되고 발전하기 위해서는 정의와 사랑을 바탕으로 공동선을 추구해야 한다."(2학년 p.200) 그러나 남한은 지나친 다양성의 인정으로 인하여 지나친 분열현상을 가져오는 약점을 지니고 있으며 오히려 公益보다는 私益 優先主義 현상이 일반화되어 있는 추세이다.

북한은 주체사상과 집단주의 정신의 획일적인 사고방식으로 인하여 공동체의식과 협동 및 단결을 가져올 수는 있으나 장기적으로는 사회의 지나친 停滯性을 가져올 수 있다. 따라서 새로운 환경변화에 쉽게 적응하지 못하여 결국 엔트로피(entropy)만 증가시키는 현상을 가져올 수 있다.

우리는 북한의 공동체의식의 바탕에는 자율적인 측면보다 타율적인 측면이 강하다는 것을 간과해서는 안 된다.

결국 집단주의에 기초한 북한 사회에서는 규범 차원에서 國家와

個人의 葛藤은 上程될 수 없다. 이 사회에서 국가와 개인은 결합된 하나로 인식되며 집단주의는 사회주의생활의 기초로 북한 헌법에 규정하고 있다. 북한 교과서는 이런 관점을 다음과 같이 예시하고 있다. "오늘 우리사회에서 수령과 인민의 관계는 령도자와 전사의 관계를 넘어서 어버이와 자식의 관계로 되어 있습니다."(3학년 p.52). 그러나 남한의 정치관에는 국가와 개인의 관계나 각 세력들 간의 갈등과 조화가 문제시된다. 또한 남한에서 정치적 주체는 개별, 사회 구성원 혹은 집단 등 다양하게 적시된다. 그러나 북한에서 정치의 주체는 혁명의 주체이기도 한 수령－당－대중의 통일체로 규정된다.

북한의 정치관에는 이 모든 것이 대립되거나 분리될 수 없는 사회정치적 생명체 내에서 결합되어 있는 통일체로 인식된다. 이와 같이 국가에 의해 개인이 거의 완벽하게 포섭되어 있다는 사실은 북한의 규범적 가치 속에 권력획득을 지향하는 複數政黨이 전제되는 多黨制的 價値가 존재하지 않음을 알 수 있다. 이는 복수정당제를 헌법으로 보장하고 있는 남한과 대조적으로 되는 것이다.[29]

북한은 주체사상의 내용 중 대외적 독자노선 추구는 결국 폐쇄적 국가관을 가질 수밖에 없었고, 김일성 체제의 정통성 확보, 북한 주민의 일체감 조성, 김정일 승계체제의 정당화, 대중동원 등은 북한체제에 順機能과 逆機能의 양면적인 특성을 지니고 있는 것이라고 할 수 있다.

위에서 살펴본 남북한 국가관의 특징을 종합으로 나타내면 〈표 Ⅶ-2〉와 같다.

---

[29] 이경희, "민족공동체 형성을 위한 사회통일교육방안의 모색", 「북한 및 통일연구논문집(2)」(1996), p.69.

〈표 Ⅶ-2 〉 남북한 국가관의 종합적 특징 비교

구분	남한	북한	비고
1. 민주주의 국가 對 사회주의 국가	1)특징: 자유민주주의 이념, 다당제, 삼권분립체제, 미래지향적 국가임. 2)이상적 인간: 민주시민. 3)단점: 지나친 다양성으로 개인주의와 이기주의 현상.	1)특징: 사회주의 이념, 일당국가임. 2)이상적 인간: 주체형의 인간. 3)단점: 지나친 획일성, 자본주의 국가에 대한 적개심.	·남북이 지나친 개인주의를 경계하고 있다. ·통일의 당위성에 대해 북한은 감성적 접근으로 설득적인 면이 남한보다 강하다.
2. 민주적 공동체의식 對 집단적 공동체의식	1)특징: 개인주의적 자유에 기초한 자본주의적 가치관. 2)개인과 국가와 관계: 개인을 우선시하면서 국가와의 조화를 중시함.	1)특징: 집단주의적 가치관. 2)개인과 국가와의 관계: 집단과 국가 우선주의.	남한의 '협동'과 북한 '집단주의'는 '전체'를 생각하는 점에서 비슷한 의미를 가짐.
3.개방국가 對 자집단 중심국가	1)특징: 다원주의 사회. 2)대외관계: 한국은 개방적 측면. 3)단점: 사대주의적 경향.	1)특징: 우리식사회주의. 2)대외관계: 대미·대일을 타도의 대상으로 간주. 3)단점: 통제적인 대외관계, 엔트로피 증가.	환경변화에 쉽게 적응하는 한국은 사회발전이 촉진될 수 있지만, 북한은 적응능력이 떨어짐.

3. 사회관 비교

사회관의 비교는 크게 市民社會 對 臣民社會, 多元主義 社會 對 劃一主義 社會, 열린사회 대 統制社會의 觀點에서 시도하였다. 본 절은 위의 세 가지 측면에서 남북한 비교를 시도하는 데 교과서에 나와 있는 내용을 직접 인용하면서 비교를 진행하였다.

1) 시민사회 대 신민사회

(1) 시민 – 신민사회의 특징

人性은 社會構造의 産物이며 또한 역으로 사회적 행위자로서의 개인의 인성이 사회구조에 逆으로 영향을 미치기도 한다. 즉 人性은 개인이 사회로부터 얼마나 自律的이냐 또는 束縛을 받느냐의 측면에서 영향을 받기 때문에 個人과 社會·國家와의 自律과 抑壓의 관계를 매우 구체적으로 나타낼 수가 있다.[30]

이런 둘의 관계를 市民社會와 臣民社會의 觀點에서 살펴보면 다음과 같다.

첫째, 市民社會에 대해 살펴보면 인류역사에서 大衆의 地位가 從屬的인 臣民(subject)의 지위에서 自主的인 市民(citizen)의 지위로 변화된 것은 민주주의 국가를 발전시키면서 등장한 경제적, 정치적 혁명의 결과라고 할 수 있다. 시민사회에서 個人은 더 이상 貴族의 奴隸도 아니고 封建領主의 農奴도 아니다. 사회적, 정치적 지위가 구속된 臣民이 아니라 정치적 멍에에서 해방된 市民인 것이다. 자본주의 사회에서 피지배계급이라 볼 수 있는 노동자계급은 작업장에서는 작업 규칙에 복종해야 하지만, 퇴근하여 귀가하면 자유로운 시민이다.

封建社會가 私的 領域이 없는 臣民社會라면 資本主義社會는 個人의 私的 領域이 보장된 市民社會이다. 이러한 시민사회론은 선진

---

30) James House, "*Social Sturcture and Personality*", in Morris Rosenberg and Ralph Turner, eds., *Social Psychology: Sociological Perspective* (New York: Basic Books, 1981), p.507.

자본주의 사회에서 민주주의의 정치적 원리로 수용되었으며 대부분의 제3세계 자본주의 사회에서도 부분적으로라도 현실적인 정치원리로 수용되고 있다.[31]

시민사회에 정치적 뿌리와 기반을 두고 있는 민주사회는 개인의 의사를 소중히 여기며 이들의 의견이 모든 사회과정에 반영되기를 원하고 있다. 민주사회의 진보와 발달은 결국 개인들의 적극적인 참여에 의하여 가능하다. 따라서 사회적 활동에 적극성을 갖는 태도는 개인생활을 위해서뿐만 아니라 사회적 발전을 위해서도 필요하다. 이런 측면에서 볼 때 오늘날 남한은 市民社會의 形態이며, 시민사회에 대한 교육은 교과서에서 民主市民敎育의 측면으로 전개하고 있다.

民主市民敎育은 사회에서 民主主義의 價値를 實現하기 위한 基本的인 理念이다. 민주주의의 이념은 자유와 평등이 실현되는 사회, 인정이 넘치는 福祉社會建設을 의미한다.[32] 市民敎育이란 정치공동체의 구성원으로서 공동체의 유지·발전을 위하여 노력하는 구성원 개개인을 의미하기도 하고, 동시에 구성원의 집합체를 나타내는 포괄적인 용어로 사용되기도 한다.[33]

따라서 民主市民敎育이란 더불어 살아가는 데 필요한 민주적인 생활규범 등에 대한 교육으로서 인간존엄성의 신념화, 기본생활예절, 질서의 습득, 민주적 절차 및 과정에의 숙달과 합리적 의사결정 능력 함양을 목표로 한다. 또한 민주시민적 자질은 한반도 통일의 促進劑가 되기 때문에 統一對備 敎育을 실시하는 데 중요한 요소라

---

31) 서재진·김태익, 「북한 주민의 인성 연구」(서울: 민족통일연구원, 1992), p.4.

32) 김철수, "통일한국의 미래상", 「통일정책 제5권 4호」(1979), 참조.

33) 윤용탁, "시민교육, 민주화 그리고 통일", (기조연설문), 한국민주시민
  교육 협의회주최 워크샵, 기조연설문(1996. 9), p.3.

고도 할 수 있다. 따라서 양자의 상호 연계성 유지가 대단히 중요하다.[34]

이러한 民主市民性 涵養敎育은 사회를 민주주의 원리에 의해 지배되는 성숙한 민주적 공동체를 이끄는 데 기여할 수 있는 교육이다. 결국 남한의 도덕교과서는 민주시민교육의 내용과 방법이 전체적으로 핵심을 이루고 있다.

정세구는 민주시민교육의 방법은 보수적 기능의 사회화와 합리적 비판적 태도 수용의 반사회화를 통하여 이루어져야 한다고 말하고 있다.[35]

둘째, 臣民社會의 특징을 살펴보면 신민사회란 시민사회가 발달되기 이전 단계의 사회로서 개인은 경제 외적인 강제로 인하여 개인의 사적 영역이 없는 從屬的인 臣民(subject)인 것이 특징적이다. 신민사회에서 개인은 영주에 예속된 농노의 신분과 같이 국가 권력의 조직에 의하여 직접 統制되거나 法的으로 拘束되어 있다. 臣民社會의 예로서 古代 奴隷制社會, 中世의 封建制社會, 舊蘇聯, 舊東歐, 北韓 등 국가 사회주의 사회를 들 수 있는데 이러한 사회에서는 공통적으로 절대 군주가 지배하며, 個人은 絕對君主 앞의 臣下 또는 臣民에 불과하다. 이들 사회에서는 시민사회의 특징인 자본주의가 발달하지 않았으며, 봉건주의나 사회주의가 특징적이어서 사유재산제, 시장메커니즘, 다원주의적 제도가 발달해 있지 않다.[36]

이들 사회에서는 대중을 신민으로 구속하기 위한 지배 이데올로기가 고도로 발달해 있는 것이 특징인데 북한에서는 그것이 바로

---

34) 양호민 외, 「남과 북 어떻게 하나가 되나」(서울: 나남, 1994), pp.351-354.
35) 정세구 역, 「민주시민교육」(서울: 교육과학사, 1989), pp.26-27.
36) 서재진·김태익, 앞의 책, p.5.

김일성 유일사상 또는 주체사상이다. 이러한 국가 중심주의가 북한에 수용되어 권력 정당성의 이론적 기초로 사용되고 있으며, 국가와 집단이 최고의 善이기 때문에 個人은 國家의 手段으로 간주되는 것이다.

북한 사회에서 臣民型 人性을 발달시킨 직접적인 정책사업으로 人間改造事業이 있다. 인간개조사업이란 자본주의적 인간을 사회주의적 인간으로 만들기 위한 인간의식의 사회주의적 개조 즉 人民을 김일성의 臣民으로 개조하는 것이었다.[37]

인간개조 원칙에서 중요한 것은 노동계급을 본보기로 하여 농민과 인텔리를 교양 개조하는 것이었다. 북한 사회에서는 노동계급을 사회의 어느 계급보다도 혁명성이 강하고 공산주의 미래를 대표하는 가장 선진적인 계급으로 보고 있다. 북한은 노동계급의 사상성과 조직성, 문화성을 높이고, 사회생활의 모든 분야에서 그의 영도적 역할과 혁명적 작용을 끊임없이 강화하여야 농민과 인텔리를 노동계급의 모양대로 교양 개조할 수 있다고 보았다.[38] 人性은 곧 社會的 産物이라고 본다면 북한의 교육제도, 철저한 조직생활, 일상생활에서의 감시제도 등을 고려해 볼 때, 북한 주민은 대체로 '김일성의 의도대로 생각하는 인간'으로 사회화되었다고 보아야 할 것이다. 따라서 북한의 교과서는 청소년들을 신민형의 인간으로 만들기 위해 중요한 매체로 활용되고 있다. 이상과 같은 결과를 볼 때 북한 학생들의 의식 속에는 排他性, 劃一性, 公共指向性 價値觀을 가지며 多樣性, 相對性, 個別意識은 微弱하다고 할 수 있다.

---

37) 위의 책, p.12.

38) 사회과학출판사 편, 「인간개조이론」(평양: 사회과학출판사, 1985), pp.173-174.

(2) 남북 교과서에 나타난 시민 – 신민형의 가치비교

전술한 바와 같이 우리의 교육은 市民型이라 할 수 있으며, 북한은 臣民型에 가깝다는 이론으로 단정지어지게 된다. 한국의 시민형교육은 민주시민교육의 형태이며 학교교육은 민주적 인간형성을 위하여 사회와 도덕(윤리)교과를 중심으로 민주주의의 규범적 가치와 제도, 민주적 인성과 태도, 문제 해결의 방법과 절차 등의 민주적 인간관과 생활양식을 포괄적으로 지도하고 있다. 민주적 가치와 제도, 특히 민주적 생활방식을 교육하는 목적은 민주주의를 '아는 사람'의 양산에 있는 것이 아니라, 민주적 시민으로 '교육된 사람(educated man)'을 길러내는 데 있다. 남한 분석대상의 교과서는 전체적인 내용의 특징이 민주시민의 내용이기에 대표적인 교과서 내용 하나만 소개하면 다음과 같다. "사회의 옳은 일에는 적극 참여하고 옳지 못한 일에 대해서는 비판을 가하고 고쳐나가려고 노력해야 합니다."(3학년 p.168)

한편, 북한의 신민형 인성구조의 유형적 특징을 보면 家臣主義, 權威主義, 集團主義, 排他主義, 家族的 溫情主義, 受動性이라 할 수 있다. 이러한 북한의 臣民型 構造의 특징을 북한 교과서에서는 어떠한 내용으로 기술하고 있는지 알아보면 다음과 같다.

첫째, 家臣主義는 家父長主義와 동전의 앞뒤처럼 밀접한 관련을 가지고 있다. 가부장주의에서 支配者는 주인이며 被支配者는 家臣이다. 북한에서 주민들이 가신주의적 속성을 가지는 까닭은[39] 유교적 영향, 북한 김일성 정치체제의 영향이다. 북한에서 개인은 김일성 '절대군주'의 가신 또는 忠直한 從이다. 이것은 인민들의 모든

---

39) 서재진·김태익, 앞의 책, p.13.

문제는 수령의 施惠와 보살핌으로 해결되기 때문에 인민들은 수령의 명령에 복종하기만 하면 된다는 인식에 기초하고 있다.

둘째, 權威主義이다. 어느 사회에나 권위주의적 요소가 다소 있기는 하지만 평등을 지향하는 사회주의 사회에서 권위주의가 존재한다는 것은 주목할 만하다. 북한에서 윗사람에 대한 가신주의는 곧 아랫사람에 대해서는 권위주의로 연결된다. 김일성에 대한 절대적인 복종은 곧 사회질서 전체에 권위주의를 일반화하게 되어 주민들의 인성을 권위주의로 만든다. 이러한 권위주의는[40] 전통적인 가부장적 권위주의와 수령-당-대중의 위계적 정치구조와 결합해 있는 것 같다. "우리의 일심단결은 가장 위대한 수령을 중심으로 한 단결입니다. 우리의 일심단결은 무엇보다도 수령을 중심으로 전체 인민이 사상 의지적으로 굳게 결합된 단결입니다."(3학년 p.55)

셋째, 集團主義이다. 북한에서 社會的 基本單位는 個人이 아니라 人民大衆이다. 북한에서는 사람은 개인으로서가 아니라 사회와 집단의 한 성원으로서 살아간다고 보고 사회와 집단을 위하여 얼마나 이바지하는가 하는 것이 생활의 가치척도로 되어 있다. 교과서 예는 다음과 같다. "동지는 혁명을 같이하고 조국과 인민을 위하여 당과 혁명을 위하여 모든 것을 다 바치는 사람이다."(4학년 p.25)

넷째, 排他主義(敵對感 또는 敵對主義)이다. 배타주의의 연원은 무엇보다도 일본의 식민지배와 한국전쟁을 통한 미군으로부터의 피해의 경험이다. 배타주의는 미국과 일본에 대한 적대감뿐만 아니라 지주 등의 착취계급, 부르죠아 사상, 다원주의 등에 대한 적대감도 동시에 포함한다. 교과서 예는 다음과 같다. "지구상에는 온갖 악한 짓을 하는 적들이 많습니다. 그런 놈들은 바로 미제와 일본군국주

---

40) 위의 책, p.14.

의를 비롯한 제국주의자들입니다."(3학년 p.33)

다섯째, 家族的 溫情主義이다. 북한 사회는 하나의 거대한 가족이다. 가족이라고 인식되는 성원에 대해서는 온정주의가 발달해 있다. 이것은 집단주의에서 집단 간의 경쟁이 야기한 集團 內部의 統合的 屬性이라고 볼 수 있다. 국가의 영역을 벗어나면 시민사회의 영역이 없기 때문에 그 대안으로 원초 집단인 가족의 기능이 발달하게 되는 것이다. 교과서 예는 다음과 같다. "사회주의 대가정의 어버이는 경애하는 대원수님이시고, 위대한 원수님이시며 우리들 모두는 대원수님과 원수님의 아들 딸들입니다."(3학년 p.50)

여섯째, 受動性 또는 他律性이다. 신민사회의 덕목이 절대 군주의 명령에 복종하는 것이기 때문에 사람들은 구체적인 명령이 있기 전에 자발적, 능동적으로 행위를 할 필요를 느끼지 않는다. 노동을 사랑하는 정신을 주된 덕목으로 교양하고 있다.[41]

2) 다원주의사회 대 획일주의사회

(1) 남북 도덕교육의 방향

이데올로기의 연구에 있어서 그 이데올로기를 정의하려면 보통 그 이데올로기의 핵심적이고 지배적인 가치의 성격과 그리고 그 중심적 가치에 밀접히 연결되어 있는 도덕적, 정치적 가치들의 공통되는 성격이 무엇인가를 일반화하는 것이 보통이다.

---

[41] 서재진·김태익, 「북한 주민의 인성 연구」(서울: 민족통일연구원, 1992), p.17.

價値들과 關聯되어 있는 世界觀 立場의 差異에 따라 自由主義者의 '自由' 그리고 社會主義者의 '平等'에 대한 각각의 강조점은 다르게 평가된다.[42] 이런 관점에서 보면 자유주의 도덕의 핵심은 개인의 자유를 바탕으로 한 자율적 선택과 판단이며 그리고 자유롭고 합리적이며 독립적인 인간관을 특징으로 한다. 이에 따라서 개인의 자아실현이나 자아결정 등이 교육의 목표가 되며, 교육의 내용이나 과정의 구성에 있어서도 개개인의 합리적인 사고능력과 과학적인 경험을 강조하게 된다. 이런 입장은 남한의 교과서에도 나타나고 있다. "우리가 가지고 있는 꿈과 이상은 미래에 자기 자신이 이루고 싶은 것들로서 그것은 개인의 가치가 반영된 것이라고 할 수 있다."(2학년 p.7)

자유주의 이론의 다원적인 특성에도 불구하고 개인과 사회의 관계에 대한 기본적인 입장은 個人의 社會에 대한 優先性이라는 표현으로 집약되며, 이를 가능하게 하는 기본적인 假定은 인간을 合理的이고 自律的인 存在로 보는 것이라고 이해할 수 있다.

그러나 오늘날 교육이 이기주의나 상대주의, 지나친 경쟁의식 등으로 만연되어 있다는 현실적 인식과 함께 교육의 문제를 개인 중심으로 보는 자유주의적 시각에도 이의가 제기되기 시작하였다.[43] 즉, 개인의 합리적인 사고와 자율적인 판단. 자기결정의 능력 등이 강조됨으로써 교육의 역할은 이러한 개인주의적 사고를 사회적 맥락과 조화를 이루면서 사고하고 행동할 수 있도록 교육적으로 그 방법을 모색하는 노력이 필요하게 되었다. 따라서 남한의 교과서에

---

42) 노명식, 「자유주의의 원리와 역사」(서울: 민음사, 1992), pp.27-29.

43) R. S. Griffin and R. J. Nash, "*Individualism, Community and Education: Exchange of View*", Educational Theory Vol.40, No.1.

서도 이런 경각심을 불러일으키는 내용이 다음과 같이 기술되고 있다. "민주사회는 각 개인의 자유를 존중하는 사회이다. 사람들은 자신의 욕망을 최대로 실현하기 위해서 사회는 어떠한 조건을 갖추고 있어야 되는지 생각해야 한다.(2학년 p.173)"

한편, 북한은 "자본주의 사회에서는 아무리 생산력이 발전되고, 물질적 부가 늘어나도 사람들이 하나의 사회 정치적 생명체로 결합될 수 없기 때문에 인간의 자주성은 집단주의적 본성에 맞는 생활을 누릴 수 없다"[44]라고 말한다. 북한처럼 집단주의에 기초한 사회주의에서는 사회적 집단의 정치적 생명과 사회공동의 이익을 옹호하는 것이 최고의 목적으로 되어 있기 때문에, 사람들은 永生하는 사회정치적 생명을 지니고 서로 돕고 이끌면서 자주적이며 창조적인 생활을 마음껏 누릴 수 있으며, 반목과 대립이 아니라 동지적 사랑과 호상협조에 기초하여 자유와 평등도 다 같이 원만히 실현할 수 있다는 것이라고 강조하고 있다. 즉 사회주의 생활양식은 모든 사람들이 다 같이 잘 살게 하기 위한 생활양식이라는 것이다.[45] 따라서 북한은 서구의 자유주의는 사회주의 사회를 마비시킬 수 있다고 하여 서구식 자유주의 즉, 自由主義 思想, 修正主義 思想을 비판하고 있다.

그들은 그 이유를 '自由化' 바람이 불면 사회생활의 모든 영역에서 노동계급적 인식이 마비되고, 자본주의에 대한 공공연한 찬미와 퇴폐적인 생활풍조가 만연되어 혁명의 전취물을 위험에 빠뜨리게 된다는 것이다. 특히 '자유화' 바람은 청년들의 건전한 사상의식과

---

44) 김성룡, "부르조아 민주주의에 비한 사회주의적 민주주의에 비한 사회주의적 민주주의의 본질적 우월성", 「철학 연구」(평양: 과학백과사전종합출판사, 1991, 1월호), p.33.

45) 강운빈, 「인간개조이론」(평양: 사회과학출판사, 1985), p.46.

정신생활을 좀먹으며, 대를 이어 혁명할 청년들이 혁명하기 싫어하고 일하기 싫어하며 나중에는 혁명이 마비되어 자기의 사회주의 제도와 자기 당, 자기 혁명을 배반하는 데까지 이르게 한다는 것이다. 따라서 서구의 자유주의는 사람을 타락시키고 놀고먹는 부르죠아 사상이기 때문에 이를 철저히 배격해야 한다는 것이다. 이런 관점을 그대로 교과서에서도 기술하고 있다. "자유주의는 조직과 집단의 힘도 약화시키는 해로운 사상입니다."(3학년 p.24)

한편, '학교교육과 사회교육의 결합의 원리', '이론과 실천의 결합 원리', '평등주의 가치관의 교육원리', '집단주의 사상의 원리' 등은 모두가 인간의 노동력과 자발성을 어떻게 하면 유도해 낼 수 있을까 하는 동기에서 나온 교육원리에 불과하고, 반대로 개인주의적 이기심을 어떻게 해서라도 억제시키려는 방도에서 출발하고 있다.

결국 자유민주주의를 이념으로 하고 있는 남한의 사회체제는 자율성, 다원성, 개방성을 존중하는 질서로 조직되고 있는 데 반해, 사회주의를 이념으로 하고 있는 북한의 사회체제는 집단성, 획일성, 폐쇄성을 특징으로 하는 질서로 조직화되어 있다. 나아가 남한에서의 사회화는 개인의 자아실현의 기회가 최대한 보장되는 가운데 전체 사회의 통합과 발전을 추구하는 데 그 목표를 두고 다원화된 사회의 다양한 가치를 자유롭게 수용하여 조화시키고 집단압력을 자발적으로 취사선택하는 데 반해, 북한에서의 사회화는 共産主義的 人間改造를 목표로 하여 계획적, 시범적, 집단적, 일면적 사회화를 추진함은 물론 어릴 때부터 조직생활의 훈련을 받게 하고 집단압력을 통해 인간성을 특정의 방향으로 주조해 가고 있다.

따라서 남북한 청소년의 가치관 내지 의식구조도 그에 비례해서 이질화되었다고 할 수 있다.

296

(2) 남북 도덕교과서에 나타난 사회적 차원의 가치 비교

공산주의 도덕교육 내용 가운데 남한에서도 수용할 수 있는 普遍的인 道德規範에 해당하는 덕목을 보면 '사랑', '절약', '질서', '건강', '예절', '정직', '우정', '협동과 단결' 등을 들 수 있다. 이 중 남북한 '사랑'에 대한 관점은 대의적으로 동양의 '仁'의 정신으로도 표현되어 나타나고 있다. '仁은 어질고 인자하며 가장 넓은 마음이며 仁者만이 사람을 좋아할 수 있고, 싫어할 수 있다'는 내용의 기술은 아직도 남북한이 보편적인 도덕규범에서는 공통점을 가지고 있다고 말할 수 있다.46) 그러나 '사랑'이 왜곡되어 나타나는 측면도 있다. 가장 대표적인 것이 북한의 革命的 사랑이다. 사랑 중 '동지적 사랑'이나 '혁명적 사랑'을 중요시하여 革命的 階級意識을 함양하기 위한 하나의 手段으로 이용하는 면이 강하게 표현되고 있다.

또한 북한의 공산주의 도덕에서는 '예절'과 '질서' 교육을 대단히 중시하고 있다. 특히 禮節敎育은 앞에서도 살펴본 바와 같이 우리 민족의 전통적인 도덕규범일 뿐만 아니라 사회주의 윤리에도 합당한 것으로 평가하고 있기 때문에 중요하게 강조하는 내용이다. 한만길의 연구에 의하면 북한의 도덕교육에서는 '의리'라는 도덕적 관계가 '행동'으로 나타나는 측면이 '예의범절'이라는 점에서 이를 중시하고 있다고 말한다.

'공산주의적 의리와 인민적 예절'이라고 하여 사회와 집단에 대한 개인의 의무를 강조하는 측면이 있지만 기본적으로 '의리는 사람들 사이에 있어서 사랑과 믿음에 기초하여 맺어지는 도덕적 관계'라는

---

46) 남한 도덕 2학년 69쪽과 북한 공산주의 도덕 4학년 22쪽에 사랑의 관점이 '仁'의 의미와 같게 쓰여 있다.

점에서 普遍性을 띠고 있다고 할 수 있다. 특히 "예절의 특성은 사회와 집단, 사람들 사이의 단합과 화목을 근본 목적으로 하여 사람들 상호간의 진정한 존경과 사랑에 기초한다"는 것이다.[47]

남북은 교과서에서도 공히 "東方禮義之國"이라는 단어를 사용하고 있다.[48] 이는 지금도 남북한의 보편적 도덕규범 중 상당한 부분이 같은 민족의 정서로 남아 있다는 증거이다.

한편 북한은 도덕적 가치갈등 사태나 문제에 대한 내용은 교과서상에 기술되어 있지 않지만 현실적, 실제적인 생활 면에서는 가치갈등이 있을 것이라고 생각할 수 있다. 그러면 남북한이 공통으로 가치갈등을 해결하는 基本的 價値德目은 무엇인가? 그것은 관용과 감은, 사랑이라고 할 수 있다.

첫째, 관용(寬容)과 감은(感恩)을 남한에서는 民主市民이 지녀야 할 가장 기본적인 마음가짐이며, 民主社會를 성숙시키는 것이라고 말할 수 있다. 북한에서는 감은의 정의를 "사람은 은혜를 입으면 반드시 보답을 생각하여야 합니다."(4학년 p.30)라고 하여 한국의 감은의 정신과 의미를 같게 한다고 볼 수 있다. 물론 감은의 대상이 한국은 넓은 데 비해, 북한은 결국 김 부자의 은혜에 보답하게 하는 것으로 귀결되어[49] 의미가 왜곡되고 좁은 의미로 사용되고 있다.

관용과 감은의 관점에서 보면, 개개인의 생각을 무시하고 획일적

---

47) 한만길, "민족동질성 회복의 관점에서 본 북한의 전통문화와 도덕교육", 도산아카데미연구원, 「도산학술논총 제5집」 pp.295-318.

48) 남한 중학교 도덕 3학년 94쪽, 북한고등중학교 공산주의 도덕 3학년 40쪽에 '동방예의지국'이라는 단어가 똑같이 있는 것으로 보아 아직도 남북한은 전통적인 도덕적 가치는 같다고 할 수 있다.

49) 의리란 "은혜와 사랑을 준데 대하여 잊지 않고 그에 보답하는 인간의 미덕"이라 하여 '감은'을 '의리'와 동일 의미로 사용하고 있다. 북한 공산주의 도덕 4학년 p.28.

으로 일치된 견해를 강요하는 경향이 있는 사회, 과거 우리의 전통사회와 같이 수직적인 서열을 중시하는 사회에서는 성숙된 민주사회를 만들어가는 데 큰 장애 요인이 된다는 사실을 覺醒시켜 주고 있다. 관용과 감은은 또한 인간존중의 기본적인 자세이며 현대의 가치갈등의 문제를 해결하는 데 기본적인 것 중의 하나로서 대단히 중요한 가치를 지닌다고 할 수 있다. 그러나 북한에서는 가치갈등의 사태로 인한 문제는 전혀 언급이 없고 기술되어 있지도 않다. 문제 해결의 모델 제시가 교과서에서는 김 부자의 예화나 훈화, 강령 등으로 본문의 첫머리에 斷定的이면서 限定的인 文章들로 구성되어 있다.

그 예는 다음과 같다.〈위대한 영도자 김정일 원수님께서는 다음과 같이 말씀하시었습니다. "자유주의적인 습성은 작은 것으로부터 자라난다는 것을 잊지 말아야 합니다."〉이것은 남북한 도덕교육의 가장 큰 차이라고 할 수 있다.

둘째, 가치갈등 해결의 또 다른 가치덕목은 사랑이라고 할 수 있다.

남한에서의 사랑은 孝, 慈愛, 友愛, 동료 간, 선후배 간, 직장 동료 간, 학자나 지도자에 대한 사랑, 자연과 동물에 대한 사랑 등 대단히 종류도 많고 다양하다 할 수 있다. 북한에서도 남한과 비슷한 사랑의 정의와 종류를 기술하고 있으나 교과서상에는 종류가 限定的이고 김 부자에 대한 사랑을 제일 중요시하고 있다. 또한 동료 간의 사랑 즉 革命的 同志愛를 대단히 중요하게 여기고 있다. 북한 교과서는 이런 관점을 다음과 같이 제시하고 있다. "이처럼 혁명적 동지애는 영생하는 삶을 주는 사랑인 것으로 하여 그 어떤 사랑보다도 귀중하고 값 높은 사랑으로 된다."(4학년 p.26)

同僚愛에 대한 性格에서도 남북한 간의 차는 크다고 할 수 있다.

남한 사회는 자유분방할 정도로 다원화된 사회에 맞게 많은 사회조직과 동료조직이 있다. 사회사업 조직, 종교활동 조직, 직업과 관련된 조직, 각종 동기 동창생 조직, 같은 취미끼리 모이는 동호인 조직 등이 무수히 많다.

반면 북한은 동료애가 중요시되지만 혁명적 동지애, 그리고 조직과 집단에서의 동료애로 한정되어 있고, 순수한 의도나 사적인 동료애가 아니다. 따라서 사적인 갈등이나 문제도 동료 간에 해결할 수 있는 매개체가 되지 못한다.

북한에서는 사회주의 이념과 체제 이외의 다른 사회이념과 사회체제에 대한 이해를 허용하지 않고 있으며, 남한에서 추구되고 있는 민주주의 이념과 자본주의 체제에 대한 객관적인 이해를 거부하고 있다. 이러한 접근방식은 남북이 통일을 지향하고, 민족 공동체를 추구하는 현실상황에서 결코 바람직하다고 할 수 없다.

따라서 민족공동체를 형성하기 위해서는 남북한의 이데올로기적 갈등을 해소하고 보편적이고 일반화된 규범을 찾아내어 同質的 要所를 강화시키는 것이 대단히 중요하다 할 수 있다. 이것이 바로 普遍的 道德的 價値이며 특히 南北韓 傳統的 道德規範이라는 것을 위에서 증명하고 있다.

3) 열린사회 대 통제사회

(1) 남북한 사회화의 특징

남북한은 資本主義와 社會主義라는 상호 대립적인 이데올로기를

지향하는데 남북한의 사회화과정에서 형성된 이질적인 요소와 문제점들을 살펴보면 다음과 같다.[50]

첫째, 민주주의 체제를 고수하고 있는 미·일의 문화권에 많은 영향을 받은 남한이 개방체제를 지향해 온 데 반해 독재주의 체제를 고수해 왔던 러·중의 문화권에 영향을 받은 북한은 폐쇄체제를 고수하고 있다. 따라서 남한은 국내외의 다양한 사회화 준거모델을 제공해 왔고 북한은 단일한 사회화 모델을 제공해 왔다.

둘째, 다원주의적 성격을 가진 남한 사회에서는 자연스러운 사회화로서 정치사회화는 극히 제한된 영역을 차지하고 있는 데 반해, 전체주의적 성격을 가진 북한 사회에서는 의도적 사회화 또는 정치교화의 성격이 강하다.

셋째, 남북한 교육은 각자의 체질에 맞게 개편하여 不調和되는 교육을 함으로써 일관성을 상실하고 있을 뿐만 아니라 상호보강 효과도 결여되어 있는 것이 문제시된다.

넷째, 남북한 사회화 교육의 결과 남북의 개인이나 집단이 각각의 정치체제에 얼마만큼 지지를 하면서 지역사회나 정치 공동체에 어느 정도 애착심과 소속감을 느끼고 체제 환경에 변동이 생겼을 때 얼마만큼 적응할 수 있을까 하는 것도 문제시된다.

다섯째, 남북대결이라는 정치이념교육의 결과 국민들은 정부와 관료들에 대해 어떤 이미지를 가지고 있으며, 정부를 중심으로 결속된 힘을 발휘할 수 있을까 하는 점이다.

분단 50년의 산물인 이질화의 내용을 좀더 구체적으로 살펴보면 해방 이후 지금까지 자유민주주의 체제를 고수해 오고 있는 남한은 활발한 대외교류 활동으로 외국의 지식과 기술을 적극 도입하여 경

---

50) 류영옥, 「한반도 통일정책론」(서울: 학문사, 1996), p.406.

제발전을 추진한 결과 문화·교육들의 교류증대로 외래문물의 직접적인 영향을 받음으로써 主體性의 危機(identity crisis)에 직면하는 등의 부작용도 없지 않으나 비교적 건실한 개방사회를 이룩했다.

　반면에 북한의 독재 공산주의 체제는 대외적 경제문화 교류에 제한을 두었기 때문에 적어도 외형상으로는 자체문화보존, 주체성 등의 측면에서 강점이 있는 것처럼 보일지 모르지만 고립을 자초하여, 경제성장이 둔화되고 북한 주민에게 無條件的인 自力更生과 學生들의 勞動義務만을 강요할 뿐이다.

　(2) 남북 교과서에 나타난 가치 비교

　남한과 북한은 인간의 가치관이나 성향, 그리고 행동양식을 나타내는 문화체계에 있어서도 남한의 多元主義(pluralism)와 북한의 一元主義(monolithism)라는 相異한 양상을 띠고 있다. 남한의 다원주의는 절대적 또는 근본적인 이데올로기가 있을 수 없고 다양한 下位文化(sub-cultures)들이 모여 전체적인 이데올로기의 방향을 설정함에 따라 사회단체들은 독자적인 입장을 견지할 수 있다. 따라서 남한의 문화체계는 전통적 유교문화, 외래 문화적 요소, 그리고 통치 엘리트가 강조하는 가치체계가 서로 얽힌 혼합적인 성격을 띠고 있다.

　북한의 일원주의는 추상적 이데올로기와 실천적 이데올로기 간의 통일성이 강조되며, 그것을 위해 단일 영도체제로 짜여진 黨에 의하여 이데올로기의 해석이 독점되고 있으며, 당은 사회 내의 존재하는 모든 사회단체들을 통제함으로써 그들의 독자적 권한이 있을 수 없고, 전체의 목적 달성을 위해서 개인과 단체의 책임과 의무를 획일화하고 규제한다.

　남한의 경우 정치적 민주주의, 경제적 자본주의, 그리고 전통적 가치관과 사회구조를 포괄하고 있는 사회체계가 논리적으로 조화된 이데올로기와 규범체계가 정립되지 못하고 있으므로 개인이 경제 사회적으로 가지게 되는 동기와 사회 정치적 활동에 참여하고 기여하려는 동기가 서로 높은 聯關性을 가지지는 않는다. 이러한 복잡한 사상적 구조를 낮은 법의식의 관점에서 보면 남한 교과서는 다음과 같이 기술하고 있다. "낮은 법의식은 가족 중심주의적 경향, 식민지 경험, 산업화의 영향 등으로……법의식이 낮다."(3학년 p.171) 반면 북한은 이데올로기 면에서 개인이 당이나 정치체계에 일체감을 느낄 때 경제적, 사회적 일체감은 부수적으로 해결되며 따라서 언제나 개인과 국가 간은 높은 聯關性을 가진다.

　사회화의 측면에서 볼 때 현대화되고 있는 남한 사회의 청소년들은 전통적 특성을 지닌 가정의 역할을 중요하게 여기지 않고 있으며 가정 이외의 사회화 기관을 통하여 보다 현대화된 규범체계에 빈번하게 접촉하고 있다. 그러나 전통적 사회에서 성장한 부모들은 부모의 권위와 기존의 사회규범에 복종케 하려는 권위주의적 교육방식을 사용함으로써 청소년들은 다른 사회기관에 비해 가정에 대한 만족도가 낮고 부모와의 의견충돌도 많다. 그러나 북한은 사회화가 정치사회화로 변질되어 한국과는 전혀 다른 성격을 가지고 있다. 사회화 교육의 결과 남한은 사회화 문제를 '自然的 過程'으로 간주함으로써 개인과 국가 간의 연대감이 결여된 반면, 북한의 사회화 문제는 '體制維持의 核心的 課題'로 다룸으로써 體制에 順應하는 統制手段을 발달시켰다.51) 따라서 남북의 사회화는 각각 열린(개방)사회 대 통제사회의 단면을 보여주는 것이라고 말할 수 있다.

---

51) 류영옥, 앞의 책, p.409.

또한 열린사회 對 통제사회의 관점에서 남북한 교육을 살펴보면 남한의 교육이념은 개인적 자유를 전제로 해야만 가능한 '자주적', '민주주의', '창의성' 등을 강조하고 있으며, 이에 반해 북한은 전체적인 평등 원칙을 강조하는 집단주의 정신의 함양을 학교교육의 중심 목표로 내세우고 있다. 남한 자본주의 사회의 자유는 곧 개인주의로 발전되고 개인주의는 다시 상호간의 협력보다는 경쟁을 유발시켜 이른바 성취동기를 제고시키는 긍정적인 요인은 있으나, 지나치면 사회 및 인간관계가 부정적인 방향으로 흐르는 약점을 지니고 있다. 반면 북한은 학생들의 의식 속에는 排他性, 劃一性, 公共指向性 價値觀을 가지고 있어 다양성, 상대성, 개별적인 의식은 미약한 약점을 지니고 있다고 할 수 있다.

한편, 북한에서 주장하고 있는 절대적 개념의 집단존중의 사상과는 차이가 있지만 남한에서도 공동체 생활을 위한 교육으로 집단의 이익과 발전을 위한 교육이 강조되고 있다. 그러나 남한의 집단존중의 근원에는 개인으로서의 인간을 집단의 이익과 목적을 달성하기 위한 '道具' 즉, 인간을 手段的價値로 여기는 교육을 하지 않는다[52]는 기준이 있다. 본래적 가치를 교육의 근본으로 하고 있는 남한 교과서의 예를 보면 다음과 같다. "인간의 가치는 道具的價値와 本來的價値로 구분하여 인간이 도덕적 가치를 추구하지 않는다면 약육강식의 동물의 세계와 다를 바 없다."(2학년 p.10)

위에서 본 바와 같이 남북한은 서로의 강약점을 갖고 있다고 할 수 있다. 즉 南韓社會는 다분히 資本主義의 否定的 發展 要素를 보여주고 있고, 北韓은 無條件的 平等原則과 集團主義的 價値指向에

---

52) 남궁달화, "한국, 중공, 북한의 국민정신교육 비교 연구", 국민윤리학회, 「국민윤리연구 제24호」, pp.50-51.

304

문제가 內包되어 있다. 북한의 이러한 가치지향은 개인적 자유의 침해와 제한으로 인한 성취 욕구의 저하로 말미암아 경제 성장과 문화 창조에 커다란 한계점을 노출시키고 있다. 따라서 양측은 자본주의 사회가 안고 있는 문제점과 사회주의 사회가 안고 있는 문제점들을 해소하기 위해서는 남북한의 긍정적 요인을 서로 수용하여 새로운 가치 창출로 교육의 이념과 목표를 재수립해야 할 것이다.

위에서 살펴본 남북한 사회관의 특징을 종합적으로 나타내면 〈표 Ⅶ-3〉와 같다.

〈표 Ⅶ-3〉 남북한 사회관의 종합적 특징 비교

구분	남한	북한	비고
1. 시민사회 對 신민사회	1)특징: 자유, 평등의 사회, 다원적 민주주의 이데올로기, 다양한 가치관의 사회. 2)사회유형: 시민사회.	1)특징: 종속적 인간, 자유가 없고, 불평등의 사회, 절대적 지배 이데올로기. 2)사회유형: 신민사회.	개인과 사회·국가와의 관계를 '자율성'의 관점에서 비교할 때 중요한 개념임.
2. 다원주의 사회 對 획일주의 사회	1)관점: 자유주의적 시각. 2)가치갈등 해결 덕목: 사랑, 관용, 감은 등 다양. 3)사랑의 의미와 범위: 포괄적이며 다양함.	1)관점: 체제 중심주의적 시각. 2)가치갈등 해결덕목: 해결 덕목은 없으며, 김 부자의 예화, 담화, 강령으로 해결책 제시. 3)사랑: 김 부자의 사랑과 혁명적 동지애를 중시함.	남북이 사회관의 가치덕목 중 '예의범절'을 중요시하는 것은 동일하다. '동방예의지국'이라는 단어가 동시에 교과서에 실림.
3. 열린사회 對 통제사회	1)사회화기관: 다양성이 인정. 2)사회화의 모델: 대단히 다양함.	1)사회화기관: 다양하지 못함. 2)사회화의 모델: 김 부자 가계가 모델이 됨.	사회화의 동인 중 남한은 '동료애'가 큰 역할을 하지만 북한은 '혁명적 동지애'를 강조함.

Ⅷ. 결 론

남한은 民主主義 敎育理念을 지향하고 있으며, 북한은 共産主義 敎育理念을 지향하고 있다. 남한은 個人主義를 바탕으로 하여 개성의 존중, 개인의 자율과 책임, 개인의 능력과 적성을 중시하는 교육목적을 추구하는 반면에 북한은 集團主義를 기반으로 하여 사회와 국가에 대한 봉사, 당과 혁명에 헌신하는 집단적 공동체 의식을 강조한다. 남한에서는 '개성 있는 자율적 인간의 추구'를 강조하는데 이는 학생 개인의 개성을 추구하면서 자율적으로 의사를 결정하고 권리와 책임을 균형 있게 의식하는 것을 의미하는 반면에 북한에서는 개인은 개체로서의 존재보다는 집단의 구성원으로서 집단에 대한 헌신, 봉사를 중시하는 집단주의를 추구하고 있다.

이러한 차이는 교육을 국가와 당의 목표 달성을 위한 수단으로 보는 북한의 '道具主義的 敎育觀'과 교육을 개인의 전인적 발전을 조장하는 하나의 삶의 표현방식으로 보는 남한의 '本質主義的 敎育觀' 사이의 차이에서 기인하는 것으로 볼 수 있다. 이러한 차이점에도 불구하고 남북한 교육이 추구하고자 하는 공통적인 점은 첫째, 교육을 통하여 전인적인 인격의 형성, 즉 지적 능력의 개발, 도덕적 품성의 형성, 정서적 신체적 자질의 겸비를 균형 있게 추구하고 있음을 알 수 있다. 둘째, 남북한은 공통적으로 기초적인 생활규범, 도덕적인 품성을 학교교육의 목표로서 중시하고 있다는 것이다.

이러한 교육이념에 비추어 남한의 교육목표를 살펴보면 개인적 차원에서는 인격이 완성되고, 자주적 생활능력과 시민으로서의 자질을 구유한 인간, 국가적 차원에서는 민주국가의 발전에 봉사하는 인간, 그리고 세계적 차원에서는 인류 공영의 이상 실현에 기여하는 인간의 육성을 그 목적으로 추구한다. 그리고 제6차 교육과정에서는 추구하는 이상적 인간상을 건강한 사람, 자주적인 사람, 창의적인 사람, 그리고 도덕적인 사람으로 설정하고, 이를 구현하기 위해 道德性과 共同體意識이 투철한 民主市民의 育成과 사회의 변화에 대응할 수 있는 創意的인 能力의 開發에 중점을 두는 敎育的 努力을 전개하고 있다.

반면, 북한의 교육목적은 사람들을 自主性, 創造性을 가진 共産主義的 革命人才로 키우는 것 즉, 사람들을 革命化, 階級化, 共産主義化하고자 하는 것이다. 이것은 다름 아닌 主體思想으로 무장하고 당과 수령의 영도에 충실히 따르는 인간을 육성하고자 하는 것이다. 결국 이데올로기와 체제 및 통치자의 지도에 순응하면서 이를 충실히 이행하는 共産主義的 人間을 육성하는 것이 궁극적인 북한 교육의 이념과 목적이 되는 것이라고 할 수 있다.

이러한 교육이념과 목표에 따라 남한의 도덕과의 內容構成은 크게 4가지 영역으로 이루어지는데 이를 主要領域과 價值德目의 요소로 살펴보면 첫째, '개인생활' 영역에서는 인간의 삶에서 도덕이 필요함을 알고, 도덕적 판단력과 가치선택 능력을 키우며, 인격 도야에 힘써 바람직한 삶을 영위할 수 있게 하는 것이다. 이 영역의 중심가치는 자립, 정직, 근면, 극기, 자율, 가치추구, 인격, 면학, 반성, 생명존중, 자주, 성실, 절제 등이며 둘째, '가정·이웃·학교생활' 영역에서는 가정, 이웃, 학교에서 요구되는 도덕규범과 예절을 이해하고, 이러한 생활 속에서 등장하는 문제 사태들을 서로 비교함으로써, 바르게 살아갈 수 있는 生活態度와 實踐意志를 가지게 하는 것이다. 이 영역의 중심가치는 가정예절, 학교예절, 사랑, 관용, 경애 등이며 셋째, '사회생활' 영역에서는 전통도덕과 시민윤리의 특성을 인식하고, 현대사회에서 발생하는 도덕문제를 합리적이고 바람직하게 해결할 수 있는 능력을 길러, 민주시민으로서 떳떳하게 살아 갈 수 있게 하는 것이다. 이 영역의 중심가치는 대화와 타협, 예의, 감은, 규칙존중, 공동체의식, 주인정신, 공공질서, 협동, 공익, 공정, 민주적 절차 등이며 넷째, '국가 · 민족생활' 영역에서는 국가, 민족, 문화를 사랑하고, 국토와 민족 분단의 현실 및 남북한의 통일과제를 올바로 인식하여, 통일을 이룩하는 데 필요한 공동체 의식과 통일국가의 실현의지를 가지게 하는 것이다. 국가 · 민족생활은 대의, 국가애, 민족애, 통일, 국제 평화, 인류애 등으로 체계적으로 구성되어 있다.

반면에 북한 도덕교과의 내용구성은 크게 '體制 維持的' 영역과 '共産主義的 道德品性'의 영역으로 나누어 볼 수 있다. 前者는 주체사상으로의 무장, 수령과 지도자동지에 대한 충성, 당 정책 교양과 혁명 교양으로의 무장, 노동계급교양의 강화이며, 後者는 집단주의 정신, 노동을 사랑하는 정신, 애국주의, 프롤레타리아 국제주의 정신, 준법사상, 의리와 양심, 예절 등으로 나누어 볼 수 있다. 이에 따라 공산주의 도덕교과서의 내용 중 체제 유지적 영역에서는 수령에 대한 충실성이 중심을 이루고 있고, 공산주의 도덕품성의 형성 영역에서는 집단주의 정신이 교과서 전체에 흐르고 있다.

결국 북한 도덕교육의 목적은 수령에게 충실하며, 사회주의 건설을 위해 투쟁할 규범을 익히는 것에 있다고 할 수 있는데 이것에 대한 관점은 북한 교육을 집대성한 '사회주의 교육에 관한 테제'에 잘 나타나 있다. 특히 테제의 교육에 관한 내용 중 첫 번째 政治思想 敎養 부분에서는 북한의 도덕교육이 나타나고 있다. 테제에 의하면 사회주의 교육에서 가장 중요한 부분인 정치사상교양을 잘해야 학생들의 혁명적 세계관이 서고 공산주의적 인간의 사상, 도덕적 풍모를 갖춘 혁명인재로 키울 수 있다고 하였다.

그러나 이념과 체제적 성격을 떠나 普遍的 道德原理의 관점에서 말하면 책임, 성실, 근면 질서, 예절, 협동, 애국심 등의 가치함양 측면에서는 공산주의라 할지라도 유사한 측면을 보여주고 있다. 북한의 경우 사회주의 애국주의교양에서 민족적 긍지와 자부심 함양, 조국과 인민에 대한 사랑, 민족의 전통과 유산을 소중히 여기는 정신을 함양시키고 있으며, 사회주의 준법정신교양에서는 국가와 법을 존중하는 준법정신, 공산주의 도덕에 대한 자각, 검약한 생활, 단정한 외모, 예절바른 행동 등을 교육시키고 있는 것은 보편적 도덕원리와 연관되어 있음을 알 수 있다.

위와 같은 도덕적 가치 영역의 구분을 중심으로 남북한 도덕과 교과서에서 다루는 가치들을 비교해 보면, 일반적 보편적 도덕 영역과 우리의 전통도덕 영역에서는 대부분 공통적인 가치들을 다루고 있음을 알 수 있다. 첫째, 일반적 보편적 도덕 영역에서는 봉사, 사랑, 극기, 공익, 책임감, 규칙준수, 정직, 생명존중, 절약, 성실, 신념, 창의적 사고, 약속 이행, 공중도덕, 준법, 생활예절, 친절, 학교사랑, 이웃사랑, 우정, 신의 등이 공통적으로 강조되고 있다.

둘째, 우리의 전통도덕 영역에서도 효도, 웃어른 공경, 형제간의 우애, 자애, 상부상조 등이 남북한에서 함께 중시되고 있다. 그러나 남북한에서 다루는 가치 중 가장 상이한 것은 偶像化 領域에서 가장 극명하게 드러나고 있다.

남한 교과서의 중심가치는 내용에 있어서는 포괄적으로 民主市民社會의 보편적인 가치 즉 개인의 도덕적 성장에 기본이 되는 가치, 가정과 학교의 기본이 되는 예절과 가치, 민주 시민생활에 필요한 기본적인 가치, 한국인으로서 그리고 한 인간으로서 살아가는 데 필요한 윤리, 도덕 가치를 가져야 하는 내용으로 구성하였다.

이에 비해 북한 교과서의 중심가치는 김일성 가계에 대한 충성심 고취, 집단주의, 예절, 공산주의 사회 유지를 위한 가치들로 구성하였다. 김일성 가계의 충성심 고취는 김일성, 김정일, 김정숙 등을 등장시켜 김일성의 항일혁명투쟁과 김정일의 미담을 중심으로 구성하고 있으며, 集團主義는 도덕교과서 전체에 그 흐름이 느껴지는데 특히 우정과 협동의 가치 차원에서 뚜렷이 나타난다. 북한의 중심 가치는 내용에 있어서 김일성 가계의 우상화와 체제 유지에 목적이 있는 것으로 보인다.

도덕교육은 학생들이 한 개인으로서 자신을 바로 세우는 데 필요한 도덕적 태도와 덕성을 기르고, 사회공동체적 삶을 원만히 영위하는 데 필요한 건전한 가치 체제와 바람직한 인간관계 수립의 도덕적 조건들을 습득할 수 있도록 적절한 학습과 경험의 기회를 제공함으로써 그들이 순조로운 자아실현의 과정을 성숙시켜 갈 수 있는 목표를 설정하고 추구하게 되는 것이라고 볼 때 남북한 도덕교육은 많은 異質化를 나타내고 있다.

이러한 측면에서 남북한 교과서에 나타나고 있는 인간관, 국가관, 사회관에 대한 가치의 차이점을 살펴보면

첫째, 남한 교과서 분석에 있어 人間觀의 價値는 자립, 인내, 슬기, 정직, 근면, 검소(절약), 면학, 반성 효, 자애, 우애, 화목 등으로 개인으로서 행복한 생활의 의미를 깨닫고 자신의 발전을 위해 필요한 기본적인 덕목과 생활태도, 그리고 부모와 자녀관계를 비롯한 가족 구성원들 간의 관계를 통하여 나타나는 가정의 생활윤리를 다루었다. 國家觀의 價値는 국가 및 지도자관, 국민의 도리와 의무 등

개인과 국가 간의 관계에서 발생되는 국가생활의 윤리를 다루었다. 社會觀의 價値는 관용, 감은, 사랑, 협동, 주인의식, 공동체, 공익, 민주적 다원가치, 규칙준수, 예절, 경제윤리 등 사회의 일원으로서 원만한 인간관계를 형성하고 적극적인 사회생활을 영위하는 데 필요한 덕목을 다루었다.

둘째, 북한 교과서에 나타나고 있는 人間觀의 價値인 덕성, 절약, 로동, 여가, 효, 자애, 우애 등을 살펴보면 개인의 기본적인 욕구, 특히 물질적인 욕구를 충족시키고 발전시키기보다는 억제하거나 거부하는 禁慾主義的인 성향이 강하게 나타나고 있음을 알 수 있다. 또한 물질을 탐하거나 그에 대한 욕망을 가지지 않으면서 항상 검소한 생활 가운데서 자족하기 위해 성실하게 노동하는 개인 그리고 언제나 자신의 생활을 돌이켜 보면서 반성하고 비판하는 자세가 나타나고 있으며, 특징적인 것은 사회 전체를 하나의 큰 가정으로 비유한다는 것이다. 북한 사회에서의 가정이란 개인의 독립적인 생활 단위가 아니라 사회의 한 단위조직으로 인식되고 있을 뿐이다.

國家觀의 價値는 혁명의식을 고양하기 위해서 나라 없는 설움 속에서 비참한 생활을 영위하였던 과거 민족의 수난사를 유별나게 부각시키는 한편, 국가가 최고 존재가치의 주체로써 한 민족이 생존하고 번영하기 위해 없어서는 안 될 가장 중요한 것으로 강조하고 있다.

社會觀의 가치는 集團主義 原則에 근거한다는 것이다. 사회관은 엄격한 조직생활이 모든 생활의 기간을 이루고 있는 북한 사회체제에서의 대부분 생활과 활동은 조직화되고 집단화되어 단체의 조직생활을 중심으로 이루어진다. 그러므로 북한 사회에서 개인은 독립된 하나의 개체로서가 아니라 자신이 소속되어 있는 집단이나 사회의 한 성원으로서 살아가게 되는 것이다. 공산주의 도덕, 협동, 집단주의,

공중도덕, 책임감, 동료애, 예절, 희생과 봉사 등이 강조되고 있다.

위의 것을 종합하여 볼 때 남북한 도덕교육은 각각 자체의 장단점을 지니고 있다.

먼저, 남한은 個人尊重의 원리에 입각한 도덕교육을 실시하고 있다. 남한 민주사회는 개인의 발전과 안녕을 강조하며 개인의 창의성과 자율성을 준다는 점에서는 강점이나 지나친 개인주의와 이기주의의 부작용을 낳고 있다는 점에서는 약점이라 할 수 있다.

둘째, 북한은 集團主義 원칙에 근거한 도덕교육을 실시하고 있다. 단기적으로는 협동심과 단결심이 높지만 장기적으로는 개인의 창의성과 자율성, 독창성의 무시로 큰 취약점이 될 수 있다.

교과서 분석을 통해 더욱 명료해진 것은 남북이 각기 상이한 이데올로기에 의해서 남북한 교육은 이질화를 가져왔다는 것이다. 남한의 경우 다양한 가치관으로 인하여 개인과 국가 간에 서로 높은 연관성을 가지지는 않지만 개인과 국가의 갈등관계가 아닌 조화와 통합의 방향으로 나아가고 있으며, 북한은 이데올로기 면에서 개인과 국가 간에 높은 연관성을 갖지만 이는 단일주의 사상, 획일주의, 집단주의 정신에 기초한 것이라고 볼 수 있다.

교과서 분석을 통하여 확인한 결과 남북한 교육 이질화를 극복할 수 있는 측면은 남북한 간의 同質的 要素를 빨리 찾는 것이라고 할 수 있다. 과거의 민족문화 속에서 남북한 간에 공통적으로 인정·수용하는 부분은 계속적으로 발굴, 계승해야 할 것이다. 생활방식, 사고 체계, 가치관 등에서 공통적인 요소를 발견할 수 있다. 예컨대 일상 언어, 교육 중시의 가치관, 가족주의 생활 등을 들 수 있다. 민족의 통일은 미래의 이상적인 민족국가를 전망한다는 점에서 남북한 간의 동질성은 미래의 모습에서도 그려져야 한다.

<h1 align="center">참고문헌</h1>

1. 국내 서적

고려대학교 평화연구소편, 「북한 교육의 조명」(서울: 법문사, 1990).

교육부, 「제7차 중학교교육과정해설」, 제7차 학교교육과정 개발을 위한 교과협의회 연수자료(2000).

______, 「중학교 도덕 3학년 교사용 지도서」(1997).

______, 「중학교 도덕과 교육과정 해설」(1992).

______, 「중학교 도덕 교사용 지도서 1, 2, 3학년」.

______, 「중학교 도덕과 교육과정 해설」(1992).

______, 「중학교 도덕교육과정해설」(1997).

국민윤리학회 편, 「국민윤리개론」(서울: 형설출판사, 1987).

국민윤리학회, 「사상과 윤리」(서울: 형설출판사, 1991).

극동문제연구소, 「북한전서」(서울: 극동문제연구소, 1974).

김기정(역), 「긍정적 자아개념의 형성」(서울: 문음사, 1990).

김도수, 「교육학 개론」(서울: 교육과학사, 1994).

김동규, 「북한의 교육학」(서울: 문맥사, 1990).

김 명, 「국가학」(서울: 박영사, 1995).

김민남, 「콜버그 도덕발달이론」(서울: 교육과학사, 1985).

314

김병성, 「교육사회학 관련이론」(서울: 양서원, 1990).

김영모, 「한국사회학」(서울: 법문사, 1974).

______ 편, 「현대사회문제론」(서울: 한국복지정책연구소, 1981).

김용희, 「공산주의 이데올로기」(서울: 화학사, 1983).

김정환, 「전인교육론」(서울: 배영사, 1982).

김태완 외, 「남북한 교육통합정책연구」한국교육개발원연구보고 RR
　　-91-29(1991).

김태훈 저, 「덕교육론」(서울: 양서원, 1999).

김학준 외, 「남북의 생활상」(서울: 박영사, 1986).

김형찬, 「북한의 교육」(서울: 을유문화사, 1990).

노명식, 「자유주의의 원리와 역사」(서울: 민음사, 1992).

도덕교육연구회 편, 「도덕교육론」(서울: 보경문화사, 1994).

도성달·유병열, 「사회윤리이론과 도덕교육」(성남: 한국정신문화연
　　구원, 1996).

동아일보사, 「원자료로 본 북한 1945-1988」(서울: 동아일보사, 1989).

류영옥, 「한반도 통일정책론」(서울: 학문사, 1996), 김충남, 1992.

문용린 외, 「학교통일교육의 새로운 전개방향」한국교육개발원(1988).

문용린, 「도덕과 교육」(서울: 갑을출판사, 1989).

박성수, "자녀 교육의 기본 구상", 정원식 외, 「이 시대의 자녀 교
　　육」(서울: 교육과학사, 1996).

박영신, "사회학 이론과 현실세계", 박영신 외, 「사회학연구」(서울:
　　대영사, 1984).

박영호·박종철, 「남북한 정치공동체 형성방안연구」(서울: 민족통
    일연구원, 1993).

박용헌, "가치교육을 위한 개념설계", 「민주문화논총」(서울: 민주아
    카데미, 1991).

______, "국민윤리학의 성격" 국민정신문화연구원 편, 「국민윤리학」
    (서울: 박영사, 1982).

박익종, 「도덕과 교수법」(서울: 형설출판사, 1990).

변시민, 「사회학」(서울: 박영사, 1984).

서울대학교 교육연구소(편), 「교육학 용어 사전」(서울: 하우, 1994).

서울대학교국민윤리 1종 도서 연구개발위원회, 「고등학교 국민윤리」
    (서울: 대한교과서주식회사, 1993).

서재진·김태익, 「북한 주민의 인성 연구」(서울: 민족통일연구원,
    1992).

양호민 외, 「남과 북 어떻게 하나가 되나」(서울: 나남, 1994).

오천석, 「교육철학신강」(서울: 교학연구사, 1972).

______, 「민주주의의 참된 모습」(서울: 현대교육총서출판사, 1968).

유안진, "한국전통사회의 특성과 초기사회화", 「한국인의 초기 사회
    화과정연구」(성남: 정문연, 1983).

유재천, "사회·문화: 교화 도구의 문제점", 이상우(외), 「북한 40
    년」(서울: 을유문화사, 1988).

이돈희, 「도덕교육」(서울: 교육과학사, 1982).

이석호 외 공역(R. H. Hersh eds), 「도덕·가치교육의 교수 모형」
    (서울: 교육과학사, 1992).

316

이온죽, 「남북한 사회통합론」(서울: 삶과 꿈, 1997).

______, 「북한 사회 연구」(서울: 서울대출판부, 1988).

______, 「북한 사회의 체제와 생활」(서울: 법문사, 1993).

이인재, "셸러의 가치윤리학과 도덕교육", 진교훈 외, 「윤리학과 윤
　　리교육」(서울: 경문사, 1997).

이종석, "남북한의 규범적 가치비교", 「남북한 체제비교와 통합모델
　　모색」(서울: 세종연구소, 1995).

이택휘·유병열, 「도덕교육론」(서울: 양서원, 2000).

이홍우, 「도덕과 교육(1)」, 한국 방송 통신 대학(1988).

임영철, 김항원 공역, 「정치사회화」(서울: 지구문화사, 1986).

자유평론사, 「북한의 실상」(서울: 자유평론사, 1985).

전상인, 「북한가족정책의 변화」(서울: 민족통일연구원, 1993. 12).

전인영, "북한의 외교정책", 최명(편), 「북한개론」(서울: 을유문화
　　사, 1990).

______, "주체사상의 형성배경과 이론체계", 전인영 편, 「북한의 정
　　치」(서울: 을유문화사, 1990).

정범모, 「가치관과 교육」(서울: 배영사, 1990).

정세구 역, 「민주시민교육」(서울: 교육과학사, 1989).

______ 역, 「정치 사회화」(서울: 법문사, 1987).

______ 역, 「자녀와 학생들을 올바르게 기르기 위한 도덕교육」(서
　　울: 교육과학사, 1994).

______, 「가치이론과 가치교육」(서울: 교육출판사, 1990).

______, 「가치태도교육의 이론과 실제」(서울: 배영사, 1979).

______, 「국민윤리교육론」(서울: 교육과학사, 1982).

______, 「국민정신교육의 과제」(서울: 교육과학사, 1987).

______, 「탐구수업」(서울: 배영사, 1984).

조대경 역, 「현대의 신화·아이덴터티」(서울: 삼성출판사, 1982).

조주연·한만길·황규호(편), 「남북한교육과정 및 교과서 분석모형 개발연구」(서울: 서울교육대학교 교육과정연구회, 1995. 12).

조주연·한만길·황규호, 「남북한 교육과정 및 교과서 비교분석모 형개발연구」(서울교육대학교 교육과정 연구위원회, 1995. 12).

진교훈 역, 「가치론」(서울: 서광사, 1992).

______ 외, 「윤리학과 윤리교육」(서울: 경문사, 1997).

______, "보편적 가치윤리학의 재구성과 가치관교육", 한림과학원 편, 「21세기를 여는 한국인의 가치관」(서울: 소화, 1997).

______, "윤리학의 과제", 진교훈 외 7인 , 「한국인의 윤리사상」(서 울: 율곡사상연수원, 1992).

______, 「철학적 인간학 Ⅰ」(서울: 경문사, 1982).

______, 「철학적 인간학연구 Ⅱ」(서울: 경문사, 1994).

최영표 편, 「내가 받은 북한교육」(서울: 한국교육개발원, 1994).

______ 외, 「통일에 대비한 교육정책연구 Ⅱ」, 한국교육개발원 연구 보고 RR93-8(1993).

추병완, "공동체주의적 도덕교육론", 진교훈(외), 「윤리학과 윤리교 육」(서울: 경문사, 1997).

______, 「도덕교육의 이해」(서울: 백의, 1999).

한국국민윤리학회 편, 「민주시민을 위한 윤리·도덕」(서울: 형설출

318

판사, 1992).

한국국민윤리학회 편, 「국민윤리학개론」(서울: 형설출판사, 1987).

한국국민윤리학회, 「인간사회와 윤리」(형설출판사, 1994).

한국도덕윤리과교육학회 편, 「도덕윤리교과교육학 개론」(서울: 교육과학사, 1999).

한국정신문화연구원, 「국민정신교육기본지침서」(성남: 정화인쇄문화사, 1983).

허시(Hersch, R. H.) 외 2인 저, 「도덕·가치교육의 교수 모형」(서울: 교육과학사, 1989).

2. 국내 논문

교육개혁위원회, 「신교육체제 수립을 위한 교육개혁 방안」(1995. 5. 31).

김규환, "'공동체주의'의 도덕교육적 원리", 한국초등도덕교육학회, 「초등도덕교육」 제2호(1997).

김병빈, 「북한 최고인민회의 자료집 제3집 제4기 제4차회의」(서울: 국토통일원, 1988).

김병찬, "북한의 사회과 시사교육", 한국사회과교육연구회, 「사회과교육 제26호」, 1993.

김성국, "한국자본주의 발전과 시민사회의 성격", (한국사회학회 한국정치학회발표논문, 1992).

김일성 부자 관련 교과서 자세한 내용은 강성철, "북한 교과서의 주체사상에 관한 내용분석", 「교육사회학연구 제3권 2호」
(1993).

김종립, "남북한 통일을 위한 민족 공동체 형성이론", 「한민족 공동
체 통일방안의 이론 기초와 정책방안」(서울: 국토통일원, 1990).

김철수, "통일한국의 미래상", 「통일정책 제5권 4호」(1979).

남궁달화, "도덕과의 이론과 실제" 한국교육학회, 「교육학 연구」 제
29권 제2호(1991).

______, "한국, 중공, 북한의 국민정신교육 비교 연구", 국민윤리학
회, 「국민윤리연구 제24호」, 도산아카데미 연구원, (1992).

대통령자문21세기위원회, 「21세기 한국과 한국인」(1994).

도산아카데미연구원, "남북한 청소년의 사회화 과정과 교육의 과
제", 「도산학술논총 제2집」(1992).

______, 「통일교육세미나발료자료」(1996. 6. 10.).

문용린, "통일지향적 가치체계 형성 방안 모색", 한국정신문화연구
원, 「정문연 보고논총 93-2」.

박석주, "남북한 도덕교육비교연구", 한국교원대학원 박사논문(1994).

박성희, "교과서분석에 의한 북한청소년의 가치관연구", 「통일문제
연구」(서울: 평화문제연구소, 1994).

박정순, "자유주의 대 공동체주의 논쟁의 방법론적 쟁점", 「철학연구」
제33집(1993).

______, "자유주의의 건재", 자유주의와 공동체주의, 「철학연구회」 춘계학
술대회 발표 논문집(1999. 5. 29).

박찬석, "도덕과에서의 공동체 교육의 의미", 한국도덕윤리과교육학

회, 「도덕·윤리과 교육 제10호」(1999).

서울특별시 초·중등교과 교육연구회, 「남, 북한 교육 내용비교분석
    -교과서 분석을 중심으로」(서울, 1991).

송경헌, "북한의 실상과 사회과 교육의 과제", 한국사회과 교육학
    회, 「사회과교육 제26호」(1993).

신광영, "시민사회와 사회운동", 「경제와 사회」 제12호(1992).

온만금, "북한의 정치 사회화 실태와 결과분석", 통일원, 「북한 통
    일연구 논문집(5)」(1992).

유병열, "공동체주의 도덕교육론 연구", 서울교육대학교 초등교육연
    구소, 「1997년도 자체과제 연구보고서」(1998).

_____, "도덕교육의 사회윤리적 접근", 서울 교육대학교 초등교육
    연구소, 「한국교육논총」 제6집, (1993. 11).

_____, "초등 예절교육 논고", 전주교육대학교 학생생활연구소,
    「학생생활연구」 1995. 12.

윤용탁, "시민교육, 민주화 그리고 통일", (기조연설문), 한국민주시
    민교육 협의회주최 워크샵, 기조연설문(1996. 9).

윤정수, "사회주의의 본질적 특성에 대한 주체적 이해", 「철학연구」
    (1993. 1).

이경희, "민족공동체 형성을 위한 사회통일교육방안의 모색", 「북한
    및 통일연구논문집(2)」(1996).

이범웅, "공동체주의 도덕교육에 관한 연구", 한국국민윤리학회,
    「국민윤리연구」 제36호(1997. 6).

_____, "공동체주의의 통합적 기능에 관한 복합체계론적 연구", 서

울대 대학원 박사논문(1997. 8).

이서행, “남북 이질화 현상과 극복 방안”, 도산아카데미 연구원, 「도산학술논총 제6집」(1998).

______, “남북 이질화 현상과 극복 방안”, 도산아카데미 연구원, 도산학술논총 제6집, 1998.

______, 「북한 주체사상의 본질과 실체」(서울: 한국자유총연맹, 1989).

이영덕, “민족동질성 고양을 위한 교육의 과제”, 한국교육학회, 「교육학연구 제28권 3호」(1990).

이영애, “북한의 정치교육 효과성에 관한 연구”, 통일원, 「북한 및 통일연구 논문집(Ⅱ)」(1996).

이재봉, “한국정치교육 발달의 체계적 분석연구”, 서울대대학원 박사논문(1991).

이항령, “교육목표론”, 「새교육」(1994. 6).

전숙자, “공산주의 도덕교과서에 나타난 인간관”, 한국사회과교육 제26호(1993).

전인영, “6·15남북공동선언과 통일교육의 방향”, 교육부, 「교육마당21」(2000. 8).

______, “남·북한관계의 변화: 대결에서 화해·협력으로”, 서울대학교 사회과학연구소, 「사회과학과 정책연구」 제13권 제2호 (1991. 12).

정세구, 강두호, “북한청소년과의 이념논쟁에 대비한 청소년 이념교육 방향연구”, 서울대 대학원 국민윤리교육과 사회와 사상 제8집(1987).

정호용, "자기의식의 사회적 발전", 서울대학교 국민윤리교육과, 「사회와 사상 제8집」(1987).

조찬석, "윤리 이념교육의 세계적 동향", 도덕·윤리과 교육 제8호 (1997).

진교훈, "사회공동체와 시민윤리", 한국정신문화 연구원, 「한국의 교육과 윤리 제5집」(1995. 2).

______, "윤리란 무엇인가", 안호상 외, 「한국인의 윤리사상」(율곡사상연구소, 1992).

차우규, "도덕·윤리과 양적연구 방법론", 한국도덕윤리과교육학회, 「도덕·윤리과 교육 제9호」(1998).

최석진, "북한의 환경문제와 환경교육", 한국사회과교육연구회, 「사회과교육 제26호」(1993).

한국교육개발원, "가치교육의 개선을 위한 기초연구 ─ 태도변화원리에 의한 도덕과 교과서 내용분석", (서울: 한국교육개발원, 1977).

______, 「남북한 중등학교 도덕 사회과 교육과정 및 교과서 비교분석연구」(1997).

______, 「남북한 초등학교 도덕과 교육과정 및 교과서 비교분석연구」(1996).

______, 「통일에 대비한 교육정책 연구(Ⅱ)」(1993. 12).

한만길, "고등학교 통일교육과 교사들의 통일교육과 분석을 통한 통일교육의 방향", 「북한통일연구 논문집(6)」(1992).

______, "민족동질성 회복의 관점에서 본 북한의 전통문화와 도덕

교육", 도산아카데미 연구원, 「도산학술논총 제5집」(1996).

______, "민족문제와 통일 교육의 방향 – 교육 내용의 측면에서", 「민족혼 제6집」(1992).

______, "북한 교육의 구조와 특성", 교육부, 「교육월보」(1995. 6).

______, "북한교육의 변화동향과 남한교육에 주는 시사점 연구", 연대교육연구소, 「교육학연구 제9호」(1996).

______, "학교통일교육의 사회과학적 접근모색", 「통일문제연구 제6권 2호」(1994. 겨울).

한만길, 최영표, 황규호, 「남북한 교육과정 교과서 통합방안 연구」(서울: 한국교육개발원, 1994).

3. 북한 서적 및 논문

강운빈, 「인간개조이론」(평양: 사회과학출판사, 1985).

김성룡, "부르죠아 민주주의에 비한 사회주의적 민주주의에 비한 사회주의적 민주주의의 본질적 우월성", 「철학 연구」(평양: 과학백과사전종합출판사, 1991. 1월호).

김일성 저작집, 「공산주의 교양에 대하여」(1958).

______, "조선로동당 건설의 역사적 경험"(김일성 고급당학교 창립 40돌 기념 강의록, 1986).

______, 「사회주의 교육에 관한 테제」(평양: 조선로동당출판사, 1979).

324

김정일, "반제투쟁의 기치를 더욱 높이 들고 사회주의, 공산주의 길로 힘차게 나아가자"(1987년 9월 25일 조선로동당 중앙위원회 책임일군들과 한 담화).

______, "주체사상교양에서 제기되는 몇 가지 문제에 대하여", 「친애하는 지도자 김정일 동지의 문헌집」(평양: 조선로동당출판사, 1992).

______, "주체사상교양에서 제기되는 몇 가지 문제에 대하여", 「친애하는 지도자 김정일 동지의 문헌집」(평양: 조선로동당출판사, 1992).

리영복, 「조선민주주의인민공화국에서의 교육」(평양: 사회과학출판사, 1984).

리재권, "자유에 대한 주체적 리해", 「철학연구」(1992년 제1호).

리현옥, "주체사상이 밝힌 집단주의의 본질과 그 발생발전의 본지로가 그 발생발전의 합법칙적 과정", 「철학연구」(평양: 과학백과사전종합출판사, 1993, 3월호).

박인숙, "공산주의적 도덕품성의 형성과정과 방도", 「철학연구」(평양: 과학백과사전종합출판사, 1993), 1993-1월호.

사회과학출판사 편, 「인간개조이론」(평양: 사회과학출판사, 1985).

______, 「정치사전」(평양: 사회과학출판사, 1973).

______, 「조선말 대사전 1권」(평양: 사회과학출판사, 1992).

______, 「조선말 대사전 2」(평양: 사회과학출판사, 1992).

______, 「주체사상의 원리」(평양: 사회과학출판사, 1989).

심형일, 「주체의 법리론」(평양: 사회과학출판사, 1987).

4. 국외서

A. R. Meier F D. Cleary A M Davis, *A Curriculum For Citizenship*(Wayne University Press, 1952).

Alasdair MacIntyre, *"Is Patriotism a Virtue?"*, in Markate Daly (ed.), *Communitarianism: A New Public Ethics* (Belmont, California: Wadsworth Publishing Company, 1994).

Aristotle, *Ethica Nicomachea*, trans by W. D. Ross(Oxford: The Clarendon Press, 1915).

B. Mayo, *"Virtue or Duty?"*, C. Sommers and F. Sommers(eds.), *Vice & Virtue in Everyday Life: Introductory Readings in Ethics*(New York: Harcourt Publishers, 1989).

Blum, L. A.(1994). *Moral perception and particularity.* (Cambridge: Cambridge University Press.)

C. Wenar, *"Self-Control"*, in Torsten Husen and T. Neville Postlethwaite(eds.), *The International Encyclopedia of Education*(New York: Pergamon Press, 1985).

Carnoy, M. *The state & political Theory*(Princeton Univ. Press, New Jersey, 1984).

Carol Gilligan, *In a Different Voice: Psychological Theory and Women's Development*(Cambridge: Harvard University Press, 1982).

G. W. Allport, *"Attitudes"*, *in the Handbook of Social Psychology*, ed. C. Murchion(Mass: Clark Univ. Press, 1935).

Gabriel A. Almond Bingham. *Powell, Comparative Politics* (Boston: Little, Brown and Company, 1978).

J. Messner, *Social Ethics: Natural Law in the Modern World*(St. Louis: B. Herder Book Co., 1949).

James House, "*Social Sturcture and Personality*", in Morris Rosenberg and Ralph Turner, eds., *Social Psychology: Sociological Perspective*(New York: Basic Books, 1981).

L. Nann, *Social Psychology*(N.Y.: John Wiley and Sons, 1969).

MacIntyre, *A. Is patriotism a virtue?* In M. Daly(Ed.). Communitarianism: a new public ethics, 1994. Belmont, California: Wadsworth.

Martin L. Hoffman "*Empathy, Role Taking, Guilt, and Development of Altruistic Motives*", in Thomas Lickona (ed), *Moral Development and Behavior*(New York: Holt, Reinhant and Winston, 1976).

Myrtle. Roberts, R. Crary(ed), *Education For Democratic citizenship*, National Council For The Social Studies, 22th year book(The Lord Baltimore press, 1951), Preface.

Nel Noddings Caring: A Feminine Approach To Ethics & Moral Education(Berkeley: University of California Press, 1984).

P. W. Taylor, Principles, ed, *Durkhiem: Essays on Morals and Education* (London: Routledge and Kegan Paul, 1979).

Robert. Weissberg, *Political learning political choice and democratic citizenship*(New Jersey: Englewood Cliffs, Printice Hall, Inc, 1974).

Stanley A. Renshon, (ed), *Hand Book Of Political Socialization* (The Free Press, Macmillan Publishing Co, Inc., 1977).

William Kilpatrick, *Identity & Intimacy* (A delta Book,1975).

A. E. Buchanan, "*Assessing the Communitarian Critique of Liberalism*", Ethics, 99, 1989. 7.

G. E. M. Anscombe, "*Modern Moral Philosophy*", *Philosophy: The Journal of the Royal Institute of Philosophy*, Vol.xxxiii, No.124, January(1958).

Haste, H., "*Communitarianism and the social construction of Morality.*" Journal of Moral Education, 25(1), 1996.

Heslep, R. D. *Moral Education for American* .Westport, CT: Praeger. 1995.

R. S. Griffin and R. J. Nash, "*Individualism, Community and Education: Exchange of View*", Educational Theory Vol.40, No.1.

Ruth Anna Putnam, "*Reciprocity and Virtue Ethics*", Ethics, Vol.98, January, 198.

Willian K. Frankena, "*Philosophic View of Moral Education*", The Encyclopedia of Education, vol.6.

• 저자 •

최현호

• 약 력 •

공주사범대학 졸업
서울대학교 대학원 석·박사 (교육학 박사)
전 한남대, 공주영상정보대 강사
현 공주대, 충남대, 목원대 강사

• 주요논저 •

「초등도덕과 교육에서의 소학 활용 방안 연구」
「초등도덕교과의 전통윤리내용 분석 및 교육과정 개선방안 연구」
「초등도덕과 교육에서 배려윤리를 통한 정보윤리함양 연구」
「인권교육개선을 위한 도덕과 교육과정 및 교과서 분석 연구」
『남북한 민족 통합론』
『사회와 인식』
『남북 중등 도덕교과서 비교』
『학교통일교육과 북한사회 이해』
『이야기중심의 논리와 창조적 사고』
『한국사상과 윤리』
외 다수

새로운 패러다임에 의한

남북한 중등 도덕교과서 비교
－가치덕목에 따른 인간관, 국가관, 사회관 비교－

• 초판 인쇄	2007년 2월 28일
• 초판 발행	2007년 2월 28일
• 지 은 이	최현호
• 펴 낸 이	채종준
• 펴 낸 곳	한국학술정보㈜
	경기도 파주시 교하읍 문발리 526-2
	파주출판문화정보산업단지
	전화 031) 908-3181(대표)·팩스 031) 908-3189
	홈페이지 http://www.kstudy.com
	e-mail(출판사업부) publish@kstudy.com
• 등 록	제일산-115호(2000. 6. 19)
• 가 격	21,000원

ISBN   978-89-534-6406-3 93370 (Paper Book)
          978-89-534-6407-0 98370 (e-Book)